Michel Hubert

Der Freudenweg

Auf dem Frankenweg nach Assisi und Rom

Projekte-
Verlag
Cornelius

Gewidmet meinen Mitmenschen
Mögen sie wachsen
In Freude – In Frieden – In Freiheit

Impressum

1. Auflage
© Projekte-Verlag Cornelius GmbH, Halle 2010 • www.projekte-verlag.de
Mitglied im Börsenverein des Deutschen Buchhandels

Satz und Druck: Buchfabrik Halle • www.buchfabrik-halle.de

ISBN   978-3-86634-915-5
Preis: 13,80 EURO

Inhaltsverzeichnis

Der Störenfried	7
Von der Planung zum Probelauf	10
Durchs Land der roten Erde	17
Vom Massengrab zum Pferdestall	22
Im Reich der Mirabellenkönigin	33
Kleine Ursache – große Wirkung	45
Tanz der Atome	55
Im blau-grünen Land	64
Eine zeitlose Botschaft	77
Im Klarissenkloster	89
Ein unerwartetes Geschenk: eine Klosterschwester	100
Gefahren und Begegnungen im Hochgebirge	113
Versuchung am Weg	127
Gastfreundschaft im Reiskessel Italiens	140
Skurriles und eine Depression	151
Eine Räuberherberge, ein Kapuzinermönch und Irrwege im Apennin	163
Marmorkunst und Liebesnester	178
Höllen im toskanischen Paradies	192
Assisi – die Enttäuschung	206
Von Assisi nach Rom	215
Der Freudenweg	229

Der Störenfried

„Geh nach Assisi und Rom und schreibe ein Buch darüber!" Wie ein Filmvorspann leuchteten die Worte in meinem Bewusstsein auf, hell und klar und eindeutig. Ich schreckte aus dem Schlaf, betastete dumpf meinen Kopf, öffnete mühselig die Augen und horchte angestrengt in die Dunkelheit. Draußen rauschte der Wind durch die Baumwipfel, die Nacht war kühl und friedvoll. Hatte ich geträumt, oder was war das eben gewesen? Nein, es war weder Traum noch Einbildung, eher wie der Lichtkegel eines Leuchtturms, der mit grellem Aufleuchten den Horizont flüchtig streift, die Dunkelheit aufreißt und wieder verschwindet. „Unsinn" – damit fegte ich das Geschehen hinweg, drehte mich um und schlief weiter. Beim Schlafengehen am nächsten Abend hatte ich den Vorfall vergessen. „Geh nach Assisi und Rom und schreibe ein Buch darüber!" Kristallklar strahlten zur gleichen Nachtstunde erneut die Worte in meinem Bewusstsein und rissen mich aus dem Schlaf. Bin ich jetzt völlig überspannt, oder was ist das? Es war zweifellos eine reale Erfahrung, weder ein Traum noch eine Halluzination. Es hatte auch kein äußerer Reiz auf mich eingewirkt. „Doch wozu nach Assisi und Rom pilgern?", fragte ich mich und entschied wiederum, die hartnäckige Intuition zu ignorieren.

„Aber die Erfahrung war doch sehr präzise, nicht wahr?", meldete sich überraschend meine innere Stimme.

„Vielleicht solltest du hinhören."

„Präzise schon", gestand ich grimmig wegen der aufdringlichen Unterbrechung meiner Nachtruhe, „aber ich möchte mich in diesem Urlaub erholen und nicht irgendwelche Pläne schmieden. Also ignoriere ich diese Gedanken. Und übrigens: Ich mag diese Störungen nicht und möchte jetzt schlafen", versuchte ich verdrossen, den inneren Dialog zu beenden.

Doch die Worte bohrten in mir wie der Wurm im Holz und forderten eine Stellungnahme, gegen die ich mich erfolglos sträubte: Hartnäckig wühlte das Satzgebilde in meinem Kopf und ließ nicht locker. Erschöpft vom sinnlosen Kampf sich widerstreitender Gedanken, gab ich mich nach einer geraumen Weile geschlagen. Ich würde mich mit der Eingebung befassen, sollte sie nächste Nacht erneut auftreten. Jetzt aber wollte ich endlich schlafen. Mit diesem Kompromiss gewann ich meine Nachtruhe und vergaß den Vorfall.

„Geh nach Assisi und Rom und schreibe ein Buch darüber!" Gebieterisch weckte mich der Impuls eine Nacht später zum dritten Mal. „Ich versprach gestern, nicht mehr zu flüchten, solltest du dich ein drittes Mal melden", wandte ich mich an das Bewusstseinstelegramm, „Versprechen müssen gehalten werden. Also, ich höre zu. Warum dieser Auftrag, was soll ich in Assisi? Und überhaupt: Dies ist noch keine Zusage", fügte ich vorsichtshalber hinzu.

Natürlich wusste ich, dass Assisi die Geburts- und Todesstadt des Heiligen Franz von Assisi war. Ein wenig hatte ich über den großen Heiligen der Christenheit gelesen, aber das war schon Jahre her, und ich wusste, dass auch heute noch viele Menschen dorthin pilgern. Aber seitdem ich vor vielen Jahren mit der luxemburgischen Militärpilgerfahrt Lourdes erlebt und mich der dortige kommerzielle Pilgerrummel zutiefst enttäuscht hatte, vermied ich Pilgerreisen.

„Ich weiß, du bist sehr skeptisch. Doch du wirst großen Gewinn aus diesem Pilgergang ziehen", flüsterte es in mir.

Jetzt regte sich in mir der wissbegierige Sternzeichenzwilling. „Wozu soll das gut sein? Was wäre der Sinn eines solchen Unterfangens? Und wo überhaupt befindet sich Assisi?", fragte ich zögernd in mich hinein. „Die Antwort auf die Sinnfrage wirst du in Assisi finden. Schau mal im Atlas, wo es liegt", forderte die Stimme mich auf.

Missmutig und enttäuscht über die dürftige Antwort, griff ich zum Straßenatlas und erschrak zutiefst, als ich nach einigem Suchen Assisi östlich von Rom, in der Nähe von Peru-

gia, entdeckte. „Das müssen ja 2.000 Kilometer sein. Das schaffe ich nie, das ist unmöglich", murmelte ich. Mein Herz pochte wild und meine Erregung wuchs. Verunsichert schaute ich um mich. Das ist verrückt. Niemand geht heute zu Fuß nach Assisi und Rom. Dafür gibt es Nachtzüge und Flugzeuge, überlegte ich. Ungerührt von meinen Zweifeln stachelte jetzt die innere Stimme meine Abenteuerlust an: „Bus, Bahn, Flugzeug, sie mögen bequem sein, aber ist das wirklich so reizvoll? Was ist das Verdienst einer solchen Reise? Pilgere so wie vor tausend Jahren, allein, zu Fuß, mit Rucksack, sonst nichts. Denk an die Bereicherung: an Kenntnissen, an Erkenntnissen, an Begegnungen, an Erlebnissen. Ist das nicht eine wunderbare Perspektive? Dein Leben wird umso wertvoller sein. Etwas Außergewöhnliches steht an, und du willst es nicht annehmen?"
Ich ließ diese Worte auf mich wirken. Sie hallten in meinem Inneren wider wie mächtige Gongschläge, vibrierten durch Geist und Seele. Dieser Argumentation konnte ich mich nicht verschließen. Die Idee, als Mittfünfziger ein solches Abenteuer anzugehen, begann mir zu gefallen: Ja, das war eine richtige Herausforderung!
Im Berufsleben war ich oft schwierigen Problemen und Aufgaben begegnet, wie z. B. regelmäßige Wechsel zu einem neuen Tätigkeitsfeld oder die Übernahme eines erweiterten Verantwortungsbereichs. Ich hatte sie immer als Evolutionsschritte angenommen, als Lernprozesse und Sprungbretter zum Entwickeln einer neuen beruflichen Kompetenz, zu geschäftlichem Erfolg, zum Wachstum meiner Persönlichkeit. Und jetzt sollte ich kneifen? Das passte nicht zu mir. Schlagartig wich die Skepsis, meine Bedenken und zögerlichen Fragen verblassten und tief Luft holend sagte ich laut in die Nacht hinein: „Natürlich mache ich das. Ich freue mich schon. Das wird eine fabelhafte Erfahrung. Wo fangen wir an?"

Von der Planung zum Probelauf

Zur Planung meines Fernpilgergangs suchte ich einschlägiges Schriftgut, stellte aber resigniert die Nutzlosigkeit meiner Recherchen fest. Eine vielfältige Literatur beschreibt den Jakobsweg nach Santiago de Compostela im nordspanischen Galizien, und der moderne Pilger verfügt auf diesem Weg über eine tausendjährige, traditionsreiche Versorgungsinfrastruktur mit über die ganze Strecke verteilten Hospizen, den sogenannten *Refugios*. Doch über die mittelalterlichen Reise- und Pilgerwege zwischen Nord- und Mitteleuropa und Italien fand ich keine Literatur, obwohl diese historisch bedeutend wichtiger waren und weitaus intensiver genutzt wurden als der Jakobsweg mit seiner vorwiegend religiösen Bestimmung. Dieses mittelalterliche Wegenetz wurde unterschiedlich benannt: *Via Francigena, Via Romea, Frankenweg*. Die im Mittelalter auf diesem Straßennetz perfekt funktionierende Infrastruktur von Hospizen, in denen Pilger und andere Reisende sowohl leiblich und gesundheitlich als auch religiös versorgt wurden, war sowohl physisch als auch aus unserem kollektiven Bewusstsein verschwunden.

Es gab also weder einen bequemen, fertigen Reiseführer, noch kannte ich jemanden, der mich zu diesem Thema hätte beraten können. Ich musste die Streckenführung über etwa 2.000 Kilometer, Tagesetappen und Unterbringung bis ins letzte Detail selbst planen. Zuerst empfand ich dies als eine herbe Enttäuschung, doch bald stellte ich fest: Das vermeintliche Hindernis trug wesentlich zur Vorfreude bei.

Ich beschloss, meine Pilgerroute so weit wie möglich an die von den Römern gebaute Straße von Rom nach England anzulehnen. Sie verlief von Reims über Langres und Besançon in Frankreich nach Lausanne und Martigny in der Schweiz, überquerte den Großen Sankt Bernhard nach Aosta und Ivrea, stieß dann nach Turin vor und verband Norditalien über

Genua, Pisa und Florenz mit Rom. Erfahrungslos wie ich war, ahnte ich nicht, dass ich die wichtigste Straße des Mittelalters, die historische Via Francigena oder den Frankenweg wiederentdecken und begehen würde – eine ganz besondere Belohnung meiner Anstrengungen. Ich unterschätzte die Gefahren, insbesondere auf der italienischen Strecke, und ahnte nicht im Geringsten, welche Abenteuer mich erwarteten. Verkehrsreiche Straßen wollte ich ebenso meiden wie moderne Transportmittel und vorzugsweise durch Wald und Flur laufen. Ich beschloss, über Metz am Moseltal entlang in möglichst direkter Linie nach Süden zu wandern, die Vogesen am südlichen Zipfel über den Ballon d'Alsace nach Belfort zu überqueren und von dort durch den französischen Jura die Stadt Pontarlier zu erreichen. Dieser längere Weg vermied die vielbefahrene Nationalstraße über Besançon und bot herrliche Waldwege und eine unverfälschte Natur. Die Streckenführung von Pontarlier nach Aosta war leicht festzulegen: Der Durchstich der *Cluse de Pontarlier* war unvermeidbar, dem Ostufer des Genfer Sees und dem Rhônetal folgte die Überquerung der Alpen über den Großen Sankt Bernhard. Aktuelle französische Generalstabskarten erleichterten die Planung des französischen Teilparcours, hingegen waren italienische Generalstabskarten hoffnungslos veraltet, und andere Karten, wie z. B. Provinzkarten, boten wenig Alternativen für den nach Wald- und Flurwegen suchenden Wanderer. Kein Wunder, dass meine Tagesplanung später fast zur Hälfte improvisiert werden musste und ich des Öfteren in anderen Orten, meistens nach viel längeren Wanderstrecken als vorgesehen, nach Unterkunft suchte.

Zahlreiche Fragen bedrängten mich zur geschichtskonformen Planung der Strecke ab dem Südausgang der Alpen: Sollte ich von Ivrea direkt südlich nach Genua und von dort an der ligurischen Küste entlang nach Rom wandern, oder sollte ich östlich von Piacenza, am Nordhang der Apenninenkette entlang, nach Parma oder gar bis Bologna pilgern? Durch welches Quertal war der Apennin in Richtung Rom zu überqueren? Welches war die Hauptstrecke gewesen, die unsere Ahnen als Pilger, als Kaufleute, als Handwerker, als Soldaten benutzt hatten? Es gab Dutzende von Möglichkeiten und Varianten – wie ich erst unterwegs in Ivrea erfuhr, nutzte die Via Francigena sämtliche Routen zu verschiedenen Zeiten mit unterschiedlicher Intensität.

Ich überlegte, in Anlehnung an unsere Vorfahren, die ganze Strecke hin und zurück in einem Anlauf zu wandern – eine besonders reizvolle, aber angesichts meiner beruflichen Verpflichtung unrealistische Vorgabe. Franz von Assisi war ein Bettelmönch; er und seine Brüder lebten von Almosen und vertrauten ganz der göttlichen Führung und Fügung. Sollte ich diese Tradition übernehmen? Als ich jedoch las, ein moderner luxemburger Jakobspilger sei auf einer französischen Landstraße von einem Polizisten als Landstreicher vorübergehend festgenommen worden, nur weil er einen Rucksack trug, verwarf ich diese Option. Scherereien dieser Art drohten meinen Wanderplan zu gefährden, denn unserer modernen Gesellschaft fehlt heute leider das religiöse Verständnis. Später erfuhr ich vom Bettelverbot in der Schweiz – ich wäre auf diese Art nie nach Italien gelangt.

Andere Überlegungen galten der Unterkunft; ich ahnte nicht im Geringsten, wie viel Überraschungspotential gerade diese Thematik bot. Bei Fragen der Ausrüstung verließ ich mich weitgehend auf die Empfehlungen der französischen Wanderföderation.

Angesichts meines Alters und meiner unsportlichen Vergangenheit wollte ich mich physisch nicht überfordern. Es sollte ja ein Pilgergang sein. Ebenso brauchte ich Muße zum Schreiben, zum Meditieren und zum Besichtigen von Sehenswürdigkeiten. Mich überanstrengen, hieße der Erschöpfung Vorschub leisten. Übermüdung aber macht geistig dumpf und

träge, ist also der Suche nach spirituellem Fortschritt entgegengesetzt. So dämpfte ich den Ehrgeiz nach Distanzrekorden und entschied mich für eher kurze Tagesetappen. Vorsicht war auch angebracht im Hinblick auf zu bewältigende Höhenunterschiede, über die ich bei der Planung oft keine klare Vorstellung hatte.
Gutmeinende Menschen warnten mich vor den möglichen Gefahren. Was wäre, wenn ich mir einen Fuß verstauchte, ein Bein bräche oder mir sonst etwas zustieße, in einer einsamen Gegend gar? Ich benutze kein Handy, und ich kannte niemanden, den ich zum Mitgehen hätte motivieren können. Ich mochte schon immer das Alleinsein. Wie ich allerdings auf verlängerte Einsamkeitsperioden reagieren würde, war nicht vorauszusehen – das würde allein die Erfahrung zeigen.

Ich entschied diesen Fragenkomplex einfach mit dem Argument „Gottvertrauen" – kein Vater würde seinen Sohn auf eine weite und beschwerliche Reise schicken, ohne ihm schützend und helfend zur Seite zu stehen – und jeder vernünftige Sohn würde auf die Unterstützung seines einflussreichen Vaters bauen und ihm vertrauen. Ein wenig Angst hatte ich höchstens vor herumstreunenden Hunden, denn seit ich als Bub bei meiner ersten Fahrradtour von einem Köter angefallen worden war, sitzt mir eine gewisse Angst vor Hunden im Nacken.

Nach langen Abenden der Vorbereitung war es endlich so weit: Der große Tag der ersten Etappe, meines Probelaufs, war gekommen. Nach Büroschluss eilte ich an einem lauen Apriltag nach Hause, schulterte den Rucksack und stapfte los.
Tausende Osterblumen leuchteten in der Abendsonne am Kopf der Autobahnstichstraße im Stadtteil Luxemburg/Hollerich. Die strahlenden gelben und gelbweißen Kelche winkten mir ermutigend zu und verhießen mir eine glückliche Reise. Eine Welle der Freude und das erlösende Gefühl des „endlich, end-

lich geht es los" schwappten durch meinen Körper, ich atmete tief durch und strebte energisch meinem ersten Ziel zu, der Grenzstadt Düdelingen im Süden Luxemburgs. Kindheitserinnerungen kamen in mir auf, Bilder an eine Zeit, als der heutige Schulbezirk mit Athenäum und anderen Bildungsstätten eine blumenreiche Wiese war und sich ein geteertes Sträßchen über den *Geessekneppchen** genannten Hügel wand. Am Fuß dieses Hügels, gegenüber der Hollericher Kirche, bot damals ein stinkendes Gaswerk einen scheußlichen Anblick mit seiner schwarzen Crackinganlage, dem rußigen, riesigen Gasbehälter und den düsteren Kohlenhalden. Die umliegenden Merler Wiesen waren das bevorzugte Spielgelände für mich und meine sieben Geschwister sowie eine Horde Nachbarskinder. Im Sommer pflückten wir langstielige Margeriten und *Wibbeldewapp***, erhaschten Heuschrecken und spielten Fußball zwischen duftenden Heuhaufen. Im Winter sausten wir auf mit Speckschwarten polierten Schlitten den Hügel hinunter, an den Schneewochenenden herrschte ein farbenfrohes, fröhliches Menschen- und Schlittengetummel.

Im Zweiten Weltkrieg befand sich eine deutsche Flugabwehrkanone auf dieser Anhöhe. Kurze Zeit nach Kriegsende wurden wir Buben mit einem Schlag steinreich, als wir auf einer Müllkippe mit farbigem Glas und Bauschutt eine Tasche mit Reichsmarkbündeln fanden: Auf jedem Schein stand „eine Million Deutsche Reichsmark" und wir durften Millionär spielen.

Im Hollericher Bach und seinen Zubringern aus Cessingen und Merl fingen wir hübsche Zierfische, Stichlinge und Elritzen, wir sammelten Wasserpflanzen und Schnecken und brachten sie in unser Aquarium nach Hause: eine unbeschwerte, naturnahe Zeit, ohne tickende Uhr, ohne Fernseher, ohne Telefon, ohne Lärm und ohne Verkehr.

---

* Geissenhügel
** Zittergras

So ließ ich viele romantische Erinnerungen zurück: an Riesensträuße Margeriten, die wir unserer Mutter von den duftenden, farbenprächtigen Wiesen mitbrachten, an Versteckspiele in Heuhaufen, an den Geruch von Kartoffeln, die wir neben unserer „Bude" im offenen Feuer brieten. Unsere Bude war ein großes Erdloch, das wir mit Brettern, Sacktuch und Boden überdeckt hatten. Auf sie waren wir besonders stolz, und mancher Nachbarsjunge beneidete uns ihretwegen.

Im zweiten oder dritten Primärschuljahr schloss ich mich einer Merler Kinderbande an, die gegen die Jungen des benachbarten Stadtteils Bel-Air in den Krieg zogen. In Bel-Air wohnten die vornehmeren Leute, hieß es, und wir wollten deren verweichlichten Nachwuchs ordentlich versohlen, damit sie ja nie den Merler Stadtteil beträten. Es kam zu einer Rauferei in den Merler Wiesen, wobei die Jungen von Bel-Air in der Überzahl waren. Ein kräftiger Bursche erwischte mich, stieß mich zu Boden, verprügelte mich nach Strich und Faden und verabschiedete sich mit ein paar deftigen Fußtritten. Damit war für mich die West Side Story der Merler Jungen beendet.

Ich marschierte nun zügig auf der verkehrsreichen Nationalstraße 6 in Richtung Kockelscheuer und schon erlebte ich einen Vorgeschmack auf moderne Pilgergefahren. In einer unübersichtlichen Kurve raste ein Auto mit hoher Geschwindigkeit bedrohlich auf mich zu, und nur der Sprung in den trockenen Graben zwischen weißem Streifen und einer hohen Mauer rettete mich – brutal riss mich der Schreck aus meinen Nostalgieträumen. Ich wurde vorsichtiger und behielt von nun an den Verkehr genau im Auge, auch wenn dies das Hinüberwechseln auf die andere Straßenseite bedeutete. Auf der Höhe von Berchem erreichte ich eine rechts an der leicht ansteigenden Straße stehende Kapelle. Ich hielt kurz inne, beeindruckt von den Kerzen, die in dem weißgetünchten Innern vor einer einfachen Muttergottesstatue flackerten.

„WANDERER,
hier bleibe eine Weile,
dann glücklich weitereile!"

Der Reim über dem Kapellenbogen sprach mich direkt an, ich betete kurz und erbat den Segen der Mutter Jesu für mein beginnendes Unternehmen. Ein tiefes Glücksgefühl ergriff mich, und ich spürte mich wohlbehütet und beschützt. Noch ahnte ich nicht, dass sich mein Pilgergang – ungeachtet aller Mühen und Gefahren – zu einem wahren Freudenweg und zu einer der wertvollsten Erfahrungen meines Lebens gestalten würde.
Doch vorerst erlebte ich die Dürftigkeit des Pilgerns am Straßenrand. Beklemmend war das Gefühl auf dem schmalen weißen Streifen zwischen Fahrbahn, Sommerweg und Graben, ich fühlte mich von LKWs bedroht, belärmt und bestunken. Hätte ich damals gewusst, wie viel Kilometer ich noch auf ähnlichen Straßen laufen würde – vielleicht wären mir Zweifel an der Sinnhaftigkeit eines solchen Unterfangens in unserer heutigen Zeit gekommen. Doch als ich an jenem Abend mit dem Zug von Düdelingen nach Hause fuhr, war ich beglückt und spürbar erleichtert: Ich hatte den Probelauf gut bestanden. Ich war nicht allzu müde, der mit Steinen beschwerte Rucksack trug sich gut, und meine Bergwanderschuhe passten – jetzt konnte es richtig losgehen.

Durchs Land der roten Erde

Ausnahmsweise begleitete mich meine jüngste Tochter Françoise auf der nächsten Dreitagesetappe, von Düdelingen nach Metz. Wir verließen die ehemalige *Forge du Sud** und überquerten bei wechselhaftem Wetter die Grenze nach Frankreich. In Escherange machten wir Bekanntschaft mit dem weiß-rot markierten Fernwanderweg GR 5**, der Holland mit der französischen Riviera verbindet. Er war mir bis zur Schweizer Grenze ein angenehmer und stets zuverlässiger Gefährte.

Als wir uns in Escherange etwa einen Kilometer verirrten, ärgerte ich mich über die unzulängliche Karte, doch erwies sich der Vorwurf bei näherem Hinsehen als unhaltbar.

„Du bist wie viele Menschen", bemerkte meine Tochter, „sofort bereit zu verurteilen, anstatt den Fehler erst bei dir selbst zu suchen." Zerknirscht akzeptierte ich den Vorwurf und versprach umgehend Besserung.

Unterwegs probierte ich an einigen Hunden den *dog repellant* aus, einen elektronischen „Hundeverscheucher", den mir eine um mein Wohlergehen besorgte Freundin geschenkt hatte. Die vom Gerät ausgestrahlte Frequenz ist für das menschliche Ohr nicht hörbar, stoppt aber zuverlässig angreifende Hunde: Sie zuckten zusammen, jaulten manchmal auf oder duckten sich und zogen sich respektvoll zurück. Françoise fühlte mit den erschrockenen Hunden und verbot mir streng, das Gerät einzuschalten, wenn keine reale Gefahr bestand.

Am Nachmittag durchquerten wir Nilvange, die Stadt der Freundschaften unter den Völkern. Auf einem Hausgiebel bewunderten wir eine hübsche Wandmalerei: Eine Mutter, deren Haupt von zwölf Sternen umgeben ist, behütet ein weißes Mädchen und einen schwarzen Jungen. Könnte er wahr

---
*Schmiede des Südens
**GR steht für *Grande Randonnée* oder Fernwanderweg

werden, der Traum von „Die Welt ist meine Familie!" Ich wünschte es mir, und Françoise auch.

Die Geschichte dieser Stadt ist symptomatisch für das luxemburgisch-lothringische Eisenerzbecken, dessen Reichtum auf dem rotfarbigen, eisenerzhaltigen Gestein beruht. Die Gründung der Hütte *La Paix* und des Walzwerks *Saint Jacques* im Jahre 1895 lösten eine Bevölkerungsexplosion aus: Die Einwohnerzahl wuchs von 456 im Jahr 1875 auf 3283 im Jahr 1900, überschritt 1962 mit 9336 Menschen den Zenit und schrumpfte bis 1990 auf nur noch 5615 Einwohner. Die 1965 einsetzende Rezession führte zur Stilllegung zuerst der Eisenerzgruben, dann der zehn Hochöfen und der Stahl- und Walzwerke – von der stolzen Hütte St Jacques blieb nur noch ein mit Unkraut und Gesträuch überwuchertes Gelände mit dem Hinweisschild „Industriegelände zu verkaufen/vermieten".

Der wiederholte Anblick von Industriebrachen – dort, wo früher Schlote qualmten, Hochöfen aus den Tälern ragten und riesige Werkanlagen für Arbeit und Wohlstand sorgten – löste bei mir Betroffenheit aus. Ich dachte an die Mühsal der vom Wirtschaftswechsel betroffenen Menschen, an die zahllosen Familienschicksale. Es waren stolze, fleißige Menschen, Ingenieure und Arbeiter gewesen, die hier aus rotem Felsgestein den Grundstein für den Wohlstand Luxemburgs und Lothringens gelegt hatten; alle hatten sich nach anderen Lebensquellen umsehen müssen.

Das Wappen der Stadt Hayange zeigt zwei Hämmer und zwei Löwen, sie nennt sich stolz die „Wiege der französischen Eisenindustrie". Hier residierten die Hüttenbarone de Wendel, deren Schloss (1720) und Grabkapelle im neugotischen Stil (1854) noch heute Zeugnis von der glorreichen industriellen Geschichte der Stadt ablegen. Auch die Wandmalereien von Gawra, einem Künstlersohn der Stadt, locken Besucher an. Von einer Anhöhe überwacht mit segnender Geste die Muttergottes von Hayange die Stadt und das von der Krise geschüttelte Tal, dessen Hoffnungssymbol sie bleibt, obwohl auch sie in ihrer fast hundertjährigen Geschichte den wirtschaftlichen Niedergang des Tals nicht verhindern konnte. In der Nacht ergibt die angestrahlte, übergroße Statue ein heimeliges Bild.

Ich war sehr zufrieden, denn trotz der zurückgelegten Distanz hatte ich weder Rückenschmerzen noch Gehprobleme. Zehn Jahre zuvor hatte ein Arzt mir Rückenprobleme angekündigt, mich vor einigen Yogaübungen gewarnt und gemeint, ich müsse mich auf Schlimmeres einstellen: Mit 40 Jahren beginne halt die absteigende Lebensphase, Gesundheitsprobleme und körperliche Schwächen würden zunehmen. Damals war ich weder gut zu Fuß, noch konnte ich Fahrrad fahren. Ich hatte dem Mediziner ungläubig zugehört und mich daraufhin jährlich in eine ayurvedische Kur begeben, wo die Rückenprobleme von Kur zu Kur abklangen. Heute erfreute ich mich bester physischer Kondition und ich fühlte mich wesentlich besser als 15 Jahre zuvor – ein guter Grund zum Feiern. Anstatt Müdigkeit oder Verspannung verspürte ich einen starken Energiefluss, das Gehen war belebend und stärkend gewesen, der Appetit angeregt.

Während wir an diesem Ostersonntag das typisch französische Frühstück aus *croissants* und *baguette* genossen, herrschte an der PMU-Theke* geschäftiges Treiben. Die Männer studierten mit ernster Miene ihre Wettscheine und die letzten Resultate der Pferderennen oder füllten bei einem Bier oder einem Kaffee neue Scheine aus. Ein älterer, besonders gut gekleideter Herr gab seinen Wettschein ab, grüßte jeden Anwesenden mit einem freundlichen Wort und einem festen Händedruck, auch uns Fremde, dann verabschiedete er sich. Standen etwa Wahlen an und war er auf Stimmenfang?

---

* Pari Mutuel Urbain – unter der Schirmherrschaft des französischen Landwirtschaftsministeriums stehende Infrastruktur zur Abwicklung von Pferdewetten in den Städten

In Ranguevaux kauften wir eine Limonade die so sauer war, dass wir sie später weggossen. Es regnete ununterbrochen. Am Ortsrand von Rosselange picknickten wir unter einem Holzschuppen, ein fahrender Lebensmittelhändler versorgte uns mit frischer Milch, Backwaren und Obst. Françoise klagte über Blasen am Fuß, marschierte aber tapfer weiter bis nach Ste-Marie-aux-Chênes, wo uns ein romantisches Hotel erwartete. Es war für mich ein besonderer Tag: Obschon mein Töchterchen mich hin und wieder – ganz begründet – zurechtweisen musste, verlieh sie mir den Ehrentitel „Alter Yeti" – worauf ich noch heute stolz bin.

Am nächsten Morgen waren Françoises Fußschmerzen so intensiv, dass sie die Wanderung abbrechen wollte. Leider besteht an Sonn- und Feiertagen keine Busverbindung nach Metz. Wir riefen eine Taxifirma an: „Wir sind in Metz", hieß die lakonische Antwort, es gab kein Interesse, Françoise in Ste-Marie-aux-Chênes abzuholen und zum Bahnhof in Metz zu bringen. Glücklicherweise hatte sie noch ein Paar Turnschuhe im Rucksack, mit denen sie dann doch weitergehen konnte. Im Ort entdeckten wir folgendes suggestives Schild:

„Regarde St Christophe
Puis va-t-en rassuré"*

Wir sinnierten gerade über den hübschen Spruch, als eine Passantin uns ketzerisch zurief: *„Il arrive à Saint Privat et se casse la gueule."***

An der Nationalstraße 43 mahnt ein Militärfriedhof mit Gräbern beider Nationen an den Französisch-Deutschen Krieg von 1870/71. Viele Friedhöfe und Monumente, Grabkreuze,

---

* „Schau zum hl. Christophorus, dann geh unbesorgt von dannen."
** „Er erreicht das Dorf St Privat und fällt auf die Fresse."

Befestigungen und das Kriegsmuseum von Gravelotte erinnern sowohl an jenen Krieg als auch an die strategische Rolle der Moselhöhen zur Verteidigung des Metzer Grenzlandes.

Auf den Feldern von Mars-la-Tour, Vionville, Gravelotte und Saint Privat wurde im August 1870 europäische Geschichte geschrieben. Kriegsgeschichte, weil in den Schlachten vom 16. und 18. August der preußische Sieg zum letzten Mal durch den massiven Einsatz schwerer Kavallerie erfochten wurde, europäische Geschichte, weil die französischen Niederlagen auf den lothringischen Schlachtfeldern letztendlich zur Kapitulation der französischen Armee und zur Gefangennahme Napoleons III. führten. Frankreich verlor bis zum Ende des Ersten Weltkriegs Teile Lothringens und das Elsass (außer Belfort). Dieser Krieg erlaubte Bismarck, sein Ziel der Schaffung eines deutschen Nationalstaates zu erreichen. War er es doch, der ein Telegramm von Kaiser Wilhelm I. über dessen Unterredung mit dem französischen Botschafter am 13. Juli 1870 zu einer Beleidigung des Vertreters Frankreichs fälschte und dadurch Napoleon III. zur Kriegserklärung an den Norddeutschen Bund nötigte.

Meine Tochter und ich durchwanderten ehrfurchtsvoll diese blutgetränkte Erde in östlicher Richtung. Die D 7 leitete uns zur ehemaligen Befestigung *Groupe Fortifié Lorraine* und anschließend hangabwärts nach Saulny und unterhalb vom *Fort de Plappeville* zum Ortsteil gleichen Namens. Dort bot uns die historische Kirche von Ste Brigide (1493) vorübergehend Schutz vor dem Dauerregen, der nun auf uns niederprasselte. Wir waren erleichtert, als wir, völlig durchnässt, in Metz den Zug nach Luxemburg besteigen konnten.

Vom Massengrab zum Pferdestall

Durch die Wälder von Vaux und von Gorgimont in der Nähe von Metz leitete mich der Fernwanderweg vom Kreuz *Croix St Clément* in westlicher Richtung zu der im regionalen Naturpark Lothringen gelegenen historischen Stadt Gorze. Am Beginn bietet die Strecke immer wieder ansprechende Ausblicke auf das Moseltal und die Stadt Metz, aus deren üppigem Grün die mit 6.500 qm Glasfenstern außergewöhnlich lichtvolle, von 1200 bis 1522 errichtete Kathedrale himmelwärts strebt.

Die gut erhaltenen Überreste des römischen Aquädukts über die Mosel bei Ars-sur-Moselle und Jouy-aux-Arches, das die Wasserversorgung von Metz sicherte, gehören zu den zahlreichen Sehenswürdigkeiten, die das Val de Metz dem Besucher bietet. Unbekannt war mir die Kulturstadt Gorze, einem bis ins Jahr 1661 selbständigen Staat mit zweitausendjähriger Geschichte. Hier fassten die Römer die „Brodelnden Quellen" und speisten mit diesem Wasser ihre Metzer Thermen. Die 749 gegründete Benediktinerabtei wirkte in ganz Europa; sie ist die Wiege des Metzer *Plain-chant,* ein Vorläufer der gregorianischen Gesänge. Sehenswert sind insbesondere die Stiftskirche (12. Jh.), der elegante barocke Abteipalast (1696) mit seinen Springbrunnen und die mit Reliefs verzierten Treppen. In Pagny-sur-Moselle endete diese Eintagesetappe und ich fuhr von dort mit dem Zug nach Hause.

Zum mehrtägigen Erwandern der Strecke von Pagny-sur-Moselle nach Liverdun fuhr ich mit dem Auto nach Liverdun, von wo der Zug mich zum Ausgangspunkt in Pagny-sur-Moselle brachte. Eine Krisensitzung am Arbeitsplatz hatte meine Abfahrt aus Luxemburg verzögert. Ich bin kein Raser, aber dieses Mal sauste ich über die französische Autobahn, verpasste prompt die richtige Ausfahrt und musste wieder zurück zur Abfahrt Pompey/Frouard. Verärgert parkte ich mein

Auto am Bahnhof von Liverdun und zog hastig meine Tagesschuhe aus, um sie gegen die Wanderschuhe zu tauschen, als der Zug in den Bahnhof einfuhr. Ich warf hastig meinen Rucksack über die Schulter, doch zum Anziehen der Wanderschuhe war es zu spät, und ich musste zur unverhohlenen Belustigung der Fahrgäste auf Strümpfen, mit den Schuhen in der Hand, vom Parkplatz um das geschlossene Bahnhofgebäude und durch die Seitenpassage zum Bahnsteig sprinten. Als ich keuchend den Rucksack verstaute, setzte sich der Zug schon in Richtung Pagny in Bewegung: Das war wirklich knapp!

Ich hatte mich auf diese Pilgeretappe gefreut, ohne zu ahnen, welche Erfahrungen sie mir bescheren würde. Der Wandertag begann mit dem Anstieg zum Schloss Prény (12. – 17. Jh.), dessen Ruinen weithin sichtbar auf 172 Metern Höhe das Moseltal beherrschen. Es spielte eine wichtige Rolle in der wechselhaften Geschichte Lothringens und war immer wieder Zankapfel kriegerischer Auseinandersetzungen zwischen den Metzer Bischöfen und den Fürsten von Lothringen. So bekriegte im Jahre 1286 der Bischof von Metz mit 4000 Soldaten die Festung, die siegreich aus der fünfjährigen Belagerung hervorging.

Nach einer kurzen Besichtigung wanderte ich auf dem GR 5 durch eine friedvolle, sonnenbestrahlte Natur, in der Schmetterlinge lustvoll von Blumenkelch zu Blumenkelch taumelten. Ich ergötzte mich am Gesang der Lerchen, an der Stille, am saftigen Grün in seinen zahllosen Abstufungen und wähnte mich im Paradies. Ungeachtet der Last des Rucksacks pulsierte tiefe Freude durch meinen Körper. Ich trällerte lauthals mit den Lerchen um die Wette, gestehe aber gern, dass mein Gesang weniger himmlisch klang als der ihre. Jäh unterbrach jedoch das Knattern eines Traktors für kurze Zeit die Idylle. Die unbesiegbare, ewige Stille: Der arbeitsame Mensch kann sie mit seinem Getue und Lärm vorübergehend unterbrechen oder übertönen, so dass sie bescheiden in den Hintergrund unserer Wahrnehmung tritt. Ich spürte auf diesem Weg ihre Allgegenwart: Sie ist der Hauch des Lebens, warm, dynamisch, kraftvoll und sanft zugleich. Sie belebte jede meiner Zellen, jede Zelle wurde zu einer beglückten Schwingung, zum Gesang der Stille. Ich sog die vibrierende, wabernde Energie des Lebens wonnevoll in mich hinein. Bin ich nicht aus dem gleichen Stoff? Sind nicht Milliarden Zellen, perfekt synchronisiert, emsig damit beschäftigt, aus dem verborgenen Bauplan des Lebens den perfekten Organismus meines menschlichen Körpers zu gestalten – in der Stille?

In diesem glückvollen Schwebezustand wanderte ich weiter bis zum Hof *Sainte-Marie-aux-Bois*, der einsam im Waldtal Zeugnis ablegt von der ehemaligen Prämonstratenserabtei, die vor ihrer Verlegung nach Pont-à-Mousson hier ihren Sitz hatte. Über das Örtchen Vilcey-sur-Trey erreichte ich ein von einer tragischen Kriegsvergangenheit überschattetes Waldgebiet. Im *Bois-le-Prêtre* erinnert das Kreuz *Croix des Carmes* an die heftigen Kämpfe, die hier von September 1914 bis Mai 1915 tobten. Im Gebüsch und im Unterholz sind die alten Gräben und Stellungen noch sichtbar, und Hinweistafeln verweisen auf das blutige Kampfgeschehen an dieser Front:

„Auf dieser Höhenlinie verloren die 73. und die 128. Division zwischen Januar und August 1915 7.000 Tote und 22.000 Verletzte. Die Deutschen hatten ähnliche Verluste. Wanderer, respektiere diesen heiligen Boden."

Diese Anhöhe bot einen ausgezeichneten Überblick über das Moseltal, den Korridor des *Rupt de Mad* und die gegenüberliegende Ebene der Woevre. Eine zwischen den feindlichen Linien im *Ravin du père Hilarion* sprudelnde Quelle versorgte beide Kriegsparteien mit Wasser. In schweigender Übereinkunft füllten sie hier ihre Wasservorräte auf, ohne sich dabei gegenseitig zu beschießen.

Viele Jahrzehnte nach diesem Drama warnen noch immer Tafeln davor, wegen der Gefahr herumliegender Granaten in das Untergehölz einzudringen. Ich ließ mich auf einem Baumstumpf nieder und gab mich in diesem jetzt so friedlichen Wald der Stille hin. Doch weder Frühlingslüfte noch Kuckucksrufe konnten über das erschütternde Geschehen hinwegtäuschen, das sich hier vor langer Zeit ereignet hatte. Selbst der Waldweg schien mir plötzlich gequält und aufgewühlt von den grenzenlosen Leiden einer unmenschlichen Vergangenheit. Die sanfte Frühlingsidylle verschmolz in meinem Bewusstsein mit dem Kampfgetöse der Soldaten, die in den Gräben Stellungskämpfe austrugen, in zahllosen nutzlosen Angriffen anstürmten oder diese Attacken abwehrten.

Ich fühlte mich schlagartig in den Strudel des Kampfgeschehens hineingerissen. Die Luft zerbarst vom Zischen der Geschosse und dem Krachen der Explosionen, glühende Metallsplitter schwirrten umher und brannten sich ein in Bäume und Fleisch; der grausige Schrei der bajonettbewehrten Angreifer, mit dem sie die Angst vor dem eigenen Tod verdrängten, zerriss den Äther; ich roch den widerwärtigen Geruch von Pulverrauch und versengtem Fleisch, mein Ohr erzitterte vom Wimmern der Verletzten und Verstümmelten und vom Röcheln der Sterbenden, deren zuckende, blutende Körper ihre Seelen in die Ewigkeit aushauchten.

Wie mögen diese Seelen reagiert haben, als sie sich urplötzlich in einen friedvollen, lichten Zustand entrückt sahen, ihre Körper auf dem Schlachtfeld menschlichen Irrsinns zurücklassend? Sicher waren sie erleichtert über das Ende der Schlächterei und ihrer Angst. Oder waren sie verwirrt über den neuartigen, völlig unerwarteten Zustand der Leichtigkeit und die Freiheit des Austritts aus der Enge und den Begrenzungen der physischen Existenz?

Wir Menschen sind Meister im Anzetteln von Kriegen und in der gegenseitigen Zerstörung, dachte ich, indem ich mühsam versuchte, mich von meiner Benommenheit zu lösen; wir wissen genau, wie wir die Hölle auf Erden herbeirufen. Der Erste Weltkrieg forderte allein auf deutscher Seite einen Tribut von zwei Millionen Toten und vier Millionen arbeitsunfähigen Verletzten. Weshalb kommt es niemandem in den Sinn, mit derselben Energie und Ausdauer, wie wir aufrüsten und Kriege führen, den Himmel auf Erden herbeizuführen – diese Möglichkeit tun wir als illusorisch ab. Wir bewaffnen uns bis zu den Zähnen, um für den nächsten Krieg gewappnet zu sein. All das funktioniert nur sehr beschränkt, denn die Geschichte zeigt: Ob Alexander, Napoleon oder Hitler, jeder Eroberer wurde am Ende vernichtet. Etwas macht die Menschheit falsch.

Bedrückt trottete ich bis zum wenige Kilometer entfernten Militärfriedhof *Cimetière du Pétant* mit der Nationalen Nekropole von Montauville. Hier liegen die sterblichen Überreste von über 14.000 Soldaten aus beiden Weltkriegen, darunter ein Massengrab mit 962 unbekannten Soldaten aus der Schlacht im Bois-le-Prêtre. In den Gräberreihen ließ ich die Namen und die Kreuze auf mich wirken und erinnerte mich an meine Jugendzeit, in der ich mich für das Kriegerische interessierte, für militärische Ausbildung ebenso wie für Kriegsgerät und die mein ganzes Leben begleitenden zahllosen Kriege. Ich wuchs in einer geteilten Welt auf, Ostblock und Westblock, es gab die Guten und die Bösen, und Letztere rechtfertigten den Waffengebrauch. Es gab den globalen Kalten Krieg, und es gab zahllose heiße Kriege. In den letzten Jahrzehnten wendete ich mich ab von diesem Denken, in meinem Herzen entfaltete sich durch Meditation die Friedenspflanze und erstickte, still und fast unbemerkt, jenes zerstörerische Gedankengut. Gewalt in jeder Form ist mir jetzt ein Gräuel, und es kann keine Rechtfertigung fürs Töten geben.

Was würden die jungen Männer heute sagen, was der Militärgeistliche, an dessen Grab ich eben stand, könnten sie aus

ihren Gräbern aufstehen? Würden sie wirklich rufen: „Macht weiter so!"? Oder hätten sie dazugelernt und würden auf die Menschheitstexte verweisen, die da sagen: „In Wahrheit seid ihr Götter!" und „Gott schuf den Menschen nach seinem Ebenbild." oder „Was ihr dem Geringsten meiner Brüder tut, tut ihr mir." Und steht nicht deshalb da geschrieben: „Du sollst nicht töten." Punkt.
Vielleicht würden sie klagend fragen: „Warum mussten wir sterben? Welcher Ideologie opferten wir unser Leben, das Einzige, das Wertvollste, das wir hatten? Warum streiten sich heute noch eure Historiker über die Frage, weshalb Deutschland eine regionale Auseinandersetzung zu einem Weltkrieg ausweitete – und damit unsägliches Leid über Millionen Menschen brachte. Niemand kann solchen Wahnsinn rechtfertigen."
Vielleicht riefe uns der Militärseelsorger zu: „Es gibt nur einen Gott, es kann ja nicht zwei oder sechs Schöpfer geben. Er hat viele Namen. Und wegen unterschiedlicher Benennungen dieser *einen* Realität führtet ihr jahrhundertelang Krieg? Reißt eure geographischen und geistigen Grenzen ein, und macht aus der Erde ein großes Land des Friedens."
Ich verabschiedete mich von dieser heiligen Stätte der Besinnung und versprach den hier Ruhenden, die Erinnerung an ihr Opfer zu pflegen. Nachdenklich pilgerte ich weiter nach Montauville und Pont-à-Mousson.
Der Tag war für mich physisch und emotional anstrengend gewesen, ich hatte unterwegs kaum etwas gegessen und so meldete sich ein übermächtiger Hunger, nachdem ich mich in Pont-à-Mousson in einem einfachen Hotel einquartiert hatte. Im Restaurant „Le Flam's" ließ ich mich zu einem *Flammekuch* und einer *choucroute paysanne* verführen. Die Zwiebeltorte sollte nach meiner Vorstellung eine kleine Vorspeise sein; ich erhielt eine riesige Torte, mit der ich eigentlich genug gehabt hätte. Das Essen schmeckte hervorragend und verscheuchte meine Bekümmertheit.

Der nächste Tag kündigte sich mit 10 Grad recht kühl an. Da diese Etappe nach Martincourt mit nur 17 Kilometern eher kurz ausfiel, besichtigte ich zuvor in Pont-à-Mousson die Kirche Saint-Martin (14. Jh.) und die Place Duroc (16. – 18. Jh.), unter deren historischen Häusern das „Haus der sieben Todsünden" (16. Jh.) besonders erwähnenswert ist.

In der Kirche des Hl. Martin, der 397 starb und Schutzpatron Frankreichs ist, empfingen mich himmelwärts strebende, den Geist leichtbeschwingt zu höheren Gefilden führende Fenster und eine inspirierende Inschrift: „Besucherfreund, sei willkommen in der Kirche St Martin. In der Stille wirst du die Präsenz des Bewohners dieses Ortes entdecken."

Diese Worte regten mich zum Meditieren an und ich versank in tiefe Glückseligkeit. Die von mir ausgeübte Meditation ist eine einfache mentale Technik, mittels derer der bewusste Geist in immer feinere Bewusstseinsebenen absinkt, bis er die tiefste Gedankenebene überschritten hat und der Meditierende einen Zustand beglückender, ruhevoller Wachheit erreicht.

In der Kirche fand ich ein schönes Gedicht, das diesen inneren Zustand in religiöse Worte kleidet:

> Da vor Dir stehen
> Da vor Dir stehen, Herr, kein Wort sagen
> Warten
> Nur dastehen und Dich sprechen lassen
> Einen Augenblick
> Meinen Willen zurückstellen
> Und mich Dir ganz hingeben
> Nach Reinheit, Treue streben
> Nur dastehen und mich leiten lassen
> Dir meine Seele aussetzen
> Warten und kein Wort sagen
> Nur dastehen
> In Deiner Anwesenheit leben

Auf Deine Stimme achten
Nur dastehen
Mich einfach Deiner Liebe öffnen
Und Dir Dank sagen
Denn Du bist da für mich
Du, Herr

Anschließend besichtigte ich die Abtei, deren Gärten einen herrlichen Ausblick auf die hier sehr breite Mosel und die Stadt bieten. Die prachtvolle ehemalige Prämonstratenserabtei (erbaut 1705 bis 1735) diente im Wechsel der Geschichte zuerst als Universität und später, im 18. Jahrhundert, als Seminar der Diözese Nancy. Nach der Trennung von Kirche und Staat wurde sie als Spital benutzt; heute ist es eine internationale Begegnungsstätte und ein renommiertes Kulturzentrum, das auch für private Festlichkeiten vermietet wird.

Bei bedecktem Himmel erreichte ich den 56 Meter tiefen Abgrund von *Grimo-Santé*, der sich einige Meter abseits vom Weg befindet. Diese und andere Grotten locken im Sommer zahlreiche Höhlenforscher an. Vor Martincourt galt es nur noch, ein üppig grünes, zum Verweilen einladendes weites Tal zu durchqueren, in dem eine vielköpfige Schafherde im Wiesengrund weidete. Die Schafe schienen selten Menschen zu sehen, denn die über 200-köpfige Herde begleitete mich wie eine besondere Rarität. Ein zwei Tage altes Lämmchen stolperte ununterbrochen bähend auf mich zu und ließ seine Mutter weit hinter sich. Als es den Zaun erreichte, begann es unversehens am Draht zu lecken – ehe ich es verscheuchen konnte, erhielt es einen ordentlichen elektrischen Schlag. Das Lämmchen schlug einen regelrechten Purzelbaum, blieb einen Moment verdutzt stehen, schüttelte benommen den Kopf und trottete dann traurig bähend zu Mutterns trautem Schutz. Ich bedauerte, der Auslöser dieser schockierenden Lebenserfahrung gewesen zu sein.

Nachdem ich mich in einer einfachen Unterkunft einquartiert hatte, beobachtete ich einen Bauern beim Eintreiben der Schafe. Es war fesselnd, der Arbeit des speziell dressierten *Bordeaux Collie* zuzuschauen, der allein, nur auf Rufkommando, die ganze Herde aus der weiten Wiese in den jenseits der Straße liegenden Stall hineintrieb. Das Lämmchen, das vorhin einen ergötzlichen Purzelbaum geschlagen hatte, erreichte als Erstes den Hof, sah sich elendiglich verlassen um und blökte gar jämmerlich.
Ein mächtiger Hunger trieb mich in eine Herberge, wo ich für wenig Geld wahrhaft königlich verwöhnt wurde. Als Vorspeise tischte die Besitzerin dem „müden Pilger, der das verdient hat", eine reichhaltige lothringische Aufschnittplatte auf, gefolgt von einem Schweinekotelett mit Senfsoße und Bohnen; zum Schluss gab es einen Käseteller. Als Vegetarier hatte ich schon seit Jahren kein Kotelett mehr verzehrt, aber wenn man sich täglich ordentlich anstrengt und so freundlich verwöhnt wird, kann man doch nicht nein sagen.
Als einziger Gast an diesem Abend erfüllte ich mir den Jugendtraum, einmal allein Kegelspielen zu üben. Kegelschieben ist wohl eine ungewohnte Pilgertätigkeit, die unseren Ahnen des 12. oder 13. Jahrhunderts unbekannt war. Doch sie waren sicherlich nicht nur betende, todernste Büßer, die alle kleinen irdischen Freuden verachtet hätten, nein, es waren „lustige Gesellen, die auch deftige Scherze nicht verachteten ...", schreibt Raymond Oursel.
Anschließend suchte ich den Weg zurück zu meiner Unterkunft. Dichter Nebel verhüllte die Landschaft, es gab keine Straßenbeleuchtung und die Nacht war stockfinster. Außer der Gaststätte gab es kein Licht weit und breit, nur der Glockenschlag der Kirche und das Blöken der Schafe in ihrem Stall dienten mir zur Orientierung. Als ich mein Ziel erreicht hatte, ertastete ich mühselig entlang der Außenwand die Tür und das Schloss. Ich schwor, in Zukunft eine Taschenlampe mitzunehmen.

Erst jetzt schaute ich meine Bleibe genauer an: ein ehemaliger Pferdestall mit Kühlschranktemperatur. Sechs Feldbetten standen unterhalb der Futterkrippe in einer Reihe, auf jedem Bett lagen graue Militärdecken, deren Herkunft ich dem Zweiten Weltkrieg zuordnete. Ein breiter Spalt in der Schiebetür, durch die ehemals Pferde ein- und austrappelten, ließ feuchtkalte Zugluft hereinströmen. Mich fror unter der Decke so kläglich, dass ich nach einer Weile doppelte Unterwäsche und meinen Pullover über den Pyjama anzog. Als das nichts nützte und mir noch immer jämmerlich kalt war, überwand ich meine Abscheu, sammelte sämtliche muffigen Kriegsdecken ein und häufte sie über mich. Glücklicherweise war ich der einzige Gast in dieser äußerst pittoresken Herberge – mit Abstand die schäbigste Unterkunft meines Pilgergangs.

Am nächsten Morgen verzichtete ich auf die spartanische Duschgelegenheit, strafte den primitiven Kocher mit Verachtung und stapfte los. Ich war erleichtert, mir keine Erkältung zugezogen zu haben, hatte aber keine Lust, auch nur eine Sekunde länger in dem feuchtkalten Gemäuer zu verweilen. Der Tag gestaltete sich zu einer angenehmen Wanderung, zuerst ins Eschbachtal, dann über die Höhe nach Rogéville, deren höchster Punkt eine herrliche Weitsicht auf Felder und Hecken und im Südwesten auf die ersten Häuser von Toul freigab. Einige Kilometer vor Liverdun folgt der Weg kurvenreich einem Bächlein. Wie so oft in diesen Tagen, sang ich mit lauter Stimme, als mir plötzlich ein Ehepaar entgegenkam. Verlegen aufhören oder weiter singen, dachte ich, und psalmodierte einfach weiter. Die Leute ließen sich von meiner Fröhlichkeit anstecken und winkten mir herzlich zu.

Bevor ich Liverdun erreichte, holte ich einen gemächlich spazierenden Mann ein, der mich freundlich grüßte und ein Gespräch anknüpfte. Nach einer Weile fragte er nach meinem Ziel. Ich zeigte ihm mein Infoschild am Rucksack. Als der Mann den Text *Pèlerinage Luxembourg – Assisi – Roma** las, zuckte er zusammen, wechselte die Gesichtsfarbe und schrie mich an: „Religion ist Gift! Verschwinden Sie! Religion ist Gift, mach, dass du wegkommst ..." Ein Appell an die Vernunft schien zwecklos, und ich entfernte mich von dem tobenden Zeitgenossen, der seinem Groll auf Gott und die Kirche lauthals freien Lauf ließ.

In dem in einer Moselschleife auf einer Felsspitze gelegenen mittelalterlichen Städtchen Liverdun bewunderte ich die wichtigsten Sehenswürdigkeiten: das Schloss (12. und 20. Jh.), die Stadtmauern, die Stadtpforte aus den 12. und 15. Jh., das Haus des Gouverneurs (16. Jh.) und die im romanisch-gotischen Stil erbaute Kirche St Pierre (12./13. Jh.) mit dem Grabmal des Hl. Euchaire. Die Legende dieses Heiligen erzählt, er sei in der nahen Stadt Pompey geköpft worden und von dort, mit seinem Kopf unter dem Arm, bis nach Liverdun spaziert, wo seine sterblichen Überreste aufbewahrt werden.

---

* Pilgergang Luxemburg – Assisi – Rom

Im Reich der Mirabellenkönigin

Den Weg von Luxemburg nach Liverdun hatte ich in wenigen Ein- bis Dreitagesetappen erwandert. Die 350 Kilometer lange Strecke von Liverdun nach Pontarlier nahe der schweizerischen Grenze begann ich mit einer erholsamen Nacht in der lothringischen Metropole Nancy. Mit ihrem architektonischen Juwel, dem Stanislausplatz, und seinen Nachbarplätzen ist Nancy Teil des UNESCO-Kulturerbes. Am nächsten Morgen fuhr ich mit dem Taxi nach Liverdun, um dort meinen Wanderfaden wieder aufzunehmen. Der sympathische Taxichauffeur erkundigte sich nach meinem schweren Rucksack. „Sie sind sehr mutig, diesen Weg nach Rom zu gehen. Bis zur Schweiz werden Sie vorwiegend in Wäldern wandern. Passen Sie auf Wildschweine auf."

Er bemängelte meine Sorglosigkeit, ohne Handy und ohne besondere Vorsichtsmaßnahmen zu wandern, wie z. B. bei meiner Tagesunterkunft Ankunftszeit und Wegstrecken durchzugeben, damit man bei Nichteintreffen nach mir suchen könne. Mein Einwand des Vertrauens in die höhere Vorsehung oder, wie ich es manchmal ausdrücke, in die Unterstützung der Natur, erregte Skepsis.

„Ihr Unternehmen ist wirklich gefährlich", redete er mir wohlwollend zu. „Großes Glück hatte ein Fernwanderer im März letzten Jahres, als er sich einen Fuß verstauchte, nicht mehr gehen konnte und mehrere Kilometer über einen matschigen Waldweg bis zu einer einsamen Straße robben musste. Dort entdeckte später ein Autofahrer den erschöpften Mann im Straßengraben. Er hätte die ganze Nacht und länger dort liegen bleiben und sich eine Lungenentzündung zuziehen können."
Ich versprach dem besorgten Taxifahrer, größtmögliche Umsicht walten zu lassen. „Gott beschütze Sie! Ich bin sicher, dass er es tut", empfahl er sich, als ich vor Liverdun seinen

Wagen verließ und in den Wald und in einen wechselhaften Tag hineinstapfte. Ich wanderte unter rauschendem Regen, der Wald dampfte vor Feuchtigkeit, und ich schwitzte in meinem K-Way wie ein Saunagänger. An einer Wegkreuzung begegnete ich vier Mountainbikefahrern auf von Schlamm triefenden Rädern. Sie schienen sich so wohl zu fühlen wie die sprichwörtliche Sau in der Suhle.

Regenströme, Kälte und Schlamm, Muskelschmerzen und Wadenkrämpfe quälten mich und brachten meinen Optimismus ins Wanken, bis sich das Wetter bei Chaligny aufklärte. Hier liegt, zwischen der Mosel und dem Moselkanal eingebettet, eine schmale, mit Büschen und Hecken bestandene Landzunge. Eine Oase des Friedens, bis ein Jugendlicher mit seinem Motorrad den Weg daherraste, wiederholt den Motor wie eine wütende Hornisse hochtourig aufheulen ließ und die stille Idylle des Moseltals zerriss.

Auf einer Moselfußgängerbrücke wurde ich Zeuge eines kleinen Dramas. Ein Bursche namens Julien demonstrierte ungewollt die Schwierigkeit, in ein gekentertes Kanu einzusteigen. Immer wieder versuchte er prustend und spritzend, sein schmales Boot aufzurichten und sich daran hochzuschwingen. Das schnittige, ultramoderne gelbe Einsitzerkanu schwappte weg und trieb mit dem hilflosen Jungen auf den mittleren Brückenpfeiler zu. Erschöpft klammerte sich Julien am Pfeiler fest und schrie verzweifelt um Hilfe, bis von der Ausgangsbasis ein Motorboot heranrauschte. Zwei Männer wiesen Julien an, sein Kanu längs des Pfeilersockels anzulegen und einen neuen Einstiegversuch zu wagen. Verzagt wagte Julien das Experiment – und reüssierte auf Anhieb. Kraftlos und fröstelnd ließ er sich zuerst abtreiben, bevor er unsicher und schwach zu seinem Abfahrtsplatz zurückruderte.

In Pont-St-Vincent kehrte ich in Brunos Bar ein.

„Ein gutes Bier", rief ich durstig.

„Was bedeutet das?", fragte Bruno zurück.

„Ein Bier vom Fass meint er wohl", schaltete sich hilfsbereit ein Gast an der Theke ein.

Als ich die Bar verließ, rollte gerade ein Hochzeitszug durch den Ort: Dem blumengeschmückten Brautwagen folgte eine wild hupende Hochzeitsgesellschaft in aufgeputzten Autos.

In der Gasse rannte ein Mann hinter der Kolonne her, als aus dem Obergeschoss eines Hauses ein Kübel Wasser auf das Pflaster klatschte und die Dusche den Mann um wenige Zentimeter verpasste. Empört schaute er nach oben, ärgerte sich fäusteschwingend über den Schandtäter hinter dem Fenster, der es vorzog, anonym zu bleiben. Schimpfend und wild gestikulierend trollte sich der Mann von dannen.

In Maizières bot mir Monsieur Bernard Cotel in seinem *Gîte d'étape* ein großes, helles Gästezimmer mit einer kleinblumigen Tapete und Blick auf einen gepflegten Blumen- und Gemüsegarten an. Vorhänge mit roten Blumenmustern, Tulpen, Iris und Pfingstrosen sowie ein massiver Kleiderschrank im lothringischen Stil des 19. Jahrhunderts verliehen dem Raum eine besondere Note.

Mein Gastgeber verwöhnte mich mit einem ausgezeichneten Abendessen aus Tomatensalat und Eierkuchen, Kalbskotelett, Kartoffeln und Schwarzwurzeln, gefolgt von einer Apfeltorte als Nachspeise. An jenem Abend verbrachte ein Hochzeitspaar aus Nancy in diesem kuschelig-gemütlichen Rahmen seine Hochzeitsnacht.

Monsieur Cotel erzählte mir stolz, er sei Vater von fünf Kindern. Im Algerienkrieg war er Pilot gewesen, nach dem Kriegsende führte er ein arbeitsreiches Leben als Bauer, der 365 Tage im Jahr um fünf Uhr aufgestanden und abends um halb zehn zu Bett gegangen war. Er bedauerte, so wenig Zeit für seine Kinder gehabt zu haben, die er nur zur Mittagsmahlzeit sah, und außerdem beklagte er den Werte- und Qualitätsverlust der heutigen Zeit.

„Früher waren wir beim Schlachten immer sieben oder acht Leute – drei hätten genügt, aber man hatte Zeit", erinnerte er sich. „Die Leute mochten die Geselligkeit und hatten Spaß. Sie kamen zusammen, unterhielten sich und waren lustig – heute sieht man kaum eine Seele auf der Straße. Das Fernsehen trägt ungemein zur Vereinsamung der Menschen bei."
Im heimeligen, eichenholzgetäfelten Gästeessraum prangte gegenüber dem mit feinen Muschel- und Rankenmotiven verzierten Kalksteinkamin das große Ölbild eines Mannes in Uniform, gar prächtig anzuschauen: Kapitän Nicolas-Prosper Conteaux. Seine Ähnlichkeit mit Monsieur Cotel war frappierend.
„Ja, die Leute sagen mir das oft", gestand der Besitzer. „Dieses Haus hat eine Geschichte. Der Bischof von Toul erbaute es im 11. Jahrhundert. Im Dreißigjährigen Krieg wurde es zerstört und danach wieder aufgebaut. Am 6. April 1789 kaufte ein Ahne namens Nicolas Voirand das Anwesen, es ist seitdem im Familienbesitz. Nur der Name ging verloren, weil Elisabeth, die einzige Tochter von Monsieur Voirand, den Herrn Conteaux heiratete."
Am nächsten Morgen durchwanderte ich eine sanfte, von der sommerlichen Hitze leicht ausgedorrte Landschaft in Richtung Affracourt. Schwer senkten Sonnenblumen in weiten Feldern ihre prall gefüllten Köpfe, wie Sünder, die darauf warten, zur Guillotine geführt zu werden. Ich vermied das geschäftige Moseltal und pilgerte südwärts über kleine Straßen, durch Täler und verträumte Dörfer des Lothringischen Plateaus, zutiefst beglückt, diese wunderbare Landschaft zu entdecken. Unter strahlend blauem, von leichten Stratuswolken weiß getupftem Himmel erreichte ich Houdelmont, das sich mir in Feststimmung zeigte: Ein altes Karussell drehte müde Runden, daneben lockte ein Getränkestand. Eben wurde letzte Hand an eine zünftige Straßenkegelbahn angelegt und eine Mauer aus Strohballen errichtet, um die Zuschauer gegen Fehlwürfe oder stiebende Kegel

zu schützen; ungeduldig herumzappelnd, warteten die Dorfbuben auf den Kirmesbeginn.

Im Bénontal erreichte ich Vézelise, den ehemaligen Hauptort der Grafschaft Vaudémont. Neben alten Häusern des 16. Jahrhunderts, dem Justizpalast (16. Jh.) und den außergewöhnlichen Hallen aus Eichenholzpfeilern ist die Kirche Saint-Côme et Saint-Damien (15., 16. und 18. Jh.) das Vorzeigestück des Dorfes. Doch wie die meisten Kirchen, war auch sie verschlossen: Ihre Schätze sind aus Sicherheitsgründen nur während der Tourismussaison an den Sonntagnachmittagen oder bei Gottesdiensten zugänglich.

Ich erstieg wieder das Plateau und wanderte ostwärts in Richtung Haroué mit seinem wohlerhaltenen Schloss mit vier runden Ecktürmen und einem Wassergraben (1720), in dem u. a. das Mobiliar von König Ludwig XVIII. zu besichtigen ist.

Ich hatte mich in Affracourt im *Gîte d'étape* von Frau Bourguignon angemeldet. Weil ich verfrüht war, stieg ich die Dorfstraße hinauf, um die Kirche zu besichtigen, als es neben mir hupte und eine Frau mich ansprach:

„Sind Sie der Herr, der heute bei uns wohnen soll?"

„Ja, der bin ich. Sind Sie Frau Bourguignon? Ich möchte noch die Kirche besuchen, dann komme ich zu Ihnen."

„Die Kirche ist geschlossen. Ich hole Ihnen den Schlüssel", antwortete Frau Bourguignon dienstbar und lief zu dem der Kirche gegenüberliegenden Haus, doch die Schlüsselverwalterin war nicht da.

Wenig später servierte mir die Bauersfrau einen Orangensaft, zeigte mir mein Zimmer und fragte umsichtig:

„Sie haben was zum Essen dabei?" Darüber hatte ich mir keine Gedanken gemacht.

„Nein", meinte ich verlegen. „Es gibt doch sicher eine Gaststätte hier."

„Eben nicht", antwortete Frau Bourguignon und sah sofort meine Not. „Hier ist Ihre Kochstelle. Ich ahnte nicht, dass

Sie ohne Proviant unterwegs sind, sonst hätte ich gern das Abendessen für Sie gerichtet." Sie überlegte einen Augenblick und fuhr fort: „Ich lasse Sie nicht im Stich. Machen Sie sich keine Sorgen und ruhen Sie sich mal richtig aus." Meine Gastgeberin freute sich über mein Interesse an der Landwirtschaft, und ich durfte an den abendlichen Verrichtungen teilnehmen. Ihr Mann molk an der ultramodernen Melkanlage die dreißig Kühe des Anwesens. Die Gerüche von frischem Gerstenschrot und Stallmist hatten eine fast betörende Wirkung auf mich. Bilder aus meiner Kindheit stiegen in mir auf, Erinnerungen an das Leben auf dem Bauernhof, in den Nachkriegsjahren, als noch behäbige Ochsen mühsam Erntemaschinen und Pflug übers Feld zogen. Ich fühlte den Stolz meines Onkels über das erste Pferd und erlebte wieder jenen großen Tag, als der älteste Sohn den grünen 18-PS-Vierradantrieb-Traktor vom Händler knatternd zum Weberhof in Bettendorf fuhr, wo ich meine Schulferien verbrachte.

Frau Bourguignon verstand mein romantisches Schwärmen über eine längst vergangene Landwirtschaft. Die Bauersfrau kritisierte das System der Niedrigpreise: Es nimmt den Bauern den Stolz, indem es sie in die Subventionsabhängigkeit des Staates drängt. Um Nebeneinkünfte zu erzielen, wird den Bauern geraten, Gästezimmer bereitzustellen. Meine Gastgeberin machte das kompetent und liebenswürdig. Mit dem Traktor fuhr sie nun Milch zum Kälberstall, und ich durfte, auf der Arbeitsschiene hinter ihr stehend, mitfahren.

So war es vor 45 Jahren gewesen. In meiner Erinnerung erklang die Abendglocke; die Bauern hatten zu jener Zeit nicht alle eine Uhr, und die Tradition des Angelus rief sie vom Feld nach Hause. Die Arbeitszeit verlief im Rhythmus der Natur – heute hetzen und rasen die Menschen durch den Tag und durchs Leben, pausenlos und ohne Abstand von der Hektik und der Arbeit. Mein Onkel Charles pflegte sich auf den Ackerboden hinzusetzen, ein Bein untergezogen, das andere

weggestreckt, um die friedliche Sauertallandschaft zu seinen Füßen auf sich wirken zu lassen. Dann stopfte er umständlich seine Pfeife und zündete sie genüsslich an. Er sinnierte zufrieden vor sich hin, murmelte etwas – war's ein Gebet? – und wandte sich nach diesem Zeremoniell heimwärts zu.
In Frau Bourguignons Kälberstall lag ein totes Kälbchen im Gang. „Es wird morgen früh entsorgt werden", seufzte die Bäuerin bedauernd. „Wir können nicht jede Nacht dabei sein ..." Nach dem Melken und Füttern ruhte ich mich aus, bis Frau Bourguignon mir eine dampfende Pfanne mit einer zu Champignons angerichteten Taube und Nudeln brachte und sie auf der Zimmerkochplatte abstellte, derweil ihre Tochter Chrystelle mir den Tisch mit einer Vorspeise aus hausgemachter Sülze mit Ei und Schinken, Tomatensalat und frischer Milch herrichtete. Dazu gab es Butter und Brot und zwei Birnen. Ich speiste wahrhaft königlich. Frau Bourguignon war nicht nur eine aufgeschlossene, dynamische Bauersfrau, Hausfrau und Mutter, sondern auch eine perfekte Gastgeberin und Köchin. Über der Zimmertür glotzte mir ein ausgestopfter Fuchs beim Schlemmen zu; er hätte sich wohl am liebsten beteiligt, hätte ihn nicht die ausgestopfte Elster zwischen seinen Zähnen daran gehindert.
Am nächsten Morgen servierte mir die Gastgeberin Baguette mit Honig von Bralleville, einer besonders würzigen Delikatesse, und wollte mir gleich das Kiloglas Honig einpacken. Ich protestierte, aber erst mein Hinweis auf den schweren Rucksack hielt sie davon ab, mir dieses Geschenk mit auf den Weg zu geben.
Unterwegs dankte ich der Vorsehung, die mich in eine unerwartet bukolische und vielfältige Landschaft zu außergewöhnlich gastfreundlichen Menschen geführt hatte – eine fürstliche Belohnung für meine Anstrengungen. Mit diesen glücklichen Gedanken erreichte ich die Kirche von Bralleville. Ein Regenschauer fegte über das Dorf und ich legte eine

Gebets- und Ruhepause ein. Prompt schlief ich ein, bis ein dumpfer Glockenschlag den Turm über mir erbeben ließ und mich aus dem Schlaf riss.

„Sie werden Hergugney mögen", hatte mir Frau Bourguignon vorausgesagt. In der Tat, mir gefiel das hübsche Dörfchen. An den Hausfassaden rankten Weintrauben empor, überall blühten Blumen, und in der Dorfmitte prangte ein wasserloser Brunnen in üppigster Blumenpracht. Auf der gegenüberliegenden Straßenseite winkte mich eine altersgebeugte, ganz in schwarz gehüllte Frau hinüber.

„Wohin gehen Sie mit diesem schweren Rucksack?", forschte sie.

„Ich pilgere nach Rom", antwortete ich.

„Monsieur, wollen Sie dort für mich beten? Der Arzt hat mir vor einiger Zeit eine Brust entfernt, und seither geht es mir nicht gut. Beten Sie in Rom für mich ..., Mme. C.; vergessen Sie mich nicht!"

Ich war sehr gerührt, als Frau C. mir vertrauensvoll ihr Leid klagte. Ich versprach, für sie zu beten, sagte ihr einige ermutigende Worte und streichelte ihren Arm. Ergriffen und nachdenklich schritt ich die Straße in die weite Flur hinauf. Auf der Höhe eröffnete sich meinem Blick eine Landschaft voller Schönheit, paradiesisch strahlend und wogend in pulsierender Lebenskraft. Wellen der Glückseligkeit schwappten in mir hoch und verschafften sich durch lauten Gesang Ausdruck. Maurice Barrès besang die Anmut dieser Gegend: „... die Vielfalt der gewellten und verschiedenartig gefärbten Felder, der Weiden, der hellen Weinberge, der goldenen Weizenfelder, der Büsche, der braunen Erde, in der die Pflugscharen eine ernste Verzierung eingraben, der gedrungenen Dörfer ... Über dem Ganzen, über dieser Einheit, wo nichts als Ewigkeit ist, herrscht ein weiter, verhangener Himmel." Die vom Dichter besungenen Weinberge sind verschwunden, die Reben fielen 1890 einer Phylloxeraepidemie zum Opfer. Vor jener Zeit war das lothringische Weinanbaugebiet ausgedehnter als das elsässische.

Heute ist Lothringen der bedeutendste Mirabellenproduzent weltweit; die gelbe Frucht gehört zu Lothringen wie die Olive zu Spanien oder die Tomate zu Italien. Doch jetzt waren die Obstgärten abgeerntet und die Bäume streckten ihre Äste starr himmelwärts, als trauerten sie um ihre goldene, süße Last. Zu meiner Rechten dominierte die *Colline inspirée** von Sion mit ihren 545 Metern die Gegend. Auf ihrem Gipfel steht seit 1928 ein Monument zu Ehren von Maurice Barrès mit folgendem Zitat: „Der Horizont, der diese Ebene umschließt, ist der Horizont allen Lebens. Er verleiht unserem Durst nach Unendlichkeit einen Ehrenplatz und erinnert uns gleichzeitig an unsere Grenzen." Hier verehrten bereits die Gallier ihre Götter Wotan und Rosmertha, für die Römer war es ein wichtiger Militärstützpunkt und Handelsplatz, die Herzöge von Lothringen richteten eine religiöse Gemeinschaft ein und weihten ihr Herzogtum der *Lieben Frau von Sion*. Noch heute finden zahlreiche Wallfahrten zur Basilika von Sion (18. Jh.) statt.

In der Kirche von Bralleville hatte ich Schmerzen im linken Bein wegmassieren müssen. Seither marschierte ich mühelos, musste mich aber auf meinen Wanderstock abstützen, den ich gewöhnlich nur auf ansteigenden Wegen oder bei rutschigen Abstiegen benutzte. Bei einem Holzkreuz mit Steinsockel mit der Inschrift *Anniversaire 1896* bat ich Gott, uns Menschen mit der Fähigkeit vertraut zu machen, seine Nähe in jedem Augenblick zu fühlen und Frau C. die Kraft zu geben, ihre Situation anzunehmen und ihren Schmerz zu lindern. Rom war noch weit, und ich hatte nicht den Mut gehabt, Frau C. zu gestehen, dass ich die Stadt erst drei Jahre später erreichen würde. So betete ich bereits hier, zwei Stunden nach der Begegnung, für die leidende Frau.
Auf einem Hügelgipfel wurde der Weg sumpfig und schlammig, ich matschte durch eine morastige Waldwiese, erreichte

---

* „Inspirierte Anhöhe"

einen geteerten Weg und stieg hinunter zur Zisterzienserabtei von Ubexy, meiner heutigen Tagesetappe. Am Berghang wuchsen Weinreben, deren Anblick erfreulich mit den trostlosen grauen Klostermauern kontrastierte. Hotelschwester Marie-Pascale brachte mich in einem einfachen Zimmer unter. „Sie hätten mir Ihre Größe mitteilen sollen", lachte die Schwester. „Wie wollen Sie sich in das (zu kurze, aus einer Matratze auf Brettern bestehende) Bett hinlegen?" Liebenswürdig machte sie mich auf die wegen Renovierungen nicht funktionierende Heizung aufmerksam und holte mich um 18:30 Uhr zum Abendessen ab.

Im kleinen Gästerefektorium warteten bereits zwei Damen, und Schwester Marie-Pascale stellte mich als Pilger nach Assisi und Rom vor. Mein Projekt war das Gesprächsthema beim Abendessen, das aus einer dünnen Suppe, salz- und fettlos gekochten Kartoffeln und Möhren, einigen Scheiben Fleischaufschnitt und einem hartgekochten Ei, einer Käseplatte, einem einfachen Rotwein und Mirabellenkompott bestand. Als Dessert gab es Kuchen.

Um 20:00 Uhr nahmen wir Gäste am letzten Abendgebet teil. Etwas später klingelten zwei Holländer an der Klosterpforte. Sie sprachen kein Wort Französisch, Schwester Marie-Pascale kein Wort Holländisch. Erst als die beiden Besucher eine Jakobsmuschel vorzeigten, verstand die Schwester: Es waren Pilger zum spanischen Santiago de Compostela. Von ihnen wie von mir nahm die Hotelschwester kein Geld an. „Ein Pilger bezahlt hier nichts, das ist doch selbstverständlich", betonte sie. Erst mein Hinweis, das Geld sei eine Spende für die Renovierung, stimmte die fröhliche Schwester um und sie nahm es mit einem dankbaren Lächeln an.

Am nächsten Morgen nahm ich zu früher Stunde an der Eucharistie teil, half nach dem Frühstück beim Abwasch und wanderte gegen halb zehn Uhr weiter. Bei einem Kreuz auf der Anhöhe erneuerte ich mein Gebet für Mme. C. und durchwanderte Tal und Bergrücken. Am Horizont zeichneten sich spektakulär die stahlblau schimmernden Vogesen ab. Je mehr ich mich meinem Etappenziel näherte, desto mehr verloren die Dörfer ihren ländlichen Charakter und sahen gepflegter aus, es gab mehr renovierte und neue und weniger verlassene oder verfallene Häuser: Ich befand mich im Ballungsgebiet von Epinal.

In Mazeley klingelte ich an einer Haustür, um meine Wasserflasche aufzufüllen. Eine Frau von etwa 65 Jahren öffnete spaltbreit. „Bitte erschrecken Sie nicht, ich möchte Sie nur um Wasser bitten", sagte ich freundlich. Misstrauisch akzeptierte die Frau, sagte aber bestimmt: „Sie bleiben draußen!" Sichtlich freundlicher brachte sie mir die gefüllte Wasserflasche zurück. Ich erklärte ihr meinen Weg und spottete: „Sicher sehen Sie nicht jeden Tag so komische Vögel wie mich." Jetzt lachte sie und wünschte mir einen guten Weg.

In Domèvre-sur-Avière steht eine der vier schönsten romanischen Kirchen Lothringens (12. Jh.). Das Fort d'Uxegney war ein ehemals wichtiger Teil der Festung Epinal und eines neuen Befestigungssystems, das nach 1870 von Belfort bis Epinal und von Toul nach Verdun von General Séré de Rivières gebaut wurde. Das Fort überstand die zwei Weltkriege schadenfrei und ist wohl das einzige modernisierte Fort von Séré de Rivières, das, intakt, eine Übersicht über vierzig Jahre Festungsbautechnik bietet.

Im Hotel in Epinal empfing mich Valérie, die schnell die Buchungsformalitäten erledigte, damit ich mich schleunigst duschen, vor allem aber abtrocknen konnte: Seit fünf Stunden war ich im Regen gelaufen. Ich war an diesem Tag 40.000 Schritte fast ausschließlich auf Straßen gewandert, meine Füße brannten wie Chilischoten und meine Beinmuskeln waren am nächsten Morgen knochenhart. Ich konnte kaum stehen, an ein Weitergehen war nicht zu denken und ich beschloss, einen Ruhetag einzulegen und einen Masseur aufzusuchen.

Es sei sehr schwierig, so kurzfristig einen Therapeuten aufzutreiben, hieß es dazu lapidar an der Hotelrezeption. Anhand der Gelben Seiten rief ich sämtliche Masseure Epinals an, doch erst der letzte, Masseur Jacques Sourdot, erhörte mein Flehen und gab mir bereitwillig einen Behandlungstermin für den späten Nachmittag. Erleichtert klingelte ich an seiner Tür, ein Mann von Mitte dreißig öffnete und bat mich hereinzukommen.

„Ich zeige Ihnen den Weg", sagte er und tastete sich an der Flurmauer entlang zum Massageraum. Als ich nackt auf dem Massagetisch lag, eröffnete er mir: „Ich bin blind. Aber ich liebe meinen Beruf." Er war ein guter Masseur. Während der gefühlvollen Massage erspürte er jeden Muskelknoten und löste sie reihum in Wohlgefühl auf. Er erzählte mir sein Schicksal.

„Die Erblindung vor fünf Jahren zwang mich, meinen Job in der Erdölindustrie aufzugeben und eine neue Ausbildung zu beginnen. Ich wurde Kinesiotherapeut, praktiziere Zen und bin Shiatsu-Schüler. Die anderen Masseure bedienen sich vornehmlich moderner Geräte. Ich arbeite vorwiegend mit den Händen."

Nach der Behandlung fühlte ich mich frisch wie der neue Tag, meine Muskeln waren wieder geschmeidig und ich wanderlustig. Es hatte den ganzen Tag aus einer grässlichen, brodelnden Wetterküche geregnet. Der einzige Lichtblick vor der Behandlung war der Besuch der zweihundert Jahre alten Druckerei *Imagerie d'Epinal,* einem sehenswerten Museum über die Entwicklungsgeschichte der Farbbilddruckkunst mit noch funktionierenden historischen Druckmaschinen.

Kleine Ursache – große Wirkung

Unter düster verhangenem Himmel verließ ich am nächsten Morgen Epinal. Die Vogesenhauptstadt ist die waldreichste Gemeinde Frankreichs und nennt sich stolz Welthauptstadt der Bilddruckkunst und französische Holzhauptstadt. In einem Vorort betrat ich die Kirche des Hl. Antonius von Padua, doch schlug mir ein derart modriger Grabgeruch entgegen, dass ich sie fluchtartig wieder verließ. Kurz darauf versagte trotz neuer Batterien der elektronische „Hundeverscheucher".
Ich kehrte dem Moseltal den Rücken zu und stieg über eine kleine Straße zum 400 m hohen Plateau hinauf. Bescheidene Ortschaften reihen sich auf einer weiten Flur an der Straße auf wie die Perlen eines Rosenkranzes, und ich erreichte schnell und problemlos Raon-aux-Bois am Fuß des 561 m hohen, gleichnamigen Bergkegels. Auf dem Weg zum Berg hinauf erzählte mir leutselig ein Mann mit Krücken, er sei zur Erholung hier und seine Frau suche Steinpilze. Dies sei eine Pilzgegend, und tatsächlich begegnete ich Gruppen von mit Körben bestückten Pilzsuchern, die in Wald und Wiesen herumliefen und erfolgreich den kulinarischen Genuss einsammelten.
Der gesprächige Mann bewunderte meinen Pilgergang und meinte: „Es braucht die Idee, den Willen und den Mut, um sie auszuführen …" Ich eilte weiter, die südliche Hangseite zum *Etang de la Plaine* hinunter, wo mich der Fernwanderweg GR 7 auf einem ruhigen Sträßchen zur Textilstadt Remiremont leitete. Unterwegs ruhte ich mich bei der *Ferme de Hang* aus, einem gefälligen, im traditionellen Stil erbauten Haus, das umrahmt war von einem humorvoll-spritzigen Kaleidoskop von Wasserspielen, Felsbrocken und Blumen. Große Steinblöcke formten eine lustige menschliche Form, aus deren Nabel Wasser spritzte. Ein alter Heuwagen, blau angemalt und mit Blumen überladen, gab dem phantasievoll gestalteten Hof eine besonders reizvolle Note.

Wohlgemut erreichte ich Remiremont am Zusammenfluss von Mosel und Moselotte, eine angenehme Stadt, deren mit Blumenkörben behangene Arkaden dem Ort ein bernerisches Gepräge geben. Das herausragende Juwel ist die Abtei mit ihrem Garten, den Springbrunnen und den gepflegten Blumenbeeten.

Die Tagesetappe hatte ich dank Monsieur Sourdots exzellenter Massage mit Leichtigkeit geschafft. Zufrieden mit meinem ersten Vogesentag, öffnete ich vor dem Schlafen das Fenster, stieß dabei aber so heftig das rechte Knie in eine Spitzkante des Bettpfostens, dass ich laut aufschrie. Ich hatte keine äußere Verletzung, doch das Knie schmerzte heftig, und es dauerte eine Weile, bis ich einschlief.

Auch der nächste Tag kündigte sich kühl und feucht an. Mein Knie schmerzte verhalten, ich maß aber dem Vorfall keine besondere Bedeutung zu, sondern schulterte zuversichtlich den Rucksack zur heutigen Bergetappe, die ich mit dem Besuch der Abtei begann.

Nach der Gründung des Klosters um 620 durch Romaric, Herr des Austrasischen Hofes in Metz, und durch Amé, einen Mönch und Wanderprediger von Saint-Maurice d'Agaune in der Schweiz, erfolgte 818 der Neubau an der jetzigen Stelle. Ansehen und Macht wuchsen insbesondere ab dem 11. Jahrhundert. Es war das erste Frauenkloster Lothringens und eines der reichsten Europas, ein begehrter Ort für die vornehmen Töchter der Adelsgeschlechter Lothringens, Frankreichs, Burgunds und des Kaiserreichs, denn nur adelige Stiftsdamen fanden hier Zugang. Zur Aufnahme mussten sie acht Generationen blauen Blutes, vier väterlicher- und vier mütterlicherseits, vorweisen können. Der Einfluss des Klosters war so weitreichend, dass die Äbtissin den Titel „Prinzessin des Heiligen Reiches" trug. Ihre Autorität war derjenigen der Herzöge von Lothringen gleichgestellt, auf geistlicher Ebene unterstand sie unmittelbar dem Papst.

Die Französische Revolution löste das Kloster auf. Vollkommen renoviert, erstrahlt heute der Abteibezirk im makellosen Glanz seiner glorreichen Vergangenheit. Die unterirdische Kirche (11. Jh.) ist eines der ältesten religiösen Monumente der Vogesen; hier spürte ich beim Meditieren eine besonders starke Energie aufsteigen.

Auf dem GR 7 stieg ich in den tiefen und dunklen Wald von Hérival hinauf; es heißt, er sei einer der schönsten der Vogesen. Das Wandern auf moosig-samtenen Waldpfaden war besonders angenehm, aber der Anstieg zur in 672 m Höhe gelegenen Herberge der *Croisette d'Hérival* strapazierte mein Knie zusehends. Das Rucksackgewicht auf meinen Schultern wuchs schier ins Unendliche, das Gehen wurde qualvoll, trotz Massagen und Ruhepausen begann ich zu hinken.

So sehr ich auch die würzige Luft und die zeitlose Stille des Waldes genoss, ich musste eine schwierige Entscheidung treffen. Auf dem Waldhöhenweg zu verbleiben, hieße, weitere 400 Meter Höhenunterschied bewältigen und etwa 24 km, anstatt 17 km wandern zu müssen. Ich war bisher niemandem begegnet; würde mir etwas zustoßen, würde ich vollends in Bedrängnis geraten, denn Hilfe war nicht zu erwarten. In dieser Notlage rang ich mich durch, am *Chalet de la Beuille* ins Tal hinunterzusteigen.

Beim Abstieg vom Chalet der Naturfreunde keuchte ein alter Citroen den Berg hinauf. Ein junger, bärtiger Fahrer hielt an und fragte, ob ich am Chalet vorbeigeschaut hätte. Er bedauerte meine Entscheidung, dort nicht übernachten zu wollen. „Wir führen Instandsetzungsarbeiten durch und feiern am Sonntag das 60-jährige Jubiläum seines Bestehens", versuchte er mich umzustimmen. „Rasten Sie doch dort und legen Sie einen Ruhetag ein." Ich widerstand dem verlockenden Angebot und erreichte ächzend in Lépange die Talsohle. Auf der Nationalstraße 66 lärmte hektischer Verkehr, deshalb bevorzugte ich ein kleines altes Sträßchen, das sich geruhsam zwischen Bergfuß und dem Moselbach dahinschlängelt und als Regionalweg zwischen Maxonchamp und Rupt-sur-Moselle ausgewiesen ist. Das Sträßchen erwies sich als mindestens genauso bemerkenswert wie der Höhenweg und führte mich zu einigen wertvollen Reliquien einer – aus heutiger Sicht – romantischen Vergangenheit.

An einem moosigen Waschbrunnen sprudelte herrlich klares Wasser; Holzbretter und eine Bürste, Wäscheleinen und -klammern zeigten, dass hier noch wie vor hundert Jahren von Hand Wäsche gewaschen wurde. Lustig sah die St. Rochuskapelle mit dem 1,50 Meter hohen aufgesetzten Blechtürmchen aus. Gegenüber bewachte ein einfaches Holzkreuz auf einem Steinsockel mit der Jahreszahl „1658" den Weg. Erschöpft ruhte ich mich unterwegs auf einem Bretterhaufen in der Nähe eines Sägewerkes aus. Der scharfe, metallische Klang der Säge, die Baumstämme in Bretter verwandelte, weckte Kindheitserinnerungen in mir auf; es ist ein melodisches Geräusch, das ich schon immer mochte.

Ein gedrungener Mann von etwa 65 Jahren bemerkte mich und kam mit langsamen, kurzen Schritten auf mich zu, seine Augen fixierten mich starr. Ich wusste diesen Blick nicht zu deuten: War ich etwa unerwünscht und würde mich der Mann verjagen? Ich ließ ihn ruhig auf mich zukommen, hielt seinem festen Blick stand, erhob mich, als er näher kam, und grüßte ihn. Er reichte mir die Hand und ließ ein freundliches Trommelfeuer von Fragen auf mich los. Wer sind Sie? Wo kommen Sie her? Wo wollen Sie hin? Was machen Sie hier?

Nachdem er mich ausgequetscht hatte, fragte ich ihn aus, über seinen Beruf, den Konkurrenzkampf usw. Entgegen meiner Erwartung stammten die hier gesägten Bäume nicht aus dem lokalen Wald, sondern aus dem Ausland.

„Diese Stämme kommen geschält und sägefertig aus der Schweiz. Die Bäume aus den Vogesen enthalten viele Metallsplitter aus dem Zweiten Weltkrieg. Ein einziger Splitter zerstört das teure Sägeblatt, das erspare ich mir mit Holz aus der vom Krieg verschonten Schweiz."

Ich war erleichtert, als ich Rupt-sur-Moselle erreichte, wo ein netter Empfang und eine exzellente Küche meine Stimmung aufheiterten. Dazu trug auch ein Faltblatt über phönizische Bäder in einem Entspannungszentrum in St-Maurice bei, das Anwendungen gemäß altem phönizischem Wissen versprach – eine Kombination von Pflanzen, Parfüm, Klängen und Farben – ich meldete mich sofort für den nächsten Tag an.

Tourte lorraine, Kaninchenschenkel an Senfsoße und Käseplatte waren genau richtig für meinen Bärenhunger. Ich spürte beim Essen, dass mich jemand beobachtet, und schaute instinktiv zum Tisch quer gegenüber. Ein gutaussehender Herr mittleren Alters, in blauem Anzug, mit weißem Hemd und rotgemusterter Krawatte, fing meinen Blick auf und lächelte mir zu. Ich erwiderte das Lächeln, er kam zu mir herüber und sagte: „Entschuldigen Sie, ich möchte mich nicht aufdrängen, aber ich sah Sie vorhin durch den Ort wandern. Gehen Sie wirklich zu Fuß von Luxemburg nach Rom?" Ich nickte.

„Das ist außergewöhnlich. Ich bin noch niemandem begegnet, der so etwas tut." Er schaute mich forschend an. Seine Augen waren klar, der Mann wirkte sympathisch. Sein Wunsch, sich zu mir zu setzen, war spürbar, ich stellte mich vor und lud ihn an meinen Tisch ein.

„Ich bin den ganzen Tag allein, da freue ich mich über Gesellschaft." Er stellte sich als Monsieur Robert vor, Handelsvertreter, und nahm dankend Platz.

„Vielleicht halten Sie mich für verrückt", nahm ich lachend den Gesprächsfaden wieder auf.

„Nein, nein, im Gegenteil", protestierte er. „In unserer Zeit zweitausend Kilometer allein zu wandern, ist eine bemerkenswerte Leistung. Ich möchte nicht unhöflich sein, aber es interessiert mich, wie Sie dazu kamen. Ist es aus religiöser Überzeugung, aus Tatendrang, oder sind Sie gar Historiker?"

Er hörte meiner Geschichte aufmerksam zu und sagte: „Die meisten Leute werden Sie bewundern, einige Sie belächeln und einige gar für verrückt erklären. Aber das müssen Sie ignorieren."
„Ich suche keine Bewunderung, und alles andere ist nicht mein Problem", antwortete ich. „Aber ich erhielt schon einen Vorgeschmack, gleich am Beginn des Pilgergangs ...", erzählte ich ihm von meinem Erlebnis im Wald vor Liverdun.
„Ich schäme und entschuldige mich für meinen Landsmann", sagte Monsieur Robert. „Lassen Sie sich nicht durch solche Ausrutscher beeinflussen. Tragen Sie kein Telefon bei sich? Haben Sie keine Angst, es könnte Ihnen etwas zustoßen?", fragte er weiter.
„Ich weiß nicht, was mich erwartet, aber ich mache mir keine Sorgen. Vor tausend Jahren erforderte ein solcher Pilgergang tatsächlich Mut. Die Leute kannten kaum Fremdsprachen und waren oft leseunkundig. Es gab keine Generalstabs- oder Fernwanderkarten. Sie liefen in einfachem Schuhzeug, von der restlichen Kleidung ganz zu schweigen. Wegelagerer, Räuber und Betrüger gehörten zum Alltag. Es gab keine guten Straßen, keine Wegbeschilderung, kein Telefon und keine Versicherung. Und doch zogen die Menschen in Scharen los. Sie waren kräftiger als wir und legten pro Tag größere Distanzen zurück. Sie schleppten allerdings auch weniger Zeugs mit sich herum – keine Kamera, kein Fernglas, kaum Ersatzkleidung ... Sie wussten wenig im Voraus von Seuchen oder Kriegen in entfernten Gegenden, von Sturm oder Hochwasser, von Lawinengefahren oder weggeschwemmten Brücken – all diese Ungewissheiten und Unwägbarkeiten hielten sie nicht davon ab, ihrem inneren Impuls zu folgen. Das Schwierigste aber war: Sie verließen für sechs Monate Heim und Familie, oft auch ihren Broterwerb. Sie legten den Weg in beide Richtungen zurück – heute wandern die meisten Pilger auf dem Jakobsweg von der französischen Pyrenäengrenze nach Santiago de

Compostela und fliegen mit dem Flugzeug oder fahren mit dem Zug nach Hause. Das sind ‚nur' tausend Kilometer zu Fuß, anstatt der viertausend, die unsere Ahnen von Nordfrankreich oder den Beneluxländern aus zurücklegten. Es gibt also keinen Grund, sich zu fürchten. Aber das alles ist zweitrangig. Vertrauen ist das Wichtigste", legte ich Monsieur Robert meine Einstellung dar.

„Vielleicht haben Sie Recht, trotzdem sollten Sie vorsichtig sein", antwortete Monsieur Robert besorgt.

„Was machen Sie beruflich? Ein Pfarrer sind Sie nicht!", fragte er scherzend weiter.

„In meiner Kindheit träumte ich davon, Missionar zu werden. Aber das Schicksal lenkte mich in eine andere Richtung, ins Bankwesen, wo ich Karriere machte. Es war ein schwieriger, aber auch ein wertvoller Weg", sagte ich.

„Sie erwähnten so etwas wie Meditation. Wie funktioniert das? Davon habe ich keine Ahnung", forschte Monsieur Robert weiter.

„Ich übe die Transzendentale Meditation aus, eine einfache Methode des Loslassens, keine Konzentration und keine Kontemplation. Sie stärkt das Selbstvertrauen, fördert den Abstand zu den Dingen und die Gelassenheit und hilft, Stress und Ängste aufzulösen. Sie ist religiös neutral und erfordert keine Änderung von Lebensführung oder Weltanschauung. Wer meditiert, hat mehr vom Leben: mehr Erfolg im Beruf, mehr Gesundheit, mehr Leistungsfähigkeit, einfach mehr Freude und Erfüllung", summierte ich meine langjährige Meditationserfahrung. Monsieur Robert schwieg nachdenklich, offensichtlich damit beschäftigt, das Gehörte einzuordnen. Nach einer Weile erläuterte ich ihm:

„Ich möchte Ihnen keinen Vortrag halten, und mein Knie verlangt nach Bettruhe. Wichtig ist es aber, zu verstehen, dass diese Meditation auf einfache, natürliche Weise eine tiefe körperliche Entspannung und Ruhe bewirkt, wobei gleichzeitig

der Geist hellwach bleibt. In diesem Zustand ruhevoller Wachheit lösen sich Stress und Verspannungen auf, Geist und Körper regenerieren sich und tanken wertvolle neue Energie."
„Hm, klingt eigentlich ganz gut. Das muss ich mir merken. Wäre doch was für mich, Stress gibt es genug in meinem Beruf", sinnierte nun Monsieur Robert laut.

Der Schmerz in meinem rechten Knie bohrte unablässig, eine große Müdigkeit hatte mich überfallen, deshalb bedankte ich mich bei Monsieur Robert für sein Interesse und verabschiedete mich. Regen prasselte die ganze Nacht hernieder, als wollten die Himmel eine Sintflut inszenieren. Am Morgen krochen Nebelfetzen durch das enge Moseltal, erst gegen Mittag lösten sich die Berghöhen aus ihrer tropfenden Wattehülle.

Zwischen Rupt-sur-Moselle und Saulx weitet sich das Tal, und die Mosel mäandriert launisch am Fuß der bis zu 900 Meter hohen Bergkegel. Die Nationalstraße 66 reißt eine Lärm- und Gestanksschneise durch die Ortschaften. Ich vermied die lästige Verkehrshektik und lahmte mühevoll durch die Moselaue, über ein bukolisches Sträßchen bis nach Le Thillot, wo ich wieder die Nationalstraße erreichte. Atemdunst und Regennässe beschlugen meine Brille und mich mit Blindheit. In einem Eiscafé ruhte ich mich aus, doch als ich weitergehen wollte, steigerte sich der Schmerz im Knie ins Unerträgliche, das rechte Bein war steif und ich konnte kaum noch humpeln. Trotzdem schleppte ich mich bis nach Fresse-sur-Moselle, musste aber dort nach einem erschöpfenden Kampf gegen meinen Vorsatz, unter allen Umständen weiterzugehen, die Wanderung abbrechen. Niedergeschlagen bat ich in einer Autowerkstatt, mir ein Taxi zu bestellen, das mich zum Hotel in St Maurice-sur-Moselle brachte.

Die Abendmeditation verbesserte meine Stimmung spürbar. Anschließend begab ich mich zum nahe gelegenen Massageinstitut, wo ich wärmstens empfangen wurde. Der Therapeut ölte mich mit meinem Sternzeichen zugeordneten *Hu-*

ile de Fougères ein. Die geschmeidige Massage, der Kräuterduft, die sanfte Hintergrundmusik, das Halbdunkel der Kabine übten eine sehr wohltuende Wirkung auf mich aus, mein Stimmungspegel startete durch wie eine Mondrakete von ihrer Abschussrampe.

Heißhungrig fiel ich nach diesem emotionsreichen Tag über ein ergiebiges Abendessen her, denn der Nachteil dieser Wandertage war, dass es nur selten ein Mittagessen gab, weil ich zur Mittagszeit kaum einem Restaurant begegnete. Ohnehin ist eine lange Essenspause dem Wanderrhythmus eher abträglich.

Meine Verpflegung bestand aus Studentenfutter, Obst, Keksen oder Fruchtriegeln, dazu Wasser und Saft. Ich bin gewohnt, möglichst früh das Abendessen einzunehmen und lebe vorwiegend vegetarisch. In Frankreich jedoch, und später auch in Italien, war an frühabendliche, leichte, vegetarische Kost nicht zu denken. So beendete ich meistens erst spät das Essen und ging mit vollem Magen zu Bett – ein ungesundes und lästiges Verhaltensmuster, denn der Verdauungsvorgang behinderte das Einschlafen. Darüber hinaus erzeugte das ungewohnte Fleischessen eine Körperschwere, ein Gefühl der Dumpfheit im Nervensystem, gegen das ich morgens anzukämpfen hatte.

Am nächsten Tag erzwang mein Knie einen Ruhetag und ich beschloss, am Montag zur Pflege in das südlich vom Ballon d'Alsace gelegene Belfort zu fahren. Inzwischen erholte ich mich im Zimmer, in das die Sonne warm und freundlich hineinschien, als wolle sie mir Mut machen. Ich studierte Wanderkarten, vertiefte mich in die Lektüre über das Leben des Hl. Franz von Assisi und sann über die Ereignisse nach. Ich glaube nicht an Zufall, sondern akzeptiere das, was mir im Leben zufällt, entweder als Konsequenz vorhergehender Entscheidungen und Handlungen oder als Hinweis, etwas in meinem Leben zu verändern. Das Leben ist viel zu intelligent, um sinnlos oder blind zu sein. Diese Einstellung war mir gleichsam als

Nebenprodukt regelmäßigen Meditierens zugewachsen. Sie ersparte mir Unzufriedenheit, Neid, Ärger und Hader – ich fühlte mich für mein Leben selbstverantwortlich, auch für jene Ereignisse, die ich auf der Ebene menschlichen Denkens nicht einordnen konnte.

So war ich schnell bereit, das Positive an meiner unerwarteten Situation zu sehen. Ich wusste nicht, wie es weiterging – Überraschung war angesagt! Ich betrachtete meine Lage als ein Spiel, als eine Art Flexibilitätstraining und freute mich darüber, denn langjährige Erfahrung hatte mich gelehrt, dass durch diese Einstellung Rückschläge und Widerwärtigkeiten ihren Schrecken und ihre Macht über mich verloren.

Am Abend erklärte ich der Besitzerin mein Problem, hier zweimal täglich Fisch oder Fleisch essen zu müssen, denn auf der Speisekarte hatte Gemüse eher Seltenheitswert. Die Chefin hörte mir aufmerksam zu und gestand: „Wir verarbeiten nicht viel Gemüse." Trotzdem forderte ich sie auf, der Chef solle nach seinem Gefühl eine vegetarische Platte richten – ich sei mit allem zufrieden und hätte vollstes Vertrauen in seine Kreativität. Wenig später brachte mir der Koch persönlich eine reichhaltige Platte mit Reis, Pommes frites, Bohnen, Karotten, Blumenkohl und Salat, dazu eine Sauce béarnaise und eine Käseplatte, und fragte, ob es so recht sei – ich war hocherfreut und bedankte mich aufs Wärmste.

Tanz der Atome

Montagmorgen fuhr ich mit dem Bus über den Col de Bussang, an der Moselquelle vorbei, nach Thann, wo ich vor der Weiterfahrt nach Belfort die prächtige Stiftskirche St-Thibaut (14.-16. Jh.) mit ihrem reichverzierten Chorgestühl aus Eiche (15. Jh.) besuchte. In Belfort verwies mich die Hotelchefin an einen Physiotherapeuten, der in zwei Tagen mein Knie ertüchtigte, und ich konnte weiterpilgern.*
Die ausgesparte Strecke von St-Maurice-sur-Moselle bis Belfort holte ich einige Zeit später nach, es war landschaftlich eine der herrlichsten Etappen meines Pilgergangs. Ich freute mich auf einen angenehmen Spaziergang, doch wurden meine Erwartungen weit übertroffen – ich erlebte überraschenderweise bedeutend mehr.
Ich stellte mein Auto in St-Maurice-sur-Moselle ab und begann auf dem GR 533 den Aufstieg zum Gipfel des 1247 Meter hohen Ballon d'Alsace. Es war ein strahlender Sonnentag und ein unbeschreiblicher Zauber erfüllte die glasklare Luft, als ich in der Morgenfrische, von eifrigem Vogelgezwitscher und hurtigem Wassergluckern begleitet, am Weiher von Presles vorbei und am gleichnamigen Bächlein entlang zum Col du Luthier hinanstieg. Der Vogesenwald besteht vorwiegend aus Tannen, Pinien und Buchen. Die klimafesten Pinien begnügen sich mit anspruchslosem Boden, lieben aber das Licht und besiedeln deshalb vorwiegend die Vogesensonnenseite, wo es für die Tanne zu trocken ist. Die Buche hingegen liebt hohe und dauerhafte Luftfeuchtigkeit und gut entwässerten Boden. An den Hängen des Ballon de Servance boten mir reife Heidelbeeren eine willkommene Stärkung. Mein Rucksack war leicht, und so lief ich unbeschwert den Höhenweg bis zum Col du Stalon; auch die 300 Meter Höhenunterschied bis zum

---

* Siehe Kapitel „Im blau-grünen Land"

Gipfel des Ballon d'Alsace, obwohl streckenweise steil ansteigend, empfand ich als wenig anstrengend.
Am Gipfel erwartete mich ein grandioses Naturschauspiel. Eine weite Rundsicht auf die grün-blauen Bergkegel und Höhenrücken der Vogesen, eingehüllt von pastellfarbenen, blau schimmernden Dunstlinien, öffnete sich meinem Blick und verzauberte mich. Ernst und still breiteten sich vor mir die endlosen Hügel und Wälder aus und verströmten in majestätischer Ruhe den Atem der Ewigkeit. Schauer von Glückseligkeit ließen mich erzittern, ergriffen mein ganzes Wesen und veränderten meine Sicht.

Die Armee grüner, vor Lebensfreude strotzender Tannen, Pinien und Buchen, die Belche und Höhenzüge und der bläuliche, die ganze Landschaft umhüllende Glanz erstrahlten plötzlich im überirdischen Licht und zerflossen am Horizont in einer zarten Linie kosmischer Einheit. Die Berge und die Wälder und der blaue Schimmer verschmolzen mit dem leuchtenden Äther – all dies wurde zum Tanz der Atome, jener unsichtbaren Vermittler zwischen der physischen Schöpfung und dem unendlichen Meer des Ungeschaffenen.
Meine Finger, Lippen und Mund waren verfärbt vom Blau der Heidelbeeren – es war jenes schimmernde Blau, das dieser Landschaft ihren besonderen Reiz verleiht, es waren die Moleküle und Atome der süßen Frucht, die meine Geschmackspapillen so lustvoll stimuliert hatten, indem sie mit meinen Körperatomen zu einer Einheit verschmolzen – ich war dieselben Atome wie jene, deren irdischen Glanz meine Augen bewunderten und die gleichzeitig die Illusion des körperlichen Getrenntseins vorgaukelten.
Ich spürte: Es gibt keine Trennung, „meine" Atome sind jene Atome, ich esse sie in Form der süßen Frucht, ich atme sie mit tiefen Lungenzügen ein, die von meinen Augen geschaute, von der Zunge geschmeckte, der Nase gerochene Atomrealität verwandelt sich in meine Realität – das Geschaute wird

zum Auge des Sehenden, die Beere wird zur Zunge des Essenden, der Duft der Blüte und der Geruch des Bodens werden zur Nase des Riechenden, der silberne Klang der hurtigen Wasser wird zum Ohr des Hörenden.

Mein Herz und meine Seele erbebten in einer neuen Erkenntnis, sie weiteten sich zur Unendlichkeit und umschlossen die geschaute, schimmernde Wirklichkeit der blauen Linien und der Berge und Wälder unter ihnen ebenso wie die leuchtende, andere Wirklichkeit des Tanzes der Atome, die im unendlichen Fluss des Lebens auseinander- und ineinanderstieben. Es gibt nichts anderes als den Wirbel der Ewigkeit, der sich verschwenderisch im endlosen Reigen der Formen, Farben, Düfte und Klänge manifestiert.

Tief sog ich die wirbelnden Moleküle ein, sie füllten meine Brust und dehnten sie bis zum Bersten, Ströme von Energie und Freude durchfluteten meinen Körper und ließen ihn lustvoll erschauern bis in die Tiefen der Seele. Im Gewoge der Glückseligkeit verflossen Mein und Nichtmein, Innen und Außen, Materie und Nichtmaterie zu einer betörenden Flut von Einheit: „Dies ist das, und jenes ist das, alles dies ist das – es gibt nichts anderes als das", heißt es in der indischen Weisheitsschrift der Upanischaden.

Ich weiß nicht mehr, wie lange ich wie verklärt im Reigen der Ewigkeit stand oder mich weiterbewegte, irgendwann drang ein anderes Schauspiel in mein Bewusstsein. Es war das farbenprächtige Spektakel meist junger Menschen, die sich am Südosthang des Ballon d'Alsace dem Gleitschirmflug hingaben. Sorgfältig breiteten sie ihre Flugschirme auf der Wiese oberhalb der hier tief abfallenden Felsen aus, zurrten die Leinen fest, vergewisserten sich der Zuverlässigkeit der Gurte und Verschlüsse und stürmten auf den Abgrund zu. Die farbenfrohen Folien blähten sich auf, ein letzter Sprung und die modernen Eroberer der Lüfte schwebten in langsamen, eleganten Kreisen in der aufsteigenden Thermik.

Es war ein herrliches Schauspiel, und ich konnte in den Gesichtern und Augen der schwebenden Menschen jenen verklärten Ausdruck erspüren, der auch mein Gesicht erstrahlen ließ. Auf der großen Wiese tummelten sich hunderte von Fliegern, ruhten sich aus, picknickten und schwatzten fröhlich miteinander. Ihre farbenprächtigen Outfits und ihre ebenso kolorierten, ausgebreiteten oder zusammengelegten Gleitschirme versetzten der ernsthaften Natur lustige Farbtupfer und gaben ihr jenen Hauch von Leichtigkeit und Fröhlichkeit, zu deren Zweck die ganze Schöpfung erschaffen ist: „Ausdehnung von Glück ist der Sinn des Lebens", sagt ein Weiser. Ich spürte eine tiefe Verbundenheit mit den Fliegern: Suchten sie nicht die gleiche Erfahrung, wie ich sie eben erlebt hatte? Trieb sie nicht auch die ewige Sehnsucht des Menschen, seine physische Dichte, die Trägheit der irdischen Last, zu überwinden, um die Erfahrung der Leichtigkeit, der Freude zu verinnerlichen?

Diese Qualität der Leichtigkeit, des Schwebens, ist immer mit der göttlichen Qualität der Freude verbunden. Sie zieht uns an, möchte uns erheben, uns der irdischen Bürde entbinden – jener machtvollen Illusion der Sinne, die uns vortäuschen, wir wären ausschließlich eine dichte, körperliche Masse, die nur physikalischen Gesetzen gehorchen müsste. Aus der Sicht der modernen Quantenphysik wissen wir, dass das ebenso falsch ist wie die Ansicht, die Erde sei das Zentrum des Universums oder die Sonne umkreise die Erde: Wir sehen zwar diese Realitäten, wissen aber um ihre Sinnestäuschung. Wir können uns der engen sinnlichen Wahrnehmung entziehen, indem wir uns in uns selbst vertiefen, unsere Aufmerksamkeit nach innen in immer tiefere Schichten der Stille und unseres Selbst absinken lassen und die sinnlichen und gedanklichen Erfahrungsebenen überschreiten. Unsere Wahrnehmung erreicht in diesem Transzendieren der Denk- und Gefühlsebene ein unbegrenztes, ewiges Kontinuum des Zeitlosen, den Ursprung aller Schöpfung, von allem, was existiert. Wie die Kehrseiten einer Münze sind wir die Träger einer doppelten Wirklichkeit: eine außen gesehene und eine innen geschaute. Das Wissen um letztere ging in der Finsternis der Vergangenheit verloren.

Lange erfreute ich mich an dem bunten Treiben der Flieger, ich fühlte mich wie eine in sich selbst schwebende Bleiente und musste kichern bei diesem komischen Vergleich. Hunger hatte ich nicht, mein Körper wurde in diesen Stunden aus subtileren Quellen gespeist.

Es wurde Zeit zum Abstieg. Auf dem Bergkamm trifft vom östlich liegenden Thann herkommend der GR 5 auf den von mir zum Aufstieg benutzten Regionalwanderweg. Ich grüßte ihn wie einen alten Bekannten und wanderte auf ihm südwärts den kontinuierlich abfallenden Bergrücken ins Tal nach Giromagny hinunter. Es war ein froher Gang, mein Körper bewegte sich leicht, ich fühlte ihn wie eine Ansammlung von Atomen, die sich durch andere Ansammlungen von Atomen hindurchbewegte. Sie nickten mir zu in Myriaden von Gräsern, Blumen, Sträuchern, Hecken und Bäumen, Steinen und Erde, sie beglückten meine Sinne mit einer beschwingten Sinfonie von Farben, Düften und Formen. Ich fühlte mich so, wie sich Adam vor dem Sündenfall im Paradies gefühlt haben musste. Müde, aber wonnetrunken quartierte ich mich im Hotel ein.

Die idyllische Gemächlichkeit des Städtchens Giromagny gaukelt dem Besucher eine ländliche Vergangenheit vor, aber das vornehme Stadthaus und das massige Mazarinhaus (1563), ein Geschenk des Königs Ludwig XIV. an seinen Premierminister, lassen aufhorchen. Hier herrschte vor vierhundert Jahren eine emsige industrielle Geschäftigkeit: In den umliegenden Gruben wurden Blei, Silber, Kupfer und Zink gefördert. Im *nouveau village** siedelten sich qualifizierte Arbeiter aus Sachsen, der Pfalz und aus Tirol an. Sie brachten deutsche

---

* neues Dorf

Organisationsprinzipien wie Knappschaft und Bruderschaft, aber auch Protestantismus und natürlich ihre Muttersprache in die Gegend. Noch heute zeugen Namen wie *Phanitor* (von Pfennigthurm), *Grube Gesellenbau*, *Grube zum Himmlischen Heer* oder *Teutschgrund* von diesem Erbe.
Die Integration dieser ausländischen Arbeitskräfte im ländlichen Raum verlief nicht ohne Spannung. Im Jahre 1564 kam es zu einem Aufstand der Bevölkerung: Sie steckten die Häuser der Zugezogenen in Brand. Ein Hauptgrund war die intensive Waldrodung dieser „... glaubens- und gesetzlosen deutschen und österreichischen Eroberer ...", deren Sprache und Kultur man nicht verstand und mit denen man trotzdem zusammenleben musste. Sie genossen zahlreiche Privilegien gegenüber der eingesessenen Bevölkerung, wie das Recht, kostenlos Holz für die Gruben und die Schmiede schlagen zu dürfen. Sie zahlten keine Haussteuer und durften nach Belieben Wege, Weiden und Wasser benutzen.

Mitte des 19. Jahrhunderts endete das Industriekapitel von Giromagny. Die Erinnerung daran überlebt im lokalen Grubenmuseum und im Gruben- und Waldrundweg. Ein zweiter historischer Weg verbindet die zwanzig restaurierten Wasser- und Waschbrunnen des Ortes.
Ein Mann meines Alters in leichter Sommerkleidung schaute sich am Tourismusbüro um und meinte zu mir gewandt: „Erstaunlich, was es in dieser Gegend zu besichtigen gibt. Morgen werde ich mir die Straße der Blumendörfer anschauen. Sind Sie auch Tourist?" Ich erzählte ihm den Grund meiner Anwesenheit. „Interessant, interessant ...", sagte er und schaute mich prüfend an, als wolle er sich meiner Normalität vergewissern.
„Ich mache Ihnen einen Vorschlag", fügte er zufrieden hinzu. „Wenn Sie einverstanden sind, treffen wir uns um 20 Uhr im Restaurant Gym's und plaudern ein bisschen." Er reichte mir

die Hand und stellte sich als Lehrer Christophe aus Paris vor. Ich willigte gern ein.

Christophe bestand sofort auf dem „du", wir seien doch ähnlich alt. Er erzählte mir von Paris und interessierte sich lebhaft für meinen Pilgergang, insbesondere für die Geschichte der *Via Francigena*. Beim Nachtisch wandte sich Christophe dem Thema Spiritualität eines Pilgergangs zu. Wir verstanden uns gut, deshalb erzählte ich ihm mein Erlebnis auf dem Ballon d'Alsace, obschon ich mit solchen Mitteilungen eher zurückhaltend bin.

„Ich habe schon über ähnliche Erfahrungen gelesen und mich mit Yoga befasst", sagte er. „Trotzdem ist mir das Thema etwas abstrakt und ungewohnt. Wenn ich recht verstehe, glaubst du, nicht unser bisschen Gehirn produziert ein paar Gedanken, sondern eine umfassendere Intelligenz erschafft den Menschen und das Universum, und wir haben durch unser menschliches Bewusstsein Zugang zu diesem allumfassenden Bewusstsein."

„Genau das. Es ist analog zur Intimität des Saftes mit dem Baum: ohne Saft kein Baum, keine Blüte, keine Früchte. Der Saft ist äußerlich unsichtbar, er wirkt im Verborgenen, im stillen Hintergrund, er fließt dem Baum von außerhalb seiner physischen Begrenzung zu. Er ist Träger der Intelligenz, die den Baum heranwachsen lässt. Es ist nur ein und derselbe Saft, und doch vervielfältigt er sich in verschiedenste Formen, Farben, Strukturen und Düfte", antwortete ich.

„Aber wem nützt ein solches intellektuelles Konzept? Ich meine, was ist der praktische Wert dieses Verständnisses?", fragte Christophe nachdenklich.

„Das Bewusstsein ist jene Kraft und Intelligenz, die in sich ruhend die ganze Schöpfung in ihrer unermesslichen Vielfalt hervorbringt. Die erschaffene Welt ist ihrem Wesen nach vergänglich, das innere, alles hervorbringende und zusammenhaltende Bewusstsein aber ist ewig und unvergänglich. Im stillen Absinken unseres Denkens während der Meditation und letztendlich im Überschreiten der Denkebene können wir uns mit diesem alldurchdringenden Bewusstseinsfeld verbinden. Durch regelmäßiges Üben fördern wir inneres und äußeres Wachstum, wir entfalten unser inneres Potential und entfernen den Stress aus unserem täglichen Leben. Dieses Wachstum kann uns bis zur Erkenntnis der Einheit aller Wesen und aller Dinge führen", beendete ich meinen Kommentar.

„Wenn dem so ist, öffnest du mir neue Horizonte. Damit werde ich mich auseinandersetzen", sagte Christophe.

Einige Zeit später entdeckte ich bei einer Lektüre eine Aussage des amerikanischen Schriftstellers R. W. Emerson, der diese Realitätsebene mit folgenden Worten beschrieb: „Im Inneren des Menschen ist die Seele des Ganzen, die weise Stille, die universelle Schönheit, zu der jedes Teil und jeder Partikel in gleicher Weise in Beziehung stehen; das ewige EINE." Gern hätte ich länger mit Christophe geplaudert, aber es war Zeit, den nächsten Tag vorzubereiten, und so nahm ich Abschied von dem sympathischen Lehrer.

Zwischen Giromagny und Belfort liegt eine weitflächige Weiherlandschaft, durch die sich das Flüsschen *la Savoureuse* schlängelt. Über dem flachen Tal schwebten geisterhafte Nebelgebilde, als ich auf dem GR 5 die Wanderstrecke nach Belfort begann. Zunehmend lösten sich die Schwaden in den Sonnenstrahlen auf, vor mir lag erneut ein glanzvoller Tag. Ich durchquerte den blumenreichen Ort Lachapelle-sous-Chaux. Über das Erholungszentrum von Malsaucy, am Fuß der befestigten Anhöhe des Salbert und an riesigen Fabrikhallen vorbei, in denen die französischen Hochgeschwindigkeitszüge TGV gebaut werden, erreichte ich das Zentrum der historischen Industriestadt Belfort. In der Altstadt besichtigte ich die Zitadelle und bestaunte den berühmten Löwen von Belfort. Er ist das Widerstandssymbol der 16.000 Männer, die unter dem Kommando von Colonel Denfert-Rochereau während 103 Tagen der preußischen Übermacht von 40.000

Soldaten die Einnahme der Stadt verhinderten. Dank ihrer Hartnäckigkeit fiel Belfort im Deutsch-Französischen Krieg von 1870/71 nicht mit Elsass-Lothringen an Deutschland, sondern verblieb mit einem Sonderstatut bei Frankreich. Der riesige, 22 Meter lange und 11 Meter hohe stolze Sandsteinlöwe lehnt sich mit dem Rücken an die Felswand der darüber liegenden Burg und „uneinnehmbaren" Zitadelle, einem Meisterwerk Vaubans, dem Festungsbauer und Volkswirtschaftler zur Zeit Ludwigs XIV.

Im blau-grünen Land

In einer ehemaligen Nobelvilla verwöhnte mich ein Meisterkoch mit seinen ausgesuchten kulinarischen Spezialitäten. Das Hotel hingegen vermittelte mit seinen abgetretenen Teppich- und knarrenden Holzböden und mit dem lahmen Schlafzimmer im Empirestil mit ächzendem Messingbett den Charme einer etwas schrulligen alten Dame. Von der sympathischen Stadt Belfort mit ihren kunstvollen, farbenprächtigen Parks und Blumenanlagen wanderte ich am nächsten Morgen in Richtung Bavilliers, schlenderte auf dem Treidelweg am *Canal de la Haute Saône* entlang, anschließend durch den Wald nach Botans und von dort zum freundlichen Hotel in Châtenois-les-Forges.

Nach einer erquickenden Nachtruhe verließ ich das im Morgennebel eingehüllte Châtenois in Richtung Nommay und wanderte bis zum Rhône-Rheinkanal. Im weiten, östlich von Montbéliard gelegenen Mischwald waren der Boden vom tagelangen Regen aufgeweicht und die Wege schlammig. In Dasle ruhte ich mich vor der geschlossenen lutherischen Kirche aus, über deren Tür ich folgende sehr wahre Inschrift las: *„Dieu est Esprit et il faut que ceux qui l'adorent l'adorent en esprit et en vérité."**

Die kurze Etappe führte mich zum friedlichen Dorf Vandoncourt, wo mich der Gastgeber eines *Gîte équestre* im Dachboden eines ehemaligen, in das Wohnhaus integrierten Schweinestalls einquartierte. Eine Reihe alter Feldbetten luden ebenso wenig zum Verbleib ein wie die zerschlissenen, muffigen Decken und staubigen Spinnweben oder die primitive Duschgelegenheit. Wie so oft in Frankreich täuschte das Äußere. Die Wirtin verwöhnte mich mit einem köstlichen Abendessen aus Suppe, *hachis parmentier*, Regionalkä-

---

* „Gott ist Geist, und diejenigen, die ihn anbeten, sollen ihn im Geist und in Wahrheit anbeten."

se, Apfeltorte und Brot. Die Schale mit dem *hachis parmentier* war riesig und ich fragte, ob die Gastgeberin noch andere Gäste erwarte.

„Nein, nein. Wanderer sind den ganzen Tag draußen an der frischen Luft. Wenn sie hier ankommen, haben sie einen ordentlichen Appetit. Nichts wäre mir peinlicher, als wenn ein Gast nicht genug zu essen hätte. Lieber (viel) zu viel als auch nur einen Bissen zu wenig kochen!", antwortete die Hausbesitzerin.

„Nur wenige Franzosen kommen hier vorbei, unsere beste Kundschaft sind die Holländer, sie wandern bei jedem Wetter. Die schwierigsten Kunden sind die Reiter – die müssen wir bedienen", schloss sie vielsagend.

Ich schlief unruhig, nicht wegen der Spinnweben oder wegen der modrigen Decke, sondern wegen des reichlichen Abendessens. Aus Höflichkeit hatte ich zu viel gefuttert, und nun war mir, als füllten Pflastersteine meinen Bauch. Verdrießliche Gedanken rumorten in meinem Kopf und erinnerten mich an frühere Erfahrungen, wo der Genuss von Schweinefleisch ähnlich trübselige Gedanken und Stimmungen ausgelöst hatte. Ich schlief erst gegen drei Uhr ein, war aber am nächsten Morgen früh unterwegs.

Das von Nordost nach Südwest verlaufende französisch-schweizerische Juramassiv bietet nur wenige Nord-Süd-Durchgänge. Der Durchbruch der Cluse* bei Pontarlier öffnet den kürzesten Weg in Richtung Genfer See und Rhônetal. Als Weg von Belfort nach Pontarlier wählte ich die anstrengendere, aber reizvollere Variante des Fernwanderwegs GR 5 und vermied so die verkehrsreiche Nationalstraße durch das Doubstal von Montbéliard nach Besançon.

Ab Vandoncourt stieß ich nun zum Juraherzen vor. Die nächsten zwei Tagesetappen bis nach Goumois waren die mühevollsten, nicht nur wegen der längeren Strecken, sondern auch wegen des zu bewältigenden Höhenunterschieds durch wie-

---
* Schlucht

derholte An- und Abstiege mehrerer Gebirgszüge von bis zu 1000 Metern Höhe.

Über den Wald *Forêt Hollard* stieg ich zum idyllisch auf einem Plateau gelegenen Abbévillers hinauf: ein Dorf von besonderem Charme. Die mit roten oder braunen Ziegeln gedeckten Häuser waren weiträumig in die Natur integriert, sie wirkten nicht wie fremde Objekte, sondern fast wie hingewachsen. Die Wiesenumzäunungen waren aus Holzpflöcken und nicht aus Metallpfählen, und die eingestreuten Apfel-, Kirsch-, Walnuss- und Zwetschgenbäume vermittelten den Eindruck eines Gartens Eden, in dem Mensch und Natur einträchtig miteinander lebten. Blassrosafarbene und violette Herbstzeitlosen zitterten im erfrischenden Wind und bildeten einen zarten Kontrast zum saftig-grünen Gras.

Das liebliche Tal des Bächleins *Creuse* führte mich zum Dorf Blamont. Ich erstieg den *Mont Lomont* (805 m), durchquerte Chamesol und stieg hinunter nach St-Hippolyte, einem urigen Städtchen im engen Tal am Zusammenfluss von Dessoubre und Doubs, wo eine warme Dusche und ein leichtes Abendessen die Müdigkeit meiner neunstündigen Wanderung vertrieben.

Am nächsten Tag erwartete mich die anstrengendste französische Teilstrecke meines Pilgergangs. Der teilweise sehr steile Anstieg zum fast 400 Meter höher gelegenen Courtefontaine belohnte mich mit reizvollen Ausblicken auf die nördlichen Juraberge, das Doubstal und den Schweizer Jura. In Courtefontaine fällt ein etwa 10 Meter langer, monumentaler, als Waschtrog und Viehtränke dienender Brunnen dem Wanderer ins Auge. Schwere Steinkolonnen tragen das Dach, an dessen Längsseite in einem kapellenartigen Steinbogen der Hl. Laurent, Schutzpatron der Pfarre, über seine etwa 200 Seelen zählende Gemeinde wacht. Rund um die außergewöhnliche Anlage verläuft eine steinerne Sitzbank und lädt zum Ausruhen ein.

Ein langer Anstieg führte mich zum Kirchlein von Fessevillers, dessen Tür so einladend geöffnet war, als erwartete man mich. Ich betete, ruhte mich aus und unterdrückte die aufsteigende Lust, mich lausbübisch an die zwei dicken Glockenseile zu hängen und meine überschäumende Freude durch ungestümes Geläute auszudrücken.

Am Ort *Sur les monts* erreichte ich bei 1000 Metern den höchsten Punkt der heutigen Etappe. Der Abstieg nach Goumois im Doubstal ließ sich zuerst malerisch an, durch Wiesen und Tannenwälder ging es in sanfter Neigung bergab. Doch dann wurde der Weg an der Bergflanke streckenweise sehr abschüssig, glitschig und gefährlich. Überall sprudelte Wasser aus dem weichen Boden, kleine Bäche und Rinnsale gluckerten ins Tal. Ich musste jeden Tritt sorgfältig abwägen, wobei sich der Wanderstab von unschätzbarem Wert erwies, denn ich fürchtete, auszurutschen und mein Knie aufs Neue zu verletzen. Niemand hätte mich dort gefunden. Aber die glitschige Mühsal verdarb mir meine gute Laune nicht. Ich sang in einem fort, bewunderte die zahllosen Pilze am Weg und genoss zwischendurch den Blick auf die Bergkette der gegenüberliegenden schweizerischen *Franches Montagnes*.

Nach neuneinhalb Stunden erreichte ich in Goumois das Hotel Taillard, ein über hundertjähriges traditionsreiches Haus, nunmehr in der vierten Generation im Familienbesitz. Ich war durchnässt und mit Schlamm bespritzt. Peinlich war es mir, in den schicken Hotelräumen eine vornehme schweizerische Hochzeitsgesellschaft in Smoking und Abendkleid beim Champagnerempfang anzutreffen. Ich sah aus wie ein Landstreicher und machte die Chefin auf meine dreckigen Schuhe aufmerksam. „Aber das macht doch nichts", fegte sie lachend meine Bedenken hinweg und ließ mich zu meinem Zimmer begleiten. Im Restaurant wurde ich ebenso fürstlich verwöhnt wie die Hochzeitsgesellschaft. Ich legte einen Ruhetag ein und nutzte ihn zum Waschen meiner Schmutzwäsche und zum Säubern der lehmverkrusteten Schuhe, die ich trocknete und einfettete.

Nun war ich schon seit zwei Wochen bei vorwiegend feuchtkühler Witterung unterwegs. Von Liverdun bis hierher war ich 230 km marschiert, vor mir lagen noch vier Wandertage. Ich fühlte mich einsam. Unterwegs begegnete ich kaum jemandem. Natürlich waren die Herbergsleute freundlich und aufmerksam – Gastfreundschaft und Zuvorkommenheit sind in diesen vom Massentourismus verschonten Gegenden keine leeren Worte. Trotzdem fehlten mir ein gutes Gespräch und der tiefere menschliche Austausch.

Ich ahnte plötzlich: Die Einsamkeit, so sehr ich sie mochte, würde in Italien bedeutend schwerer wiegen, dort würde ich sprachbedingt noch weniger Kontakt haben. Ich begann, mich auf die Heimkehr zur Familie zu freuen. Vorerst aber galt es, Pontarlier zu erreichen und in *La Rasse,* dem Ziel meiner morgigen Etappe, eine Unterkunft zu finden. Die Hotelchefin erinnerte sich vage, dass junge Leute dort kürzlich ein altes Haus zu einer Herberge umfunktioniert hätten. Sie griff zum Telefon und wenige Minuten später war mein Zimmer gebucht – ich war erleichtert.

Zwischen Villers-le-Lac und bis nördlich von Goumois bildet der Doubs auf einer Länge von etwa 60 Kilometern eine meist enge Schlucht und seit 1780 die Grenze zur Schweiz. Über den GR 5 verließ ich Goumois und wanderte den ganzen Tag am Fluss entlang. Der Doubs: eine Perle unter den Flüssen! Hier fließt er träge in seinem wald- und felsenumsäumten Bett, dort schießt er gischtend und tobend in Stromschnellen hinunter, manchmal verbreitet er sich zu einem länglichen See: ein Freudenspender für Angler, Wanderer, Kajak- und Kanufahrer, und eine Stromquelle für die Umgebung.

Am *Bief d'Etoz** steht eine alte, im Jahre 1692 begründete Kapelle. Ein Herr Jacques Rondot ritt damals mit seinem prächtigen Pferd den Berg von Charmauvillers zum Bief d'Etoz hinunter, als sein Pferd plötzlich scheute und den Reiter gegen einen Felsen schleuderte. Jacques Rondot stürzte in einen Hohlweg und zog sich eine schwere Verletzung zu. Er versprach, für den Fall seiner Genesung der *Lieben Frau* an dieser Stelle ein Heiligtum zu errichten. Das Wunder der Heilung geschah, und Herr Rondot hielt sein Versprechen. Berühmt wurde der Flecken durch die ungarische Prinzessin Esterhazy, die hierhin flüchtete, um den von ihren Eltern ausgesuchten Ehemann nicht heiraten zu müssen. Sie lebte von 1782 bis 1786 in der selbstgewählten Verbannung und verzauberte die Anwohner mit ihrer musikalischen und künstlerischen Begabung.

Im Oktober 1356 ließ ein starkes Erdbeben eine Bergwand einstürzen. Sie blockierte den Fluss, staute ihn zu einem schmalen See und ließ den tosenden Wassern nur einen engen Durchgang. Oberhalb dieses Sees steigt der GR 5 zu den Felshöhen hinauf, eine herrliche Sicht öffnet sich auf die Schlucht. Saftig grüne Tannen erkämpfen sich auf geringstem Raum, in Felsspalten und Vorsprüngen, einen Lebensplatz im weiß-grau-blauen Gestein. Sie dämpfen die Rauheit der bedrohlichen Felswände und besänftigen kontrastreich das grandiose Naturschauspiel.

Bei der Elektrizitätszentrale des *Refrain* erwarten die *Echelles de la Mort*** den Wanderer. In einem nachts sicherlich angsteinflößenden, finster-wilden Dekor stieg ich eine Folge von steilen Leitern und Treppen zur 1893 abgebrannten „Todesmühle" hinunter. Ehemals bevorzugten Schmugglerbanden diesen schwierigen, gefährlichen Weg für ihre nächtlichen Schie-

---

* Bief = Bach
** „Todesleitern"

bergeschäfte. Damals bestanden die Leitern aus mit Traversen versehenen Baumstämmen, die an die Felswände angelehnt waren. Auf dieser waghalsigen Klettertour schleppten kräftige Kerle auf ihren Schultern ein ganzes Kalb oder sonst welche Schmuggelware über die französisch-schweizerische Grenze. Das Schmuggeln war eine der Hauptaktivitäten entlang der Grenze. Die Schmuggelware bestand aus Kaffee, Kakao, Zucker, Tabak, Petroleum, Zündhölzern, Schnaps, Uhren usw. Sogar besonders abgerichtete Hunde wurden zum Schmuggeln eingesetzt. Die Zöllner ihrerseits hetzten Hunde auf die Schmuggelhunde. In der Kirche *Notre-Dame de la Bricotte** erflehten die Einwohner von 1914 bis 1918 selbst den Schutz der Muttergottes für ihr gefährliches Gewerbe.

In *La Rasse* quartierte ich mich in einer alten, urigen, neueröffneten Herberge ein. Die Speisekarte des Restaurants, ein Anglertreff, bot u. a. eine Auswahl von mindestens einem Dutzend verschiedener Forellenzubereitungen. Ich bestellte eine Pilzkruste, eine Forelle auf Sauerampfer mit Nudeln und als Nachtisch Apfeltorte. Ich gestehe gern: Nie in meinem Leben aß ich ein wohlschmeckenderes Forellengericht. Die Herberge barst vor der Jahrhundertwende vor Leben, denn in La Rasse herrschte damals eine emsige industrielle Aktivität. Ein Eisenwerk produzierte Uhrenrohlinge für die zahllosen Uhrenateliers der Umgebung, in der Talenge wurde geschmiedet, gewalzt, gehämmert, gesägt, gefärbt, gemahlen, doch allein die Herberge überlebte.
Die Wanderung von La Rasse zur Uhrenstadt Villers-le-Lac war ein besonderes Erlebnis. Der Talgrund war sehr eng und gewährte nur dem Fluss und dem schmalen Weg Platz. Ich wanderte im Reich der Stille, im Reich der Farbe Grün. Sie bot sich mir als köstlicher sinnlicher Genuss in endlosen Schattierungen und Abstufungen dar. Das Spiel des Grüns ver-

---

* übersetzbar mit „Schmuggelmuttergottes"

deckte die abrupte, weiße Strenge der Felswände, es zerfloss vom dunklen Grün der Fichten zum sanften, leuchtenden Grün der Eichen und Buchen, an deren Wipfel sich bereits gelbliche und rötliche Herbstfärbung einnistete. Hier ruhte die Natur in sich selbst, und der Fluss dümpelte nur träge, fast bewegungslos dahin.

Nur dann und wann schnappte ein Fisch aus dem Wasser, fiel eine Eichel oder eine Buchecker zu Boden oder plopste ins Wasser, eine fliehende Bewegung, ein ephemeres Geräusch, dann wieder nichts, nur Stille. Hier und da ragten schroffe Felsen aus dem Grün hervor, stumme Zeugen eines langen Zyklus von Schöpfung und Stille. Mein ansonsten fröhliches Singen verstummte in beschaulicher Andacht.

Urplötzlich zerfetzte ein explosionsartiges Aufheulen, ein sprengendes Donnern, den dichten Vorhang der Stille, erschreckend, aufreizend, destruktiv, ein kurzfristiger, schnelllebiger Moment, Zeuge von der Nichtigkeit der Instrumente des menschlichen Zorns, und die *Mirage** war verschwunden. Am späten Nachmittag erreichte ich den *Saut du Doubs*. Schon aus der Entfernung kündigte sich das Schauspiel mit immer mächtiger werdendem Donnern an. Die Natur zeigte sich von einer anderen Seite: rauschend, tosend, gischtend, schillernd – ein grandioses Spektakel. In Sekundenbruchteilen verwandelte sich das Element Wasser in tollem Getöse zu Schaum, zu Gischt, zu Schwaden von weißleuchtenden Wassertropfen und unterhalb wieder zu ruhigem grünen Wasser, das unbeeindruckt vom eben durchlebten Wirbel talabwärts floss. Der Sturz der Wassermassen und das Gischtgestöber waren kein bloßes Hinabstürzen und kein chaotischer Tumult. Die Myriaden von großen und feinsten Tropfen und Tröpfchen sprangen förmlich die Felswand hinunter, taumelten in freudigem freiem Fall dem Unterbecken entgegen, als genössen sie es, von der üblichen Trägheit des Wassers befreit zu sein,

---

* Mirage = französisches Kampfflugzeug

als ergötzten sie sich am kurzen Moment des Schwebezustandes. Beim Aufprall zerstoben sie seitwärts und in die Höhe zu feinen, regenbogenfarbigen Nebelschwaden. Es war ein rasantes, stetes Wiederholen desselben Vorganges, der Wasserfall erneuerte sich dauernd selbst, so wie Myriaden von Atomen unseren menschlichen Körper erschaffen und ihn permanent aus dem ewigen Lebensbrunnen erneuern.

Ich war ausgelaugt, doch musste ich wieder zur halben Berghöhe aufsteigen und auf einem Sträßchen oberhalb des Sees nach Villers-le-Lac laufen. Die Anstrengung belohnte mich mit herrlichen Ausblicken auf den See und die sanfte Berglandschaft, erfrischte und belebte mich und löste meine Müdigkeit spurlos auf. Voll unbändiger Freude besang ich laut den zauberhaften Sonnenuntergang, dessen ermattende Strahlen die Dörfchen am Berghang gegenüber vergoldeten, bevor das Tal und der See sich im Abendnebel zur Ruhe betteten.

Im *Hotel de France* erwarteten mich ein exzellenter Empfang und ein lukullischer Höhenflug. Der Chef servierte mir als *amuse-bouche** ein Feldhuhnomelett auf Toast und empfahl mir sein Herbstdinner, zu dem ich mich nur zu gern verführen ließ: Waldpilzfrikassee und Hasenpfeffer sowie zwei Desserts als krönender Abschluss. Natürlich konnte ich wieder nicht einschlafen ... Auch das Frühstück bot allerfeinsten Sinnengenuss: frischer Joghurt, frische Butter und Minuteneier vom Hof, hausgemachte Erdbeermarmelade, Aprikosenkompott und *cancoillotte***, ein traumhafter weißlicher Honig und duftende Brötchen und Brote: das himmlischste Frühstück meines Lebens.

Beglückt von dem gestrigen wunderbaren Tag der Stille, des großartigen Naturschauspiels und der köstlichen Küche, ver-

---

* Gruß aus der Küche
** cancoillotte – eine Kochkäsespezialität

ließ ich Villers-le-Lac. Die Stadt hat sich seit 1880 als Uhrenmetropole etabliert und ist bekannt als Ausgangspunkt zum Wasserfall des Saut du Doubs, einem der meistbesuchten Naturschauspiele Frankreichs.

Ich kehrte nun dem Doubs, meinem bezaubernden Begleiter der letzten zwei Tage, den Rücken zu und erklomm den steilen Weg zur grenzbildenden Scheitellinie aus einer niedrigen, kilometerlangen Mauer aus aufgehäuften Steinen, die auf 1188 Metern Höhe reizvolle Ausblicke über den Jura und bis zum Ballon d'Alsace bot. Der GR 5 war wie immer genau markiert. Ich ahnte nicht, dass er mich wenig später eiskalt im Stich lassen würde. Im Grenzflecken Le Gardot begann es zu regnen und ein kühler Westwind fegte mir kalte Regentropfen ins Gesicht. Ich zog eine wasserdichte Jacke und eine ebensolche Hose über und stapfte hartnäckig weiter. Die Markierung führte mich in eine weite Wiese hinein, wo plötzlich der Weg wie vom Erdboden verschluckt war. Beklommen fragte ich mich: Wo geht es weiter?

Hundert Schafe schauten mich blöd und verständnislos an, derweil ich mit dem Fernglas Bäume und Pfosten erfolglos nach einer Wegmarkierung absuchte. Endlich fand ich einen Weg an der gegenüberliegenden Umzäunung, aber vor mir fielen steile Schlünde tief hinab, aus denen mir geisterhafte, von Fichtenspitzen durchsetzte Wolkengebilde hämisch entgegengrinsten. Obwohl ich keine Weghinweise sah, trottete ich verbissen an der Schlucht entlang. Mir war ausgesprochen unwohl bei dem Gedanken, mich in dieser verlassenen, triefenden Landschaft zu verirren. Zu meiner Erleichterung tauchte irgendwann die Markierung wieder auf.

Das Wetter verschlechterte sich zusehends, düstere Wolkenschwaden lasteten greifbar nahe über mir und ein eiskalter Wind zurrte an meiner Jacke. Im Flecken *Les Cernoniers* kam ich an einer Kapelle vorbei, doch sie war fest verschlossen, nirgendwo gab es eine Gelegenheit zum Unterstellen oder

Ausruhen. Stoisch hielt ich Ausschau nach der weiß-roten GR 5-Markierung, meine Füße matschten bei jedem Schritt in den durchtränkten Schuhen, ich achtete nicht mehr auf Pfützen und Schlamm, sondern klammerte mich nur noch an einen Gedanken: den Weg nicht verlieren und die Berghütte *Vieux Châteleu* vor Nachteinbruch erreichen.

Erschöpft erreichte ich um vier Uhr nachmittags die an einer Passstraße gelegene Herberge. An der verschlossenen Tür klebte ein Zettel: „Herr Hubert, wir werden gegen 18:00 Uhr zurück sein. Danke." Drei Stunden war ich pausenlos im Sturm und Regen gelaufen, ich war durchnässt und fror jämmerlich, vor Kälte, vor Nässe und Hunger. Windböen peitschten Wassermauern um das große Holzhaus, und ich suchte bestmöglichen Schutz unter dem Mini-Vordach über der Haustür.

Ich wollte meine nasse Kleidung gegen trockene tauschen, doch auch die Kleider im Rucksack waren feucht; ich war so unvorsichtig gewesen, sie nicht einzeln in Plastiktüten zu wickeln. Ich suchte heraus, was weniger nass als meine derzeitige Kleidung war, und zog mich um. Seit dem Frühstück hatte ich nichts gegessen, mein Magen knurrte und drohte zur Eigenverdauung überzugehen, nun musste ich weitere zwei Stunden ausharren. Ich verspeiste den letzten Apfel und meine eiserne Ration aus Trockenfrüchten, Dextrose und Schokolade – alles war feucht, aber mir ging es doch etwas besser. Unterdessen schlich eine tropfnasse weiß-braune Katze zu mir, miaute kläglich und kratzte an der Haustür. Als niemand öffnete, kuschelte sie sich in meinen Schoß und schnurrte behaglich zu meinen Streicheleinheiten. Nach einer halben Stunde trollte sie wieder davon, ich hockte mich so bequem wie möglich in die regengeschützte Ecke und begann meine Abendmeditation.

Die Besitzer, ein junges Ehepaar, kamen gegen halb sechs vom Einkaufen zurück. Ich war der einzige Gast und suchte mir den kleinsten Schlafraum mit fünf Betten aus – vier übereinandergestapelte und ein Doppelbett –, breitete meine Kleider zum Trocknen aus, duschte und rieb mich mit Massageöl ein. Langsam klang das Bibbern ab, meine Finger entkrampften sich, und ich konnte meine Tagesnotizen schreiben.

Zum Essen brauchte die Chefin mich nicht zweimal zu rufen: Ich stolperte die steile Holztreppe ins Parterre hinunter und warf einen gierigen Blick auf den Abendtisch. In einer Keramikschale dampfte eine würzige Hafersuppe mit Fleisch, die ich heißhungrig am Familientisch verschlang, derweil der Ehemann das zehn Monate alte Töchterchen fütterte. Die Frau setzte sich zu uns, nachdem sie eine reichliche Portion von frittierten Kartoffelscheiben und Kochschinken serviert hatte. Als besondere Leckerbissen gab es warmen Gewürzrotwein und Käse vom Mont d'Or.

Wie sehr genoss ich diesen Familienabend: die unkomplizierte, warme Gastlichkeit, das verspielte Hündchen, den Schutz des Holzhauses, das herzhafte Essen, das ich jedem raffinierten Mehrsternemenü vorzog.

„Die Herberge macht uns nicht reich, aber sie lässt uns leben", erzählte der Besitzer. „Es ist ein anderer Lebensstil. Die Menschen hier kennen sich, sprechen miteinander. Auch wir haben unsere Probleme, aber wir leben miteinander, nicht nebeneinander, wie in der Stadt. Wenn du hier jemandem begegnest, bleiben die Leute stehen und plaudern, man hat Zeit für sich und die anderen. Hier bin ich *Ich*. Im Herbst, wenn ich Lust habe, Pilze zu sammeln, verbringe ich den Tag im Wald. Im Winter, wenn ich Lust habe, Ski zu fahren, schnalle ich die Bretter an. Wir leben im Rhythmus der Natur, ohne Stress, und haben Zeit für die Familie und zum Spielen."

„Unsere Kundschaft kommt vornehmlich aus Frankreich, aber auch aus der Schweiz. Für die Schweizer sind der Skiurlaub hier preisgünstiger und das Essen besser. Wir können davon leben, nicht mehr. Aber wir sind glücklich. Früher wussten die Menschen glücklich zu sein, heute wollen sie mehr und mehr und sind doch dauernd unglücklich."

Mein Gastgeber empfahl mir, morgen über die Straße nach Pontarlier zu wandern, denn nach dem ununterbrochenen Regen seien die Wege aufgeweicht und sehr schwierig zu begehen. Dann vertraute er mir an: „Wir haben mittwochs eigentlich Ruhetag. Als Sie anriefen, war ein Praktikant am Telefon, er dachte nicht an unseren freien Tag und sagte Ihnen zu. Wir wollten diese Verpflichtung einhalten."
Die Wanderung war relativ kurz, doch strapaziös gewesen. Jetzt fühlte ich mich bei dieser herzlichen Familie geborgen. Während draußen der Herbststurm um das große Holzhaus brüllte, fiel ich um 21:00 Uhr in einen tiefen Schlaf – so früh wie noch nie zuvor auf meinem Pilgergang. Nur ungern verließ ich am nächsten Morgen dieses gastliche Haus. Dichte Wolken umhüllten den 1.300 m hohen Mont Châteleu, doch es regnete nicht mehr und ich wanderte empfehlungsgemäß die Straße hinunter nach Le Gras und von dort nach Pontarlier. Das Wetter klarte zusehends auf und bescherte mir einen letzten sonnigen Spaziergang durch das romantische Hochtal.
Vergnügt erreichte ich die Vororte von Pontarlier und dachte zufrieden: Nun hast du schon die Hälfte des Pilgergangs geschafft und kein einziger Hund hat dich ernsthaft bedrängt, als ein hässlicher Kläffer, das grau-braune Produkt glückloser Kreuzungen, grimmig bellend aus einem Vorhof auf mich zustürzte und zwei Reihen glänzender, scharfer Zähne nach meinen Fersen schnappten. „Der meint es ernst!", durchzuckte es mich. „Jetzt ruhig Blut bewahren." Ich wirbelte herum, fixierte den Hund scharf mit den Augen – er schlug einen Bogen und stürzte sich erneut von hinten auf meine Fersen. Auch ich drehte mich um, rückwärts weitergehend, indem ich den Augenkontakt behielt ..., das Spiel wiederholte sich ein paarmal, bis ich aus seinem Territorium verschwunden war und er das Interesse verloren hatte.

Eine zeitlose Botschaft

Die Einwohner von Pontarlier* mit dem klangvollen Namen *les pontissaliens* behüten in der *Eglise St Bénigne* ein besonderes Kleinod: berühmte Farbfenster des französischen Künstlers Manessier. Ein Kontrast wie Himmel und Unterwelt fesselte mich: Eine erdrückende, tiefliegende Decke, von massigen Säulen und Bögen gestützt, vergreiste Holzbänke, schwarzfarbene Bilder und der Geruch düsterer Zeiten bildeten den finsteren Rahmen für helle, lichte, verspielte Fenster in Blau, Gelb, Rot, Orange, Grün. Aus einer gedrungenen, gequält wirkenden Basis strebten züngelnd immer leichtere, immer beschwingtere flammenartige Lichtformen himmelwärts – hier die Masse und die Dichte der Materie, das Irdisch-Solide, dort das Abstrakte, Geistig-Leichte, dessen strahlendes Licht graziös-spielerisch dem festen Körperlichen entspringt, es durchdringt, ihm Leben, Freude und Leichtigkeit vermittelt und es mit dem Glanz der Ewigkeit verherrlicht.

An einer Tankstelle am Ortsausgang boten etwa 80 Harley-Davidson-Motorradfahrer ein buntes, farbenprächtiges Spektakel. Ihre liebevoll polierten, funkelnden Maschinen bildeten einen fröhlichen Kontrast zum regengrauen Tag. Fast wäre mir hier der dümmste Unfall meiner Pilgerreise passiert. Um den verkehrsreichen Asphalt zu vermeiden, ging ich möglichst auf dem Grasstreifen am Straßenrand. Vor der Tankstelle war eine Wiese, in der ich im letzten Moment ein tiefes, überwachsenes Loch sah, in das ich beinahe hineingestolpert wäre. Eine Verstauchung, wenn nicht gar Schlimmeres, wäre mit Sicherheit die Folge gewesen.

Finstere Wolken belagerten wie eine grimmige, feindliche Armee die umliegenden Berge und nötigten mich, den GR

---

* Die Strecke von Pontarlier nach Aosta beging ich im Frühling, bevor ich im Herbst die Strecke von Liverdun nach Pontarlier erwanderte.

5 über *Les Fourgs,* dem höchstgelegenen Dorf des französischen Jura, zu meiden und im Tal auf der N 57 bis nach Hopitaux-Neufs zu stiefeln. So gewann ich Zeit, die Festung in Joux näher zu besichtigen. Die im 11. Jahrhundert begonnene Burg bewacht in 100 Metern Höhe mit dem jüngeren, auf der gegenüberliegenden Seite der Felsenge von *La Cluse* errichteten *Fort Larmont* die Hauptstraße durch den Jura. Diese ehemals strategisch wichtige Festung zeigt die architektonische Entwicklung von Festungsanlagen, mit großen mittelalterlichen Türmen, mit Bollwerken aus der Zeit Vaubans und dem um 1880 von Hauptmann Joffre, dem späteren Marschall von Frankreich, in den Boden gegrabenen Fort.

Die Burg fasziniert den Besucher mit einem der größten in Stein gehauenen Brunnen Europas, dem Waffenmuseum und der Berühmtheit einiger der dort inhaftierten Gefangenen, wie z. B. Mirabeau, dessen Vater ihn wegen seines leichten Lebenswandels einsperren ließ. Er flüchtete mit Sophie, der jungen Ehefrau des 79-jährigen Marquis de Monnier, von Pontarlier. Er saß zwei weitere Haftstrafen ab und wurde zum berühmtesten Schriftsteller der Französischen Revolution. Heinrich von Kleist, Toussaint Louverture und General Dupont waren weitere prominente Häftlinge des ehemaligen Staatsgefängnisses von Joux.

Zahlreiche Legenden umranken das Schloss, wie jene von Berthe de Joux, die ihrem Mann Amauri, Sire de Joux, während seiner Teilnahme am Kreuzzug untreu wurde. Bei seiner unerwarteten Rückkehr erschlug er den Nebenbuhler und ließ den Kadaver an einem Baum aufknüpfen. Seine Frau mauerte er in einer Zelle ein, deren einzige Öffnung ihr den Blick auf die baumelnden Überreste ihres Liebhabers gewährte. Dramatisch auch die Legende der Loise de Joux, einer Schlosstochter, deren Verlobter ebenfalls dem Ruf der Kreuzfahrt folgte. Die vorzeitige Rückkehr ihres zukünftigen Mannes überwältigte sie derart, dass sie vor Freude tot in seine Arme sank.

Ich pilgerte in einer eigenartigen Stimmung. Weder Regen noch Hagelschlag oder der vorbeirasende Verkehr vermochten meine innere Gelassenheit zu stören. Mein Bewusstsein war zweigeteilt. Auf der oberflächlichen Ebene nahm ich Autos, Motorräder und den engen Streifen zwischen weißer Markierung und Graben wahr, auf dem ich wanderte. Auf der inneren Ebene versanken meine Gedanken in immer tiefere Schichten, in mir herrschten Stille und Frieden, unberührt von Hast und Hektik, von Lärm und Auspuffgestank. Wenn der Verkehr für kurze Momente verebbte, drang die Stille der Natur, von Wald und Firmament in mich ein und verschmolz mit der inneren Ruhe.

Nach einem etwa zehn Kilometer langen, kurvenreichen Anstieg zwischen zwei dicht bewaldeten Bergzügen weitete sich der Horizont und gab den Blick frei auf den *Mont d'Or* (1463 m) mit seiner Sportstation Metabief und den Ortschaften Les Hôpiteux-Vieux und Les Hôpitaux-Neufs. Ich freute mich, am nächsten Morgen Jougne über einen besinnlicheren Wanderweg zu erreichen. Es ist ein alter Ort am strategisch wichtigen Durchgang zur Schweiz. Julius Cäsar errichtete hier Befestigungen mit dem Namen „Junia". Später florierten dort wie im nahen schweizerischen Grenzort Vallorbe Hochöfen, Schmieden, Nagel- und Drahtziehereien und Sägewerke. Im Sommer 1870 zerstörte ein Flammenmeer Jougne: Innerhalb von einer Stunde verbrannten 92 der 100 Häuser, 1.600 Menschen wurden obdachlos.

In der Kirche umfing mich wieder Stille, ein sanftes, doch auch kraftvolles Gefühl, als seien die Steinquader und Fenster nur dazu da, die Stille als ihr kostbarstes Gut zu schützen, für den Besucher erlebbar zu machen. Farbfenster, Bilder und Skulpturen lenken von jener abstrakten und doch alles durchdringenden Wirklichkeit ab. Sammeln wir aber unsere Aufmerksamkeit auf die innere Wirklichkeit der Dinge, so nehmen wir diese andere Realität wahr. Die Stille wird hörbar, fühlbar, greifbar – es genügt, sich ihr hinzuwenden.

Hinter der Kirche führt ein abschüssiger Weg zu der im Tal liegenden *Chapelle Saint-Maurice de la Ferrière* hinunter. Dieses Überbleibsel eines Benediktinerklosters erstand im 12. Jahrhundert auf einer Karolingerkrypta. Nur das Kirchenschiff im romanisch-burgundischen Stil blieb erhalten. Einige verzierte oder Personen darstellende Kapitele sind ein außergewöhnliches Zeugnis romanischen Dekors in dieser Gegend. Die Kapelle bewahrte in der Vergangenheit die Reliquien des Heiligen Maurice. Die Mönche von *St Maurice d'Agaune* stiegen dort auf ihren Reisen zwischen dem galizischen Kloster und seinen burgundischen Besitztümern ab. Entlang dieses Gebäudes verlief damals die einzige von der Schweiz über *Les Echampés* kommende Straße.

In der Kapelle empfing mich ein passender Anschlag:

Wanderfreund,
diese Kirche ist noch immer ein Ort der Sammlung
eine Stätte des Gebets
ein Platz der Versammlung zur Eucharistie
Wir vertrauen dir
Belästige seine Stille nicht
Störe seine Ordnung nicht
Verfälsche seinen Zweck nicht
Mit deinen Augen und deinem Herzen
Schaue die Schönheit menschlicher Arbeit
Suche Gottes diskrete Präsenz
Wanderfreund
Möge dieser Besuch in dir bleiben
Als ein Augenblick des Friedens.

Auf dem kurzen Weg zwischen Friedhofs- und Kapelleneingang überwältigte mich plötzlich ein eigenartiger Schauer, ein Zittern und Beben schüttelten meinen Körper, rann den Rücken hinunter, begleitet von dem ausgeprägten Gefühl: Hier war ich schon in einem früheren Leben, dieser Ort ist mir bekannt. Eine solche Erfahrung hatte ich noch nie gemacht. Unwillkürlich erinnerte ich mich an die Aussage einer Bekannten, die bei ihrer ersten Jerusalemreise präzise Straßen und Plätze erkannte, sehr zum Erstaunen der sie begleitenden Personen. Das Gefühl und die innere Gewissheit, bereits hier gewesen zu sein, begleiteten mich in den Gottesraum und verebbten dort.

Ich wanderte an der linken Talseite bis zum Ort *Les Echampés* und erreichte über einen blumenumsäumten Pfad die schweizerische Grenze. Ein Hinweisschild „Achtung Zoll" gebot: „Durchgang verboten – für Taxis, Busse, LKW und andere Nutzfahrzeuge, – für Personen, die Güter über der Zollfreigrenze besitzen oder Kapitalien, die das erlaubte Limit übersteigen." Ich war weder ein Taxi noch ein LKW, noch besaß ich Zigaretten, Schnaps oder Unmengen Geld und betrat also frohgemut und ganz legal das Alpenland, ohne jedwede Pass- oder Grenzkontrolle.

Ich fühlte mich sehr wohl in der kleinen Grenzstadt Vallorbe. Die Forelle im Stadtwappen zeugt von der historischen Wichtigkeit des Flusses, der Orbe, für die Entwicklung des über 800 Jahre alten Ortes mit seiner bedeutenden Eisenindustrie, deren Geschichte im sehenswerten Eisenmuseum anschaulich und lebendig dargestellt wird. Im Eisenbahnmuseum schaltete ich eine Modellbahn, Spur 0, mit 77 Metern Gleislänge und den typischen Zugkompositionen der Simplonlinie, inklusive einem 4,5 Meter langen TGV – ein einmaliges Spielvergnügen.

Auf dem Weg nach Romainmôtier passierte ich das Gelände der 1937 erbauten Festung *Vallorbe-Pré Giroud*. Getarnt als fried-

liche Alphütte, sollte sie deutsche Truppen davon abhalten, die Schweiz über den Jougne-Pass anzugreifen. Das viele Jahre geheim gehaltene Fort kann nun in den Sommermonaten besichtigt werden. Der reizvolle Wanderweg durch Wald und farbenprächtige Wiesen führte mich über eine Nebenstraße nach Premier, dessen Höhenlage einen herrlichen Blick nach Süden über das Waadtland bietet. Würziger Heuduft erfrischte meine Sinne, derweil die Bauern das Heu zu riesigen, mit weißer Folie umwickelten Ballen pressten und einsammelten.
Ein etwas seltsames Gebäude befindet sich im Dorfzentrum: ein Turm mit angebauter Schule. Ich fragte einen Bauern im blauen Arbeitskittel, ob das früher mal eine Kirche gewesen war. „Eine Kirche? Wieso? Das ist das Kolleg, was denn sonst?", knurrte er mürrisch und ging beschäftigt weiter. Was diese Touristen für dumme Fragen stellen, mag er sich wohl gedacht haben.
Von Premier führt eine geteerte Waldstraße nach Romainmôtier hinunter. Ein zwölfjähriger Junge im Jogginganzug keuchte den steilen Berg herauf. Ich ermutigte ihn händeklatschend: „Bravo, man sieht, dass du Kondition hast." – „Ja, das tue ich jeden Mittwoch und jedes Wochenende", rief er mir zu, ohne seinen Laufschritt zu verlangsamen.
Der malerische Flecken Romainmôtier ist eine der ältesten christlichen Niederlassungen der Schweiz und liegt, reizvoll versteckt, in einer Talsenke am Oberlauf des Nozon. Es ist einer jener Orte, an denen der Geist weht und wo man sich von der Gnade angehört weiß, wie es ein Besucher formulierte. Gepflasterte, steile Gassen verbinden alte, heute vornehmlich von Künstlern und kreativen Handwerkern bewohnte Häuser, deren Zentrum die Abtei ist, ein Schmuckstück romanischer Kunst. Die Kirche wurde zwischen 990 und 1028 von cluniazensischen Mönchen auf den Ruinen des Klosters aus dem 5. und 7. Jh. aufgebaut. Sie enthält u. a. Fragmente von Wandmalereien aus der Zeit um 1100 bis ins

Spätmittelalter. Im Dîme-Haus, dem ehemaligen Kornspeicher, wo die Naturalsteuern (Getreide) gelagert wurden, belehrt eine sehenswerte Ausstellung mit Film die Besucher über 1.500 Jahre geistiger Geschichte in Romainmôtier und die Entwicklung des mittelalterlichen Mönchtums in Europa. Als besondere Rarität enthält das Haus eine von Albert Alain in 60-jähriger Arbeit erbaute Orgel, deren visuelle Schönheit und klangliche Qualität Orgelliebhaber aus aller Welt anzieht. Drei verschiedene Mönchsorden widmeten sich hier sukzessive der spirituellen Entwicklung ihrer Mitglieder. Die Väter des Jura lebten im 5. Jh. nach der Tradition der Anachoreten, den ägyptischen Wüstenvätern. Im 7. Jh. erneuerten irländische Mönche den Monachismus nach der Ordensregel des Hl. Kolumban. Die cluniazensischen Mönche suchten die Verbindung mit dem Göttlichen nach den Ordensregeln des Hl. Benedikt. Das Priorenhaus legt Zeugnis ab von der Geschäftigkeit, die im 13. Jh. herrschte. Es war Bestandteil eines Unterkunftsnetzes quer durch Europa von fast 2.000 solchen Pilgerhospizen, von denen ich einigen im weiteren Verlauf meines Pilgergangs begegnen sollte.

Während meiner Meditation im Hotelzimmer spürte ich eine außergewöhnliche energetische Qualität, über die ich den Ober ansprach. „Ja", bestätigte er, „an diesem Ort herrscht eine besondere Energie. Alle Fachleute sind sich darüber einig. Ich selbst spüre sofort die Energie eines Ortes. In diesem Haus und in der Kirche ist sie besonders durchdringend und positiv."

In der Kirche findet seit 1973 täglich abends ein Gebetsdienst der Taizé-Schwestern statt. Ihr zartstimmiger Gesang erfüllte den Raum mit unschuldiger Hingabe und Reinheit, erzitterte an den Mauern und verebbte in sanften Wellen. Die Akustik war beeindruckend. Die feine Schwingung ließ mein Bewusstsein vibrieren, innere Freude und Heiterkeit sprudelten in meinem Herzen. Ein beglückender Moment, in dem Leichtigkeit und Glückseligkeit intensiv flossen. Ich war den

Schwestern dankbar für das Aufrechterhalten einer mehr als tausendfünfhundertjährigen Tradition des Gebets und der spirituellen Hingabe. Während dem Abendessen erklang aus dem Lautsprecher der Gaststube das Lied „Schön ist es, auf der Welt zu sein, in Freiheit hier zu leben"; es versetzte mich ins Sinnieren. Wie frei sind wir wirklich? Gibt es nicht verschiedene Ebenen der Freiheit? Wir haben uns von Sklaverei und Despotismus, von Leibeigenschaft und Diktatur weitgehend befreit. Wir haben Meinungs-, Religions-, Presse-, Bewegungsfreiheit und grenzenlose Reisemöglichkeiten. Wir haben die Enge von Tradition, gesellschaftlichen Regeln und den Klassenkampf über Bord geworden. Und doch, im Café einer historischen Herberge des 17. Jahrhunderts, in der alte Mauern und Bänke und Stoffblumen und Sparlampen zu den Klängen von Oldies und Rock und dem Geläut einer alten Standuhr ein friedliches Miteinander führten, kam mir die Frage: Wie viel Freiheit habe ich, wie viel mehr und vor allem welche Freiheit fehlt mir noch? Bin ich frei von Ängsten, Sorgen, Zweifeln? Bin ich frei vom Zwang fremder Meinungen und Vorstellungen? Bin ich frei von der Illusion, nur dieser Körper mit seinen Begrenzungen zu sein? Bin ich frei vom Irrtum, nur ein Staubkorn, ein vergängliches Nichts auf dieser Erde zu sein? Bin ich frei von der Angst zu sterben? Bin ich frei von dem Denkfehler, jemand anders sei verantwortlich für mein Glück und Fortschritt im Leben?

Wir haben in den letzten Jahrtausenden immense Fortschritte gemacht: geistig, wirtschaftlich, medizinisch, gesellschaftlich, künstlerisch. Wir müssen jetzt neue Freiheiten anstreben, jene Bande sprengen, die unseren Geist begrenzen, der seiner eigentlichen Natur nach zeit- und grenzenlos ist. Es ist nun an der Zeit, unserem Bewusstsein seinen rechten Status zuzuerkennen und einzusehen, dass unsere materialistische Lebensweise und Weltsicht unserer inneren Würde und Grö-

ße nicht gerecht wird. Wenn unser Leben nur von materialistischen Belangen geprägt ist, und das Geistig-Spirituelle verkümmert, tauschen wir dann nicht Spinat gegen Diamanten ein, wie es einst ein Weiser formulierte?
Ich verabschiedete mich von diesem spirituellen Ort mit dem Besuch der Ausstellung über den Hl. Bernhard von Clairvaux. Seine zeitlos-wahre Botschaft für die heutige Zeit aus dem Jahr 1115 lautet:

> Gott ist still
> Er macht alles still
> Seinen Blick auf Ihn richten
> Der Ruhe ist
> Gibt der Seele den Frieden.

Nicht nur der Seele den Frieden, dachte ich, sondern auch der Menschheit eine friedliche Welt.
Ich erreichte den Ort La Sarraz am frühen Nachmittag und ließ mich zum Mittagessen auf einer Terrasse nieder. Am Nebentisch erspähten vier Männer und eine Frau mein Rucksackschild.
„Oh là là, Luxemburg – Rom!", riefen sie aus.
„Sie kommen aber von weit her! Wie lange brauchen Sie?"
„Ungefähr 90 Tage, es sind schätzungsweise 1.800 Kilometer."
„Und Sie gehen ganz allein?"
„Jawohl, so hab ich meine Ruhe", erwiderte ich lachend.
Schallendes Gelächter begrüßte meine Antwort.
„Und von wo kommen Sie heute?"
„Von Romainmôtier, keine große Strecke!"
„Haben Sie die Schmelzöfen im Wald gesehen?"
„Ja."
„Sind Sie durch *la serrure** gekommen?"
„Welches Schlüsselloch?", fragte ich verständnislos zurück.

---
* das Schlüsselloch

„Hier oben auf der Straße war früher ein Tor, an dem Zoll auf Salz erhoben wurde. Daher stammt der Name *La serrure*, aus dem im Laufe der Zeit *La Sarraz*, der heutige Ortsname, entstand."
„Ich ging über Ferreyres und die *Tine de Conflens* und möchte anschließend das Schloss besuchen."
„Was Sie heute gesehen haben, haben die meisten Bewohner dieser Stadt noch nicht angeschaut", meinte der Gesprächsführer anerkennend und erzählte, dass letztes Jahr ein Mann hier vorbeigekommen sei, der von Brüssel nach Rom pilgerte. Bald nahm die Gruppe Abschied und wünschte mir noch viel Glück auf meinem Weg.
Ich hatte mich in Romainmôtier nach einem Hotel in Cossonay erkundigt. In Cossonay-Gare gibt es sicher keines, aber in Cossonay-Ville finden Sie bestimmt zwei oder drei, lautete die Auskunft, der ich irgendwie misstraute. In La Sarraz lockte mich das Hotel zum Weißen Kreuz, doch ich wollte weiter in Richtung Lausanne pilgern. Vorsichtigerweise schaute ich im Telefonbuch nach. Es verzeichnete kein Hotel in Cossonay-Ville, aber eine Herberge in Cossonay-Gare. Ich rief dort an und wurde freundlich eingeladen. „Ja, wir haben Zimmer, kommen Sie ruhig." Hätte ich geahnt, was mich erwartete, wäre ich in La Sarraz geblieben.

Ich nahm mir Zeit, das Schloss (1049) mit seiner außergewöhnlich reichhaltigen Ausstattung zu besuchen und stapfte danach auf der Bundesstraße 9 los. Auf einer Anhöhe eröffnete sich ein weites Panorama: Hinter mir lag düster-blau das Juragebirge, vor mir zeichneten sich die Berner Alpen, der Genfer See und die französischen Alpen des Chablais ab. Die überwältigende Schönheit der Natur erfüllte mich mit Glücksgefühlen, denen ich durch fröhliches Schreien und Singen Ausdruck verlieh. Auch freute ich mich darüber, das Juramassiv problemlos überwunden zu haben. Vor Cossonay-Ville fesselte eine originelle Werbung meine Aufmerksamkeit: Ein weißer Mercedes, senkrecht auf dem Kofferraum und einer Stahlsäule stehend und himmelwärts schauend, warb für ein benachbartes Autohaus. Schnell erreichte ich Cossonay-Ville und besuchte kurz die Altstadt und die protestantische Kirche. Am Eingang hing ein Schild mit folgendem Vermerk:

> Treten Sie ruhig ein
> Kommen Sie nach vorn
> Bis zum Altar
> Dann sind Sie nicht so allein
> Und ich auch nicht
> Der Pastor.

Mir gefiel die protestantische Art der eher nüchternen Kirche, eine Aufforderung, sich dem Wesentlichen, der Gegenwart Gottes hinzuwenden, und nicht nur Kunst und Geschichte zu bewundern und den Schöpfer darüber zu vergessen.

Ein steiler Weg führte mich hinunter nach Cossonay-Gare, bekannt für seine Getreidemühle und seine Drahtzieherei, wo ich mich einquartierte. Ein Bärenhunger trieb mich in ein Café, wo ich mich auf ein Körbchen mit hartgekochten Eiern stürzte, ich verschlang gleich zwei mit einem Bier, danach ging es mir entschieden besser.

Nach dem Abendessen legte ich mich zufrieden schlafen. Als mein Kopf ins Kissen fiel, fuhr ich angewidert auf: Ein ekelhafter, durchdringender Tabakgeruch entströmte dem Kissen und verwehrte mir hartnäckig die dringend notwendige Nachtruhe. Ich schmiss das Kissen in die Ecke, doch die Decke stank genauso fürchterlich. Auch das weitgeöffnete Fenster vermochte nichts gegen den Tabakmuff auszurichten, und in den anderen offenen Zimmern roch das Bettzeug genauso widerlich. Ausziehen war zu so später Stunde ausgeschlossen.

Ich versuchte, sitzend im Sofa zu schlafen, doch diese Haltung erwies sich als höchst unbequem. Plötzlich erinnerte ich mich an ein Röhrchen Eau de Toilette, das ich zu Hause eingesteckt hatte, obwohl ich dabei dachte: Wozu nehme ich das eigentlich mit? Jetzt wusste ich, warum! Flugs tröpfelte ich den ganzen Inhalt auf das Kopfkissen und den oberen Deckenrand, die jetzt angenehm nach Kölnisch Wasser rochen. Der grauenhafte Zigarettengeruch war überlistet und ich konnte schlafen und mich darauf freuen, morgen in Lausannes elegante Stadtatmosphäre einzutauchen.

Im Klarissenkloster

Auf meiner etwa fünfstündigen Wanderung nach Lausanne ruhte ich mich unterwegs in einem Café in Mex aus. Eine altersgeschundene Grammophonnadel kratzte erbärmlich rauschend aus einer Jukebox Schlagermusik meiner Kindheitsjahre, bis sich die Nadel in einer Tonrille festlief: 20 Minuten lang plärrte das Gerät die gleiche Tonfolge, niemand nahm Notiz davon. In einer Industriezone hielt plötzlich ein Lieferwagen vor mir an. Der Fahrer öffnete das rechte Fenster und winkte mir zu, auf seinem Schoß blaffte mich frech ein aufgeputzter Dackel an.

„*Bonjour*, ich sah Sie gestern auf der Terrasse. Erinnern Sie sich, in La Sarraz? Wie geht es Ihnen?"

„Prächtig. Heute wandere ich von Cossonay nach Lausanne. Und Sie führen Ihr Hündchen spazieren?"

Er lachte herzlich: „Nein, nein. Ich bin Vertreter, bin dauernd unterwegs – immer im Auto."

„Jeder pilgert halt auf seine Art", schmunzelte ich.

„So ist es. Ich wollte Sie nur grüßen. Wünsche weiter einen guten Weg."

Er lachte freundlich, winkte und fuhr wieder los. Im Hotel Château d'Ouchy wurde ich freundlich aufgenommen. Ich muss wirklich kläglich ausgesehen haben in meinem durchnässten Outfit, denn die charmante Empfangsdame reduzierte spontan den Zimmerpreis von 190 auf 170 Franken.

In jenen Tagen wachte ich morgens in aller Frühe auf. Obwohl die Temperaturen nicht gerade sommerlich waren, schwitzte ich beim Wandern wie ein Galeerensklave. Ich wusch und trocknete täglich meine Wäsche, faltete morgens alles zusammen und packte den Rucksack neu. Manche Leute sagten mir, ich sei gut organisiert. Gestern war das Gegenteil der Fall. Ich lief zwischen Cossonay und Lausanne wie eine Maus im Käfig in der Landschaft herum und ärgerte mich über die

unzulängliche Wegemarkierung. Mehrere Male verlor ich den Weg, frustriert entschloss ich mich kurzerhand, über die Bundesstraße 9 nach Lausanne zu marschieren. Heute, bei der Aussortierung nicht mehr gebrauchter Papiere, entdeckte ich eine Wanderkarte im Maßstab 1:25.000, die ich gestern benötigt, aber vergessen hatte.
Ich kannte Lausanne von beruflichen Reisen und Kongressbesuchen. Ich mag die weltoffene und doch gemütliche Atmosphäre der auf drei Hügeln erbauten Olympischen Hauptstadt.* Sie ist nicht nur – wie seit der Römerzeit – Straßenknotenpunkt und Raststätte, sondern auch ein Ort vielseitiger Kultur: geistige Kultur mit ihrer Universität und dem größten gotischen Bauwerk der Schweiz, der Kathedrale aus dem 12. bis 13. Jahrhundert; kulinarische Kultur mit der ältesten Hotelfachschule der Welt; Sportkultur mit dem Olympischen Museum, das hundert Jahre moderne Olympische Spiele veranschaulicht; Landschaftskultur durch Parkanlagen und die Lage inmitten renommierter Weingebiete und am Genfer See mit seinem Panorama der Savoyer Alpen.

Nach einer erquickenden Nacht verließ ich das quirlige Ouchy, wanderte auf seiner prachtvollen Seepromenade südwärts und freute mich über die mit jedem Schritt näher rückenden Alpen. Der größte Süßwassersee Mitteleuropas dämmerte noch frühmorgendlich verschlafen in seinem bis zu 310 Meter tiefen Bett, zu dessen Durchqueren und Auffüllen die Rhône 11 Jahre benötigt. Im sympathischen Ort Lutry herrschte emsiges Markttreiben. Düfte von prächtigen Blumen, deftiger Räucherwurst, knusprigem Brot und leckeren Backwaren waberten verführerisch durch die enge Gasse. Eine Bubikopfbrünette mit rundem Gesicht und blitzenden Zähnen bot überdimensionierte, meterlange Brotlaibe und riesige Brezeln feil.
Ich fragte sie: „Darf ich ein Foto machen?"

---

*Lausanne ist Sitz des Internationalen Olympischen Komitees

„Bitte, nein, dafür bin ich nicht hübsch genug", antwortete die Verkäuferin fröhlich, indem sie schnell den strähnigen Schopf ordnete. „Aber nur, wenn ich eine Kopie erhalte."
„Aber gern."
„Dann schreibe ich auch gleich die Adresse auf. Kommen Sie wieder und besuchen Sie Vaulion, es ist sehr schön dort."
In einem Primärschulhof trainierten Kinder Fußballspielen. Die Lehrerin demonstrierte richtiges Dribbeln und Hakenschlagen und besprach, auf den Hocken sitzend, diese Techniken mit der Gruppe im roten Trikot, während der Lehrer mit der grünen Gruppe Elfmeterschießen übte.

In Villette verließ der Weg das Seeufer und stieg in die Weinberge hinauf, deren erfrischendes Grün eine köstliche Traubenernte versprach. Am Ufer zerschneidet das stählerne Band der Eisenbahngleise und oben am Berghang der Betonwurm der Simplonautobahn nach Brig die harmonische Eintracht von Weinbergen, Kellereien, Winzerdörfern und See. Der betonharte Weinbergweg verwandelte sich zusehends in einen scharfzahnigen Piranha, der gierig meine Energie auffraß. Meine Füße brannten, die Waden wurden steinhart, Krämpfe kündigten sich an. Lustlos quälte ich mich weiter, Proviant und Wasser waren verbraucht, ich musste dringend eine ordentliche Pause einlegen. Ich zögerte. Welchen Weg nehmen? Über Chexbres, ohne Pause, den vielleicht kürzeren Weg nach Jongny über die Höhe suchen oder nach Rivaz hinuntersteigen und mich verpflegen? Ich entschied mich für Letzteres, kehrte in der Auberge de Rivaz ein und ließ mich mit Minestrone und *délices florentines* verwöhnen, einer im Mund traumhaft schmelzenden Spezialität aus gratinierten Pfannkuchen mit Spinat- und Ricottafüllung an Safransauce. Die Pause erfrischte mich, und die Beschwerden klangen ab.

Über St-Saphorin stieg ich nun auf Jongny am Fuß des Mont Pélerin (1032 m) zu. Unterwegs beobachtete ich Winzer beim Anbinden von Rebschößlingen. Eine braungebrannte Frau aus

Aosta mit lustigem Hut erklärte mir ihre Arbeit und schwärmte begeistert vom schönen Aostatal: „Sie werden es mögen", versicherte sie mir.
Der Besuch des Klarissenklosters in Jongny bedeutete für mich eine neue, mit dem Nimbus des Geheimnisvollen umwobene Erfahrung. Seit dem Zweiten Vatikanischen Konzil haben sich die ehemals unzugänglichen Klöster allen Gläubigen geöffnet. In den meisten sind die Gitter, die eine Trennung von der Außenwelt symbolisierten, verschwunden. Viele Klöster bieten Gästezimmer für religiöse Sucher oder für Menschen an, die Abstand zum Alltagsleben gewinnen möchten. Erwartungsvoll und verlegen wie ein junger Freier beim ersten Stelldichein, betrat ich das am Berghang von einer waldähnlichen Parkanlage geschützte Gelände und klingelte an der Haustür. Da sich niemand meldete, trat ich ein und befand mich in der Küche, wo offensichtlich das Abendessen vorbereitet wurde. Eben setzte ich den Rucksack ab, als eine Frau mittleren Alters mit kurz geschnittenem Haar aus einem Nebenraum die Küche betrat, mich begrüßte und willkommen hieß. Sie fragte, von wo ich herkäme, bot mir Stuhl, Saft und Kekse an.
„Ich bin Schwester Marie-Nicolas und versehe den Empfangsdienst", stellte sie sich vor. „Sie haben einen anstrengenden Weg hinter sich. Ruhen Sie sich erst mal aus, dann zeige ich Ihnen Ihr Zimmer."
Ich war verdutzt und dachte zuerst, die Frau sei eine Küchenhilfe oder eine Novizin – eine Nonne stellte ich mir im schwarzen Ordenskleid vor, nicht aber mit offenem Haar, schlichtem Pullover und karierter Küchenschürze, ähnlich derjenigen, die ich nach Kriegsende als Kindergartenkind zu tragen pflegte. Schwester Marie-Nicolas bemerkte meine Überraschung und lächelte verschmitzt: „Sie hatten sich uns vielleicht anders vorgestellt. Sie müssen wissen, dieses ist das einzige Kloster im protestantischen Teil der Schweiz. Eine der Auflagen, die

wir beachten müssen, erfordert von uns, draußen nur Zivilkleidung zu tragen und kein Auffallen zu erregen."
Die waadtländische Künstlerin Yvonne Guyot, eine liberale Protestantin, errichtete 1940 das Haus und die Kapelle. Frau Guyot, eine Vorläuferin des Ökumenismus, öffnete die Kapelle allen Gläubigen. Sie wollte eine „spirituelle Reserve in einem Naturreservat" und etwas für den Frieden und den Schutz der Schweiz tun. Nach ihrem Tod ersuchte ihre Stiftung die Klarissinnen um die Beseelung dieses Ortes. Die Klarissinnen unterzeichneten mit der Stiftung einen jeweils nach zehn Jahren erneuerbaren Nutznießvertrag.

Schwester Marie-Nicolas teilte mir die Wohnung im Untergeschoss des Chalets für geistige Einkehr zu. Die frühlingsfrisch duftende Bettwäsche mit einem Motiv aus blaugemalten, palmenbestandenen Südseeinseln, und die Papierlampe mit Zuckerrohrdekor verliehen dem einfachen, holzgetäfelten Schlafraum einen Hauch von Exotik. An einer Tür klebte das lustige Schwarz-Weiß-Foto eines Babys, mit pausbackigem, kugelrundem Kopf und weißem Kragen und Schlips.

Dünner Nieselregen fisselte am nächsten Tag auf die Erde. Die morgendlichen Laudes und die Eucharistiefeier sowie die abendliche Komplet enthüllten mir die wahre Größe dieser äußerlich so bescheidenen Schwestern. Ihre Zahl war gering, nur sieben standen um den Altar. Sie beteten, sangen oder waren still, mit unvergleichlicher Intensität und Aufmerksamkeit. Die Kraft ihrer Versenkung war einzigartig, sie erfüllte nicht nur die kühle Kapelle, sondern weitete sich segnend auf die Umgebung aus. Die Entäußerung der Schwestern war vollkommen, sie hätten nicht bemerkt, wenn das Kapellendach eingestürzt wäre. Als einziger nichtmenschlicher Klang begleitete das stetige Tröpfeln der Quelle am Kapellenende die Zartheit der Hymnen. „Es ist unsere Orgel", sagten die Schwestern.

Schwester Marie-Nicolas bot mir spontan die Gelegenheit zu einem Gespräch mit Schwester Marie-Dominique an. Bei meiner Ankunft hatte sie mich nicht zu meiner Person befragt, deshalb stellte ich mich jetzt kurz vor und bat darum, einige Notizen nehmen und Fragen stellen zu dürfen. „Meine Familie hat eine religiöse Tradition", erzählte ich. „Zwei Tanten väterlicher- und mütterlicherseits sowie eine Kusine wirkten in verschiedenen Klostergemeinschaften. Ein Neffe fühlte sich schon als Junge zum Priesteramt berufen. Ich selbst träumte als Bub vom Missionarsberuf." Meiner Bitte um eine kurze Einführung in ihr Klosterleben kamen beide Schwestern gern nach.

„Das Leben der Klarissinnen ist ausgerichtet auf das Wort Gottes. Das Evangelium steht im Zentrum des täglichen Dienstes. Das kontemplative Gebet bewegt sich um die drei Schwerpunkte Evangelium, Armut und Fraternität – den Weg zu Gott nicht im Alleingang, sondern gemeinsam beschreiten." Wortgewandt erläuterte Schwester Marie-Dominique das Ziel der Schwestern am Beispiel eines Forschers. „Ein Chemiker, der, anstatt in seinem Laboratorium zu forschen, dauernd ins Kino geht, Ausflüge macht und sonst wie abgelenkt ist, wird kein Resultat vorzeigen können. Wir widmen uns ganz der Suche nach Gott – gemeinsam in unserer Gruppe. Das privilegierte Mittel ist die Armut. Uns gehört nichts. Das Haus gehört einer Stiftung. Wenn morgen das Gebäude einem anderen Zweck zugeführt wird, müssen wir woanders hin. Bei uns ist also Armut das wesentliche Element, bei den Benediktinern ist es die Lobpreisung Gottes, beim Karmel die Stille. Jede Gruppe, jedes Kloster setzt seinen besonderen Akzent. Wenn wir uns etwas sagen müssen, sagen wir das Notwendige kurz und mit leiser Stimme."

„Die Stille scheint auch bei Ihnen einen wichtigen Platz einzunehmen. Gott wirkt im Stillen, sagt man. Das heißt konkret: Wenn wir Ihn wirklich hören wollen, müssen wir uns in die Stille begeben. Habe ich das richtig verstanden?", fragte ich.

„Richtig. Vom Aufstehen bis 10:30 Uhr betet und meditiert jede von uns allein oder in einer kleinen Gruppe, in der Zelle, draußen in der Natur oder im Oratorium, oder man praktiziert *Lectio divina*, d. h. das langsame und meditierte Lesen der Heiligen Schrift. Diese Zeit wird um 8:00 Uhr vom gemeinsamen Dienst in der Kapelle unterbrochen. Von 10:30 Uhr bis Mittag gehen wir unseren materiellen Verpflichtungen in Kirche, Garten, Bibliothek, im Gästeempfang nach. Jede Schwester hat ihre Spezialität, aber Kochen oder der Empfang z. B. werden im Wochenwechsel eingeteilt. Um 12:00 Uhr gibt es Mittagessen, gefolgt von einem kurzen Halbtagesdienst. Bis zum Abenddienst um 18:00 Uhr üben wir unsere Tätigkeiten aus. Nach einem leichten Abendessen ist um 20:00 Uhr die Komplet oder Vigildienst am Vorabend eines Festes. Gegen 21:00 Uhr ist dann Freizeit innerhalb des Klosters. Wir haben keine vorgeschriebenen Schlafzeiten."

„Wie ist es mit der Ernährung? Gibt es hierzu Anweisungen? Leben Sie vegetarisch? Der heilige Franz respektierte jedes Lebewesen. Seine sprichwörtliche Aufmerksamkeit galt sogar dem Wurm, den er vom Weg entfernte, damit er nicht zertreten würde", fragte ich.

„Das muss man etwas differenzierter sehen", antwortete Schwester Marie-Dominique. „Der heilige Franz und seine Brüder lebten von den Spenden ihrer Mitmenschen. Gab man ihnen Reste von Fleisch, haben sie es sicher gegessen. Bei ihm und den Klarissinnen bedeutet das Prinzip Armut die Unsicherheit, in Abhängigkeit von den anderen sein. Diese Abhängigkeit bringt uns in Verbindung mit den anderen. Darauf kommt es dem heiligen Franz wesenhaft an. Bis zum Zweiten Vatikanischen Konzil hatten wir ganzjährige Fleischabstinenz. Wir dürfen jetzt ein wenig Fleisch essen, tun es aber nur selten, z. B. dann, wenn man es uns schenkt. Wir kaufen kaum welches ein."

Mit einer gewissen Nostalgie erzählte Schwester Marie-Dominique von ihrer Zeit im Kloster von Evian. In Frankreich gingen damals jeweils zwei Schwestern Spenden sammeln, und es entstanden viele schöne Beziehungen und Kontakte mit der Bevölkerung. In der Schweiz ist diese Tätigkeit verboten.

„Darf ich Sie fragen, ob Ihnen die Resultate moderner Meditationsforschung glaubwürdig erscheinen, die bei Meditierenden eine substantielle Verminderung von Krankheit und Medikamentenverbrauch nachweisen?", forschte ich weiter.

„Darüber kann es keinen Zweifel geben. Gebet und Meditation bedeuten ja auch das Loslassen von allem, was uns belastet, von Stress und Alltagssorgen. Damit ist man nicht mehr beschäftigt. Geist und Körper regenerieren sich. Für Herzkranke z. B. ist das sicher sehr hilfreich. Und wird man trotzdem krank, weiß man es gelassen zu akzeptieren."

„Manchmal ist auch Geduld erforderlich. Auch wir bringen unsere eigenen Probleme mit ins Kloster", gestand Schwester Marie-Nicolas freimütig. „Wir bringen von außen unsere Belastungen und Neurosen mit, ihre Ausheilung braucht Zeit. Wir bedauern insbesondere die Probleme der Jugend. Die jungen Leute werden ungenügend betreut und erhalten kaum Orientierungshilfe, wie sie ihr Leben besser gestalten und ihre Probleme selbst lösen können."

Unsere Zeit war fast um. Das Gespräch verlief flott und angeregt. Die Ausstrahlung der Schwestern beeindruckte mich, ihre Einfachheit und Wärme, ihr Wissen um die Realität der Welt „draußen", ihre Klarheit und Zielgerichtetheit. Schwester Marie-Dominique wünschte mir Erfolg in meinem „Kampf" für spirituellen Fortschritt. Diesem Ausdruck musste ich widersprechen. „Den militärischen Jargon habe ich abgelegt. Ich glaube nicht, dass die Suche nach Gott ein „Kampf" sein kann. Wenn Gott uns erschafft, dann ist er uns sehr nahe, dann müssen wir intim mit ihm sein. Wenn wir seine Gegenwart nicht bemerken, kann das nur mit uns zu tun haben, damit, dass wir nicht hinschauen, nicht in den Bereich der Stille gehen, wo er in uns wirkt. Das zu tun, ist an sich einfach. Es muss also leicht sein, von Kampf kann keine Rede sein."

Überrascht von dieser Logik antwortete Schwester Marie-Dominique nachdenklich: „Eigentlich haben Sie recht, es ist leicht und nicht schwierig." Ich bedankte mich für das offene Gespräch und verlängerte spontan meinen Aufenthalt um einen weiteren Tag.

Auch der nächste Tag war verregnet. Von meinem Zimmer aus beobachtete ich eine Weinbergschnecke, die gemächlich ihre schleimige Bahn über den Balkon zog. Wir haben einiges gemeinsam mit der Schnecke, sann ich. Sie trägt ihr Haus immer mit sich und zieht sich bei Bedarf darin zurück. So ist die Spiritualität unser ganz persönliches Haus, in das wir uns jederzeit zurückziehen können. Niemand kann es zertreten oder wegnehmen. Es ist unser sicherster, beständigster Besitz. Jeder Ziegelstein geistigen Fortschritts ist Kapitalanlage mit Ewigkeitswert, bringt Zins und Zinseszins und unterliegt keinen Börsenschwankungen.

Und ist Meditation nicht wie der Fühler der Schnecke, unsere Antenne, unser inneres Sonar, mit dem wir unseren Lebensweg täglich abtasten, erfühlen und unser Handeln für weltlichen und geistigen Erfolg neu ausrichten? Die Meditation ist die Sprache der Kommunikation mit Gott. Zur Nutzung des Computers lernen wir die Computersprache. Wenn Gott in der Stille spricht, müssen wir die Kommunikation mit der Sprache der Stille, der Meditation, beherrschen.

Die Schnecke lehrt uns auch die Wichtigkeit des Zeitelements. Sie nimmt sich Zeit. Wie jedes Wachstum in der Natur, brauchen religiöses Wachstum, spiritueller Fortschritt oder Bewusstseinsentwicklung Zeit, es ist ein Reife- oder Umwandlungsprozess. Man darf auch mal eine Pause machen. Ich bedankte mich bei Bruder Schnecke, wie der Hl. Franz von Assisi sie einst nannte, für die vermittelten Einsichten.

Leider verging die Zeit im Kloster nicht im Schneckentempo, ich musste wieder aufbrechen. „Schwester Marie-Dominique, ich möchte mich bei Ihnen und Ihren Mitschwestern für die

freundliche Aufnahme bedanken. Ich habe mich bei Ihnen wie zu Hause gefühlt. Wenn man aus der Hektik und Dynamik des beruflichen Alltags hierherkommt, ist der Bruch radikal und erfordert eine Zeit der Einstimmung. Aber das ging überraschend schnell. Es kam mir alles so natürlich und wohlbekannt vor", verabschiedete ich mich von den Klarissinnen.
Die Schwestern waren mir in der kurzen Zeit ans Herz gewachsen. Wie wohltuend unterschied sich ihr beschaulicher Alltag von dem Getöse der hastigen, flüchtigen Betriebsamkeit des sogenannten wirklichen Lebens, in dem die Menschen sich auf der Flucht vor sich selbst erschöpfen. Die Schwestern befassten sich nicht mit Nichtigkeiten, mit Promiskuität, Politikskandalen oder Gewinn- und Verlustrechnungen, das alles ist für ihre hohen Ansprüche reine Zeitvergeudung. Sie vertauschen irdisches Entertainment und flüchtigen weltlichen Gewinn mit den unvergänglichen Schätzen der Ewigkeit. Ihre Worte waren behutsam und weise, ihr Herz ohne Falsch, ihr Geist wach und aufmerksam, ihr Sinn unbeugsam auf das Wesentliche ausgerichtet. Ihr Verzicht auf weltliches Tun und Haben ist kein Verlust, sondern tausendfacher Gewinn inneren, unvergänglichen Reichtums, für sie selbst und für die Welt. Aus ihrem Seelengrund strahlten Fröhlichkeit, Gelassenheit und jene Wärme, in deren Nähe Kummer und Sorgen dahinschmelzen.
Das weiterhin trübselige Wetter vermochte meine Freude und mein inneres Glück nicht zu trüben. Beim Abschied half mir der Gemüselieferant, die Regenpelerine über den Rucksack zu stülpen, und bot mir an, mich bis nach Vevey mitzunehmen. Ich lehnte freundlich ab.
In Vevey erlebte ich einen Kulturschock. Drei Tage lang war ich auf eine feinere Ebene eingestimmt gewesen, jetzt umbrandeten mich wieder Verkehrslärm und hektisches Treiben, Auspuffgestank widerte mich an. Plakate mit metergroßen, aufgerollten rosa Kondomen und dem Werbespruch

„Die Taschenlebensversicherung – Stopp dem AIDS!" vergewaltigten mein Gefühl.

Die farbenprächtige, mit originellen Blumenkompositionen geschmückte Strandpromenade bot ein erfreuliches Bild. Am See entlang wanderte ich über die Kongressstadt Montreux, der Perle der Schweizer Riviera mit ihrem privilegierten Mikroklima, die sich zum Festival der visuellen Künste rüstete, bis zu dem auf einem Felsinselchen gelegenen Schloss Chillon. Die gefürchtete Festung bewachte einen ehemals strategischen Engpass zwischen Berg und See auf dem Weg nach Italien. Sie wurde berühmt durch Lord Byrons Gedicht „Der Gefangene von Chillon" und andere Erzählungen und ist ein beliebtes Ausflugsziel der Region.

Im benachbarten ruhigen Villeneuve stieg ich in einem am See gelegenen modernen Hotel ab. Die Empfangsdame empfing mich voller Sympathie und bedauerte den tropfnassen Mann, der um ein Zimmer nachsuchte. Einfühlsam sagte sie: „Ich freue mich, Ihnen das letzte Zimmer anbieten zu dürfen. Für Sie beträgt der Preis 160 statt 180 Franken. Kommen Sie, ich zeig es Ihnen."

Ein unerwartetes Geschenk:
eine Klosterschwester

Ich verließ Villeneuve mit seinem mittelalterlichen Ortskern in Richtung des Vogelreservats *Les Grangettes*. Nach den Wandertagen auf hartem Asphalt empfand ich das Begehen der samtweichen Waldwege als einen lustvollen Luxus. Im Naturschutzgebiet erquickten Laute mein Ohr, wie ich sie seit vielen Jahren nicht mehr gehört hatte: der schnelle Sprung von Fröschen vom Wegrand ins Wasser, wo sie hurtig mit kräftigen Schenkelbewegungen im Schlamm untertauchten, das Krächzen, Trällern, Zwitschern, Pinken und Schnattern von Hunderten von Vögeln und, wenn zwischendurch der Vogelgesang verstummte, das Knistern des Schilfes in den sachten Wellenbewegungen des Seewassers. Vor der geschützten Uferzone wirkte das dichtbegrünte Inseltüpfelchen der *Ile de Peilz* wie ein auf der riesigen Wasserfläche verlorener, klitzekleiner Pilz.

In dem weiten Zugvogelreservat schließen sich Bruchwälder, Schilfröhrichte, Seggenrieder, Weiher und Sümpfe zusammen. Ich erahnte plötzlich, wie strapaziös früher das Fußpilgern durch dieses Tal gewesen sein muss, wo die Rhône jahrtausendelang ungezähmt in Richtung Genfer See strömte und Unmengen Kies und Schlamm ablagerte und Moore, Weiher und das Rhônedelta mit seinen vielfältigen Lebensräumen entstehen ließ. Seit hundert Jahren zähmen Dämme und Deiche den wilden Lauf der Rhône, und die ehemalige Auenregion mit ihrer ursprünglichen Natur ist leider verschwunden.

Die meisten Menschen, denen ich auf meinem morgendlichen Gang begegnete, schienen Analphabeten zu sein, denn trotz eindeutiger Hinweise, dass diese Wege nur für Fußgänger seien, sausten sie mit ihren Mountainbikes herum oder ließen ihre Schäferhunde umherstreunen, obwohl sie an die Leine gehörten.

Ich verließ den Bruchwald beim Flecken Perrausa. Vor mir weitete sich eine fruchtbare Ebene aus, in der zahlreiche Gemüse- und Getreidesorten prächtig gediehen. Weiter südlich, in Richtung St-Maurice, wo sich die Talebene zur Schlucht verengt, wirkte das von finsteren Wolkenballungen belagerte Rhônetal wie der Schlund eines kolossalen Drachens, dessen Körpermassen sich unüberwindlich himmelwärts auftürmten.

Mein Atem und meine Beine stockten bei dem ebenso furchterregenden wie grandiosen Anblick der nun greifbar nahen Alpenbarriere, mit ihren links und rechts von mir dem Gotthardmassiv wie uneinnehmbare Trutzburgen vorgelagerten Gletschermassiven der *Les Diablerets* (3109 m), des *Grand Mûveran* (3051 m) und der *Dents du Midi* (3257 m).

„Werde ich Winzling je diesen Koloss überwinden können?", brandete in mir mächtig der Zweifel hoch, Unsicherheit umkreiste mich wie ein ausgehungerter Geier auf der Suche nach einem Opfer. Regungslos ließ ich das gewaltige Schauspiel der Bergkulisse auf mich wirken. Doch bald rührte sich eine noch größere Kraft in mir. Zermürbten eben noch Zaudern und Beklemmung mein Gemüt, durchströmte nun eine kraftvolle Welle der Glückseligkeit und der Zuversicht Körper und Geist und riss mich weiter.

In mir brachen Erinnerungen auf an Ferien mit meiner Familie in Leysin, oberhalb von Aigle, wo ich jetzt vorbeistapfte, insbesondere aber an meinen ersten Aufenthalt dort und die dramatischen Umstände, die zu diesem Urlaub geführt hatten. Ich hatte im Alter von 27 Jahren völlig ausgelaugt und erschöpft einen Arzt aufgesucht und war wegen beruflicher Überlastung psychisch und physisch am Ende. Der Arzt erkundigte sich nach meinem Arbeitsstil und Lebenswandel und verkündete bestimmt: „Sie treiben Raubbau mit Ihrer Gesundheit. Wenn Sie so weitermachen, werden Sie keine 30 Jahre alt. Sie müssen vernünftiger leben. Arbeiten Sie weniger, treiben Sie Sport, vermeiden Sie Kaffee, Tabak und Alko-

hol. Ihnen Medikamente und Urlaub zu verschreiben, ist nutzlos, wenn Sie sich nicht selbst helfen. Mehr, als Ihnen diesen Rat zu geben, kann ich nicht für Sie tun."
Die knallharte Wahrheit über das, was heute als *burn out* bezeichnet wird, und über meine gesundheitliche Eigenverantwortung rüttelten mich wach wie ein Erdbeben der Stärke 9 auf der Richterskala. Ein langwieriger Prozess des Umdenkens setzte ein. Er begann mit einer Erholungswoche in Leysin, danach lernte ich schwimmen und Tennis spielen. Etwas später heiratete ich und mein Leben bereicherte sich in den Folgejahren um zwei wunderbare weibliche Wesen. Langsam entwickelte sich meine Arbeitswut zurück, doch der innere Leistungsdruck hielt mich weiterhin unerbittlich an der Leine. Yogaübungen verschafften zwar eine gewisse Erleichterung, doch mehrere Jahre nach jener drastischen Warnung fühlte ich, so kann es nicht weitergehen, ich muss diesen seelischen Zwang auflösen – aber wie?

Ein Freund empfahl mir die Transzendentale Meditation. Ich war sehr skeptisch. Erst nach langem Zögern griff ich nach diesem Strohhalm – und entdeckte in ihm den goldenen Schlüssel zu mir selbst. Meditation um Meditation löste sich die innere Verspannung auf, wich der Stress aus meinem Leben, es war, als verließe ich einen Kerker voller Nebelschwaden und entdecke zum ersten Mal das Licht, die Weite und die Leichtigkeit des Lebens.

Indem er mich unerbittlich mit mir selbst konfrontierte, hatte der Arzt mich vor dem Herzinfarkt bewahrt und jenes Umdenken eingeleitet, das mich später auf den spirituellen Weg und somit auch auf diesen Pilgergang brachte. Klarer als je zuvor erkannte ich jetzt den inneren Zusammenhang dieser Entwicklungskette und dankte still dem Arzt und der göttlichen Vorsehung.

Über ein ruhiges Sträßchen am *Canal Stockalper* entlang erreichte ich Collombey. Ein Walliser Salzhändler namens G.-

J. Stockalper veranlasste in der Mitte des 17. Jahrhunderts den Bau dieses schmalen Wasserwegs, um die Transportkosten für sein Salz zu senken, denn der unkontrollierte Verlauf des Flusses erschwerte den Warentransport im Rhônetal und führte zur Überteuerung der beförderten Güter.

Im Gästehaus der seit 1647 in Collombey im ehemaligen Schloss Arbignon sesshaften Bernhardiner-Schwestern erhielt ich das Zimmer „Gloria" mit Blick auf die Gipfel der *Dent de Morcles* und des *Grand Mûveran*. Neben dem Betrieb des Gästehauses und der Betreuung von Gruppen stellen die Schwestern Hostien her und sticken religiöse Gewänder; die Spezialität des Hauses ist die *Etoile sonore,* eine Blindenbibliothek vermittels CD- und Kassettenverleih.

Die Schwestern bestimmen selbst ihre Priorin, der Bischof ratifiziert die Entscheidung. Die Bernhardinerinnen leben nach der Regel des heiligen Benedikt, sind also Zisterzienserinnen. In Empfangsschwester Camille begegnete ich einem warmherzigen, mütterlichen Wesen, ihr Gesicht und ihre Augen waren ein einziges Lachen. Sie wollte alles über meinen Pilgergang erfahren.

„Ich bin das Unternehmen sehr unwissend angegangen. Der Name Ihres Klosters *Monastère Notre-Dame de St Joseph* ließ mich irgendwie glauben, hier Mönche anzutreffen. Erst seit einigen Tagen weiß ich, dass es Schwestern sind", beichtete ich beschämt. Schmunzelnd gestand Schwester Camille: „Ja, ich fand es köstlich, Ihr Fax mit der Anrede ‚Ehrwürdiger Vater' zu erhalten. Ich habe wirklich gut gelacht." Damit war sie wieder weg zum Abendgebet.

Früh am nächsten Morgen unterbrach jäh der Klang von Trompeten und Trommeln meine Meditation. Eine Musikantengruppe spielte auf und lud die Einwohner mit religiösen Klängen zur Fronleichnamsprozession ein. Gegen 8:30 Uhr kam Schwester Marie-Bernard, um nach dem Rechten zu sehen; sie entschuldigte sich, nicht eher vorbeigeschaut zu haben.

„Wir haben noch gesungen", sagte sie einfach – zum Singen und für den Gottesdienst nehmen die Schwestern sich stets viel Zeit. Die Schwester lehnte es entschieden ab, meine Unterkunft und Verpflegung in Rechnung zu stellen, für so wenig könne sie nichts annehmen. Erst als ich meinte, das Leben sei ein Geben und Nehmen, und ich könne nicht nehmen, ohne zu geben, weil sonst dieses Fließen unterbrochen sei, akzeptierte sie meinen Geldschein.

Darüber betrat Schwester Camille den Gästeessraum und begrüßte mich mit einem festen Händedruck.

„Wie geht es dem Herrn Pilger?", fragte sie aufgeräumt. „Haben Sie gut geschlafen?"

„Ich habe Ihnen beim morgendlichen Lobgesang zugehört", antwortete ich, „zog es aber vor, nur zu lauschen und in die Schwingung Ihres Gesangs einzutauchen. Es war eine erhebende Erfahrung."

„Aha, Sie waren in den Laudes", meinte sie zufrieden. „Manchmal kommen kontemplativ veranlagte Leute her, hören nur zu und lassen sich vom Gesang tragen." Lächelnd fuhr sie fort: „Ich habe Ihnen einen Umschlag vorbereitet, mit einigen Informationen über uns und einer Tafel Schokolade für unterwegs. Kommen Sie bitte wieder, bringen Sie Ihre Frau mit und bleiben Sie einige Tage bei uns. Es würde uns freuen."

Unvermittelt fragte sie mich, ob ich Architekt sei. „Nein, meinen Beruf werden Sie kaum erraten", erwiderte ich geheimnisvoll.

Sie riet weiter: „Lehrer, Handwerksmann ..."

„Ich bin im Banksektor tätig."

„Dann haben Sie auch mit Gewissensfragen zu tun", erwiderte sie.

„Stimmt. Manchmal lehnen wir Geld oder ein Geschäft oder einen Kunden ab. Auch das gibt es im Bankwesen."

Schwester Camille wollte weitere Einzelheiten über meinen Pilgergang erfahren. Ob es nicht zu anstrengend sei, fragte sie.

„Es ist eine Sache der Organisation und des Ausgleichs. Ich vermeide, wenn möglich, Überanstrengung und Übermüdung, sie sind der inneren Sammlung abträglich. Wenn ich es recht sehe, funktioniere ich beim Gehen auf zwei Ebenen. Einerseits richte ich meine Aufmerksamkeit auf den Weg, wo ich meinen Fuß hinsetze, auf die Natur und die wunderschöne Landschaft, die mich umgibt. Die Erde ist so phantastisch schön – manchmal habe ich das Gefühl, im Paradies zu spazieren, und ich singe und schreie vor lauter Freude."

„Franz von Assisi nannte die Natur die Braut Gottes", nickte Schwester Camille zustimmend.

„Andererseits betrachte ich den Fluss meiner Gedanken und Eindrücke und notiere sie zwischendurch für ein Buch, das ich über diesen Pilgergang schreiben möchte."

Ich erzählte Schwester Camille, wie im Klarissenkloster das Beobachten einer Schnecke viele Gedanken bei mir ausgelöst hatte. Sie hörte aufmerksam zu, schloss manchmal die Augen. Dann antwortete sie mir:

„Der heilige Franz macht eine Aussage über die Schnecke. Er nannte sie Bruder Schnecke."

Schwester Camille bemerkte am Rucksack meinen Hinweis zum Pilgergang. „Wie reagieren die Leute darauf? Bitten Menschen Sie, für sie zu beten, in Rom, in Assisi?", fragte sie.

„Bislang nicht, aber ich war bis jetzt vorwiegend auf protestantischem Gebiet unterwegs. Vielleicht wird es in Italien anders sein."*

„Freunde von mir pilgerten nach Santiago de Compostela. Öfters baten Menschen sie, für sie zu beten. Versprechen Sie mir, für mich und Schwester Marie-Bernard" – jetzt legte sie liebevoll ihren Arm um die Schultern der etwas kleineren Schwester Marie-Bernard – „in Rom zu beten?"

---

*Die im 5. Kapitel ausgesprochene Bitte von Frau C. erfüllte ich drei Monate später – ich beging die schweizerische Strecke vor jener französischen Teilstrecke.

Ich versprach, diesen überraschenden Wunsch zu erfüllen, und erwähnte mein Zögern, den Pilgerhinweis am Rucksack anzubringen.

„Anfangs schien es mir ein wenig aufdringlich, doch dann sagte ich mir, es solle Freude bereiten. Die Pilger früher waren nicht nur ernst und betend. Sie lachten und hatten Spaß. Außerdem mag es andere Menschen zum eigenen Pilgergang inspirieren."

Schwester Camille pflichtete eifrig bei. „Vielleicht sagen sich einige Leute: Warum nicht auch ich? Es ist richtig, so wie Sie es machen."
Als ich bat, die beiden Schwestern fotografieren zu dürfen, sagte Schwester Camille: „Ja, gern", und fügte hinzu: „Das ist eine Art *compostelane*. Wissen Sie, was das ist?"
„Es hat wohl mit dem Jakobsweg zu tun", riet ich.
„Warten Sie einen Augenblick, ich bin gleich wieder da."
Damit verschwand die Schwester in einem Nebenraum. Nach einigen Augenblicken erschien sie wieder und überreichte mir freudestrahlend Fotokopien von Papieren und Zertifikaten auf ihren Namen.
„Sehen Sie, Pilger nach Santiago de Compostela sammeln auf einem Papier Stempel der Pfarren auf ihrem Weg, legen sie bei ihrer Ankunft am Ziel vor und erhalten daraufhin ein Zertifikat oder *Credencial de Peregrino*."
Sie zeigte das aufgedruckte mittelalterliche Pilgergebet und sagte: „Wenn Sie einverstanden sind, werden wir es zusammen beten."

Herr, auf Dein Geheiß verließ Abraham sein Land
Du hast ihn auf seinen Reisen beschützt und behütet
Gewähre Deinen Kindern den gleichen Schutz.
Unterstütze uns in den Gefahren und erleichtere unseren Gang.

Sei uns ein Schatten gegen die Sonne
Ein Mantel gegen Regen und Kälte.
Trage uns in unserer Müdigkeit
Und verteidige uns gegen jede Bedrohung.
Sei der Stock, der die Stürze verhindert
Und sei der Hafen, der die Schiffbrüchigen aufnimmt.
So geleitet von Dir,
werden wir sicher unser Ziel erreichen
und gesund nach Hause zurückkehren.

Der Moment war ergreifend in seiner Einfachheit. Ich empfand das Gebet als besonderen Segen, und so meinte es auch Schwester Camille. Als ich mich bei ihr bedankte, sagte sie: „Jetzt darf ich Bruder zu Ihnen sagen."
„Und ich darf Schwester zu Ihnen sagen", antwortete ich. Wir wahrten für einen Moment Stille, dann schüttelten wir uns warm die Hände.
„Jetzt nehme ich nach der Art des heiligen Franz Abschied von Ihnen", sagte ich und verbeugte mich tief vor ihr. Auch sie verneigte sich und wünschte mir noch einmal gute Reise. Dann schloss sich die Holztür und ich pilgerte beglückt in Richtung Saint-Maurice weiter.
Am Eingang zur befestigten Felsenge von Saint-Maurice befindet sich die eher kurze Feengrotte, die im Berginneren an einem kleinen, von einer 70 Meter hohen Kaskade gespeisten See endet – ein beeindruckendes Naturschauspiel. Die Römer verstanden die strategische Position der keltischen Siedlung als Türschloss am Eingang zum Rhônehochtal. Bei der Eroberung des Gebietes richteten sie dort eine Militärgarnison und einen Zollposten ein, an dem der „Vierzigste Galliens" von den durchreisenden Händlern erhoben wurde. Heute zwängen sich durch das schmale Nadelöhr die Rhône, zwei Straßen und die unterirdisch verlegte Autobahn; die Eisenbahn durchfährt die Bergflanke in einem Tunnel.

Eine der vielen römischen Legionen, die hier auf ihrem Weg nach Gallien und Germanien durchzogen, wurde berühmt: Ein Offizier mit Namen Mauritius lehnte es im 3. Jahrhundert ab, den Kaiser Maximian als Gott zu verehren. Er und 445 christliche Soldaten seiner Abteilung der Thebäischen Legion starben hier den Märtyrertod. Die Abtei von Saint-Maurice ist die älteste im ununterbrochenen Dienst stehende Abtei der katholischen Kirche; sie entwickelte sich zu einem wichtigen Heiligtum für Pilger von südlich und nördlich der Alpen. Der Stadtname *Saint-Maurice d'Agaune* vereinigt seit dem 9. Jahrhundert den ursprünglichen keltischen Namen Acauno mit dem Namen des Heiligen. Die Stadt wirbt mit ihren religiösen und historischen Schätzen, den Festungsanlagen, dem Schloss Dufour und mit einem Militärmuseum.

Im Kloster der *Chanoines Réguliers* empfing mich Prior Michel Borgeat – ein dynamischer Klostermanager, rational, schnell und dezidiert im Sprechen wie im Handeln: Er wäre sicher in jedem Managementposten in der Wirtschaft sehr erfolgreich gewesen. Während er mich mit energischen Schritten zu meinem Zimmer führte, begann er ein Kreuzverhör über das Woher, Wohin und Weshalb meines Pilgergangs und bot mir für den nächsten Morgen eine Mitfahrgelegenheit zur Prozession auf dem Pass des Großen Sankt Bernhard an. Ich lehnte höflich ab. Dann erkundigte er sich nach meinen Etappenunterkünften. Ich zeigte ihm meine Hotelliste und erklärte, ich hätte mich bis jetzt nicht festlegen wollen, weil ich als Bergunkundiger nicht wüsste, wie viel ich mir zutrauen könne, ob ich den Berg hinauf in zwei, drei oder mehr Tagen oder ob ich es überhaupt nicht schaffen würde.

Resolut nahm Chorherr Borgeat das Organisatorische in die Hand. „In Hotels zu schlafen, kommt gar nicht in Frage", entschied er so bestimmt, dass jeder Einspruch zwecklos war. „Sie übernachten bei uns. Wir haben in jedem Dorf eine Pfarre, und Sie werden dort schlafen. Was ist Ihre erste Etappe?"

„Nun, ich besuche morgen in Martigny das Kunstmuseum der Fondation Gianadda und steige am Nachmittag nach Sembrancher hoch – eine kurze Etappe zum Eingewöhnen."
„Gut, ich rufe sofort Pfarrer René Bruchez in Sembrancher an. Sie werden bei ihm wohnen, und er wird dann das Weitere veranlassen, bis Sie in Aosta angekommen sind."
So sprach er, und so geschah es. Ich hatte das Privileg, auf der alten Pilgerroute die mittelalterliche Tradition der *hospitalità* im Hochgebirge ganz für mich allein aufleben zu sehen, doch der besondere Wert dieser Gunst erschloss sich mir erst in den nächsten Tagen. Des Weiteren bot mir Chorherr Borgeat auch die Unterkunft in den Kapuzinerhäusern in Châtillon, Turin und Alessandria an.

Die Chorherren verpflichten sich nach der Regel des Hl. Augustinus, in Armut, Keuschheit und Gehorsam zu leben, und widmen sich dem Seelenheil der Menschen. Die meisten leben in der Klostergemeinschaft, einige betreuen Pfarreien der Umgegend oder lehren an der Klosterschule. Das Kloster hat besondere historische Verdienste, denn hier wurde im Jahre 515 zum ersten Mal im Westen die der Ostkirche entstammende Tradition der *Laus perennis** begonnen: Fünf Mönchschöre lösten sich Tag und Nacht ab zum ewigen Lobgesang Gottes, bis zum 9. Jahrhundert, als Chorherren die Mönche ersetzten. Es ist das Kloster mit der ältesten, seit jenen Tagen bis heute ununterbrochenen Gebetstradition Westeuropas.

Die Basilika enthält zur Straßenseite Farbfenster der Neuzeit, eine realistische Darstellung des Martyriums des Hl. Maurice und seiner Männer, das Blut der von Schwertern durchbohrten und verstümmelten, sich am Boden im Todesschmerz krümmenden Soldaten fließt in Strömen. In mir stieg Widerwille hoch und ich musste mich abwenden – die Glorifizierung des Leidens war mir zutiefst zuwider, diese Kunst wirkte auf mich abstoßend.

---

* ewiges Lob

Ich machte eine weitere unangenehme Erfahrung: In Fensternähe wirkte eine derart eigenartige, beklemmende Energie auf mich ein, dass ich ins Freie flüchtete. Dasselbe Phänomen stellte ich draußen entlang der Fenster auf dem Bürgersteig fest. Als ich ein anderes Mal den Ort erneut besuchte, packte mich dieselbe dumpfe Energie, es fühlte sich an, als überwältige mich ein unsichtbarer, finsterer, unheilschwangerer Rauch.

Ungeachtet dieser widrigen Eindrücke nahm ich am abendlichen Gottesdienst der Chorherren teil. Mein Empfinden war etwas anders als bei den Schwestern. Das Gebet und das Leben der Klarissinnen waren geprägt von kristallklarer Hinwendung auf das Wesentliche. Die Bernhardinerinnen beeindruckten mich mit ihrer liebevollen, herzlichen Hingabe und ihrem fröhlichen Umgang mit Menschen. Auch hier waren die meisten Ordensmänner voller Inbrunst beim Gottesdienst, einige aber wirkten zerstreut: Der eine blätterte in seinem Gebetbuch, andere schienen zu schlafen oder schauten um sich, verscheuchten eine Mücke oder waren sonst wie beschäftigt. Ich wertschätze sehr den Dienst dieser Brüder an der Gemeinschaft, doch dass ihre wichtigen Aufgaben in der Welt draußen die Qualität ihrer Versenkung beeinträchtigen, war nicht zu übersehen.

Als Pilger durfte ich nichts bezahlen, und so verließ ich am nächsten Tag die geschäftige Hauptstraße von Saint-Maurice und wandte mich dem Fluss zu, um an ihm entlang nach Martigny zu wandern. Als ich ein trockenes, aus Geröll und Gestein bestehendes, gähnend leeres Flussbett entdeckte, in dem ein armseliges Rinnsal gluckerte, war ich perplex: Wo war die Rhône? Ich stand vor einem Rätsel, das sich einige Kilometer flussaufwärts löste, wo eine Staumauer, Teil des Elektrizitätswerks von Lavey, den majestätischen Fluss in einen riesigen Bergtunnel zwängt.

In der Nähe der Flussumleitung klebte am Fenster eines roten Häuschens ein Papier mit dem tiefsinnigen Spruch:

„Wenn der Alkohol dich beim Arbeiten stört, schaffe die Arbeit ab." Trotz meiner inneren Gelassenheit empfand ich den von der Autobahn zu mir dringenden ununterbrochenen Verkehrslärm als Aggression. Ich überlistete ihn mit Singen, bis mir Schauer des Glücks den Rücken hinunterperlten. So erreichte ich das moderne Hotel *Forum* in Martigny, wo die Empfangsdame bedauerte, nur ein Doppelzimmer zum Preis von 180 Franken anbieten zu können. Unwillkürlich erinnerte ich mich an die Hotels in Villeneuve und Lausanne, die mir wenige Tage zuvor spontan einen Preisnachlass angeboten hatten. Ich kam nicht dazu, dieses Anliegen auszusprechen, es war, als lese die Dame meine Gedanken, denn sie erklärte schnell: „Es tut mir wirklich leid, aber ich kann Ihnen keinen Abschlag gewähren. Ich werde das Zimmer sicher noch heute Abend belegen können. Wir sind hier eine Drehscheibe und liegen an einer wichtigen Kreuzung."

Am Abend rief ich Pfarrer Bruchez in Sembrancher an. „Ich telefoniere auf Empfehlung von Chanoine Michel Borgeat aus Saint-Maurice."

„Aha, ich sehe, alles klar. Um wie viel Uhr sind Sie da?"

„So gegen 17:00 Uhr. Ich gehe erst am frühen Nachmittag von hier los, nach dem Besuch der Fondation Gianadda."

„Das ist perfekt. Dann können Sie mit uns um 17:30 Uhr das Abendessen teilen. Die Haushälterin wird Ihr Zimmer richten."

Ob mein Plan, in zwei Tagen ab Sembrancher zum Pass zu wandern, realistisch sei, erkundigte ich mich vorsichtshalber.

„Das ist leicht. Manche machen das an einem Tag ab Martigny. Und das Wetter wird sehr schön sein. Alles klar. Gehen Sie um vierzehn Uhr los."

Die Bemühungen von Kaiser Claudius I., England zu erobern, führten ein wenig vor dem Jahre 20 unserer Zeitrechnung zum Ausbau der Straße des Großen Sankt Bernhard als große kaiserliche Fernstraße und zur Gründung einer neuen

Hauptstadt dieser Region: dem Forum Augusti, dem heutigen Martigny. Das hohe Niveau des Kunstangebots in Form von Ausstellungen und Konzerten der Stiftung Pierre Gianadda lockt seit Jahren Millionen Besucher aus aller Welt in die mediterran wirkende Stadt. In dem modernen, um die Ruinen des ältesten gallorömischen Tempels der Schweiz erbauten Museum sind die wichtigsten archäologischen Fundstücke Martignys zu sehen. Das Automobilmuseum zeigt 50 Oldtimer der Jahre 1897 bis 1939. Im Außenbereich faszinieren das noch heute genutzte römische Amphitheater mit 5.000 Plätzen und der Skulpturenpark mit Werken so berühmter Meister wie Rodin, Moore, Miró, Brancusi, Chagall und vielen anderen.

Der Besuch des Museums war eine willkommene Abwechslung – doch nun galt es, mich der größten Herausforderung meines Pilgergangs zu stellen: der Überquerung der Alpenbarriere.

Gefahren und Begegnungen im Hochgebirge

Butterweiche Knie, Atemnot, Herzrasen und Scheitern spätestens ab 2.000 Höhenmetern waren die Erfahrungen meiner vergangenen bescheidenen Bergsteigversuche gewesen. Neidvoll dachte ich jetzt an jenen isländischen Pilger, der im Jahr 1154 notierte, der Weg von St. Maurice bis zum Pass erfordere zwei Tage, ich hingegen plante schüchterne vier Tage ein.
Der Aufstieg nach Sembrancher war leicht. Bereits nach wenigen Kilometern, an Aprikosenhainen und zahllosen Bienenstöcken vorbei, erinnerte das Café Bonaparte an die Durchreise von Napoléon Bonaparte im Mai des Jahres 1800. Sein Tross von über 40.000 Soldaten, Reitern und schwerem Kriegsgerät hinterließ bleibende Erinnerungen beidseitig des Großen Sankt Bernhard: Nicht nur wegen seiner Meisterleistung, die zum Sieg über die Österreicher in der Schlacht vom 14. Juni 1800 bei Marengo in Italien führte, sondern auch wegen der von ihm angeordneten Modernisierung der Passstraße und aufgrund der nie beglichenen Rechnungen – wer sollte den Menschen das verdenken?
Die freundliche Chefin der Gaststätte bestand darauf, mir im Hinterhof ihre Bernhardiner zu zeigen. Die berühmten Hunde werden erst im Juli aus dem Tal in den Zwinger am Pass gebracht, wo sie bis Saisonende eine erstrangige Touristenattraktion darstellen. Ein riesiger Bernhardiner zerrte und riss an seiner Kette und bellte mich furchterregend an: Das war nicht das lammsanfte Megakuscheltier, das ich mir vorgestellt hatte, und selbst die beruhigenden Worte der Chefin, ihre Hunde seien nur etwas groß, aber ansonsten harmlos, beeindruckten mich nicht.
„Dieser Hund hat in 14 Monaten sein derzeitiges Gewicht von 75 Kilo erreicht, er frisst 3 kg pro Tag", erläuterte die Frau und belustigte sich über meinen respektvollen Abstand.
„Sie können von Glück reden, dass Sie zu Fuß über den Pass

kommen. Für den Verkehr ist er noch geschlossen, es gab viel Schnee im Januar", verabschiedete sie mich.

In Sembrancher grüßte ich einen altersgebeugten Mann, der sich gerade auf seiner Bank vor der Haustür bequem niederließ: „Es tut gut draußen in der warmen Sonne, nicht wahr?" – „Oh, dieses Jahr wärmt die Sonne nicht. Es ist noch immer viel zu kühl. Und von wo kommen Sie her?" Ich klärte ihn auf und fragte nach der Pfarre. „Dort, direkt hinter der Kirche", zeigte er mit seinem Stock. Ich klingelte an dem alten Haus aus dem 17. Jahrhundert, als hinter mir eine Stimme rief: „Sie sind also der Pilger!"
Chorherr René Bruchez verließ eben die Sakristei und begrüßte mich herzlich. Er mochte Ende fünfzig sein, war von mittelgroßer Statur, mit Glatze und lebhaftem Blick. Über seine Schultern fiel ein weites weißes Leinensakko mit aufgenähter Brusttasche, um den Hals hing eine schwarze Schnur mit einfachem Holzkreuz.

Vorab wollte mein Gastgeber mir mein Zimmer zeigen: „Kommen Sie, wir müssen nur einen Stock höher, dann können Sie sich ausruhen." Wir stiegen eine Treppe hoch, an einer Toilette mit Lavabo vorbei zu einem langen Flur, an dessen Ende sich mein Zimmer befand.

„*Oh, que voilà*", rief der Pfarrer plötzlich aus, „eine tote Maus"; er zeigte auf einen Mauskadaver auf dem Holzflur. Beim Hinschauen entdeckte ich zwei weitere tote Mäuse unterhalb einer Fensterbank, nahe an einem mit weißem Pulver eingestreuten Mauerloch. „Oh, noch mehr Mäuse, und sie sind tot, alle drei!", rief Pfarrer Bruchez vergnügt aus. Ein paar Schritte weiter, gegenüber meiner Zimmertür, fanden wir eine vierte Maus: In der Todesstarre stand sie fast unmerklich zitternd auf ihren Pfötchen, ihre Augen schauten traurig-glasig in die Ewigkeit. Die Zufriedenheit von Pfarrer Bruchez steigerte sich, triumphierend rief er: „Ich hoffe, Sie werden in der Nacht in Ruhe gelassen."

„Es tut mir leid, die Ursache dieses Massakers zu sein, das war nicht nötig", antwortete ich traurig.

„Aber sie bewegt sich nicht, die Maus", sagte der Priester, „ich werde sie beim Schwanz nehmen." Ungerührt von meinen Worten, ergriff er das im Koma befindliche Mäuschen, kehrte es mit den drei toten auf eine Schippe und brachte die Leichen zum Abfallkübel. Während ich mich im Zimmer einrichtete, brachte Pfarrer Bruchez weiteres Gift und streute es in den angrenzenden Zimmern an den Wänden entlang.

Mein geräumiges Zimmer war urig, nicht nur durch das Kastenbett mit spreugefüllter Decke und Matratze, die Altersduft verströmten, oder durch den Nachttisch mit weißglasiertem Nachttopf, sondern insbesondere durch den von Zeit und Gebrauch geschwärzten, mit einer Blume und der Jahreszahl „1843" verzierten Steinofen.

Vor dem Abendessen zeigte mir der Pfarrer sein Dorf, das eine lange Geschichte hat, datiert doch die erste dem Hl. Pankratius gewidmete Kirche auf das Jahr 1177 zurück. Vom Kirchenneubau des Jahres 1286 blieben der Kirchturm und die Grabkapelle erhalten, die heutige Kirche entstand im Jahr 1686. Mein Gastgeber kannte in seiner Pfarre die Geschichte jedes Hauses, jeden Steins, jeder Person. Er war stolz auf seine Gemeinde.

„Habe ich keine gute Pfarrei?", fragte er mich nach dem gut besuchten und von eifrigem Gebet getragenen Gottesdienst, in dem alle Teilnehmer die heilige Kommunion empfingen. Beim Abendessen zu dritt – die Haushälterin speiste mit am Tisch –, sprach der Pfarrer ein kurzes Gebet: „Herr, segne unseren Pilger und segne diese Nahrung", und bekreuzigte unser einfach-köstliches Mahl: eine *Quiche,* grüner Salat, Nudeln mit Kartoffeln, Orangensaft, heißes Wasser und Kaffee.

Chorherr Bruchez erkundigte sich nach meinem weiteren Weg, dann fegte er die von mir angesprochene Hotelübernachtung in Liddes energisch vom Tisch: „Das kommt nicht in Frage, Sie gehen in kein Hotel. Ich spreche sofort mit meinem Kollegen in Bourg-St-Pierre, er wird Sie morgen beherbergen. Das wird nur eine kurze Etappe sein, und von da sind es ebenfalls nur noch wenige Kilometer bis zum Pass." Ob es denn keine etwa 35 km mehr bis zum Pass seien, fragte ich mich, wagte es aber nicht, meinem dezidierten Gastgeber zu widersprechen. Chorherr Bruchez ergriff das Telefon, und im Nu war meine morgige Etappe organisiert.

Der Chorherr schickte mich früh ins Bett, denn der morgen zu bewältigende Höhenunterschied würde sehr anstrengend sein: Ich musste über 28 Kilometer von 717 Metern in Sembrancher auf 1.650 Meter in Bourg-St-Pierre aufsteigen. Das Kastenbett mit dem weißen, großzügig bestickten Überwurf zeigte jene tückische Seite, die ich schon früher auf dem Bauernhof erlebt hatte: Es war zu kurz und zwang mich, mit angezogenen Knien quer zu liegen. Zudem enthielt es eine unbequeme Mulde, in die ich immer wieder hineinrutschte.

Nach dem Frühstück segnete mich Pfarrer Bruchez, und ich stapfte in meinen zweiten Hochgebirgstag. Mein ständiger Begleiter war die von der Schneeschmelze mächtig angeschwollene Dranse d'Entremont, die weiß-grün gischtend und tosend talwärts der Rhône entgegenstürzte.

Den Aufstieg nach Orsières schaffte ich in morgendlicher Frische, der Höhenunterschied bedeutete noch keine große Schwierigkeit. Ehemals bedeckte ein großer Wald dieses Tal, das Gemeindewappen mit dem Bärenmotiv zeugt noch heute von den damals dort lebenden Bären. Die Kirchenfarbfenster von Paul Monnier (1907-1982) sind sehenswert. Unübersehbar sind in dieser Gegend die Devotionalien zum seligen Maurice Tornay, einem in Orsières geborenen Chorherrn, der von 1936 bis 1949 in Tibet missionierte und dort den Märtyrertod erlitt – und sich damit seinen Kinderwunsch, ein Heiliger zu werden, erfüllte.

Ab Orsières stieg die Straße steil an. Tiefes Selbstvertrauen beflügelte meine Schritte, doch das Gehen auf dem Asphalt erschöpfte mich zusehends und ich versuchte, ohne detaillierte Wanderkarte, die kurvenreiche Straße über einen Wiesenweg abzukürzen, eine Verlockung, die mich geradewegs in eine Sackgasse führte: Plötzlich stand ich vor der tiefen Schlucht des Torrent de Pont Sec und musste umkehren. Viele Schritte umsonst, wo ich gerade heute jeden unnützen Schritt vermeiden müsste, ärgerte ich mich über mich selbst. Am Flecken Rive Haute waren meine Waden so hart wie der Asphalt, Krämpfe kündigten sich an, und ich erkundigte mich nach einem Wanderweg, um die Straße zu vermeiden. „Gehen Sie diesen Feldweg hinunter bis zum Bach, in den Wald hinein und dann immer auf dem Weg weiter. Leider haben die Schmelzwasser die Brücke über den Torrent d'Aron weggerissen. Sie müssen sich dort mit Brettern aushelfen", riet mir ein Anwohner, der gerade das Grillgerät in seinem Garten herrichtete. Das klang zwar nicht sehr ermutigend, trotzdem verließ ich die Straße. Der Weg zum Bach hinunter durch die blühende Almwiese, wo bunte Schmetterlinge und fleißige Bienen sich wonnetrunken tummelten, schraubte meinen Energiepegel wieder hoch, und so gelangte ich fröhlich singend zum Sturzbach mit den Überresten der weggeschwemmten Brücke – und blieb erschrocken stehen.

Der Brückenrest bestand aus an zwei Baumstämmen festgenagelten nass-morschen und geborstenen Latten, die über die erste schmale Hälfte des Baches zu einer Steinzunge in der Bachmitte führten. Von dort bis zum gegenüberliegenden Ufer, über eine breitere, wild tosende Strömung, war der primitive Übergang weggerissen. Eine lange, lose Planke lag auf meiner Uferseite, es galt also, diese auf den schwankenden Brettern bis zur Steinzunge in der Mitte zu schaffen und sie von dort über den Wildbach bis zur gegenüberliegenden Böschung zu schieben und als Steg zu benutzen.

Das sah recht gefährlich aus. Ich zauderte eine geraume Weile und wollte zuerst umkehren, entschied mich aber doch für das Vertrauen in die Vorsehung. Vorab testete ich vorsichtig wankend die unsicheren Latten ohne Rucksack. Als das gelang, trug ich zuerst die lose Latte und dann den Rucksack bis zur Steinzunge. Ermutigt ob dieses Teilerfolges, suchte ich nun auf beiden Seiten der Strömung eine geeignete Stelle zur sicheren Auflage des vor mir hergeschobenen Brettes und schubste es bedachtsam hinüber. Nach einigen Versuchen klappte das Manöver. Mit rasend pochendem Herzen erreichte ich über die glitschige Planke das jenseitige Ufer. Erleichtert führte ich eine fröhlichen Freudentanz auf, schulterte wieder den Rucksack und wanderte dankbar weiter.

Kurze Zeit später stand ich vor einem weiteren, unüberwindlich scheinenden Hindernis. In einer Sackgasse stürzte rechts vor mir die Dranse d'Entremont als mächtiger Wasserfall mehrere Meter hohe Felsen hinunter, links und direkt vor mir endete der Weg an einem Steilhang aus weichem, von der Schneeschmelze abgelagerten Boden und Geröll. Ich misstraute diesem Untergrund, denn ich wusste aus Erfahrung, wie verräterisch er sein kann, aber der Weg endete eindeutig hier. „Wie komme ich da hoch?", grübelte ich.

Da ich keine andere Möglichkeit sah, begann ich nach einigem Zögern, vorsichtig auf Händen und Füßen gebeugt, den Hang hinaufzuklettern. Als ich fast oben war, trudelte der Boden mit mir weg. Ich ließ mich sofort auf den Bauch fallen, krallte Finger und Hände in den modrig-feuchten Untergrund, presste Kopf und Körper dagegen und grub Knie und Fußspitzen so tief wie möglich ein, doch ich rutschte langsam, aber unaufhaltsam mit der Gerölllawine dem donnernden Sturzbach zu, derweil aus meiner Provianttüte Äpfel und Orangen bereits in die Strudel kullerten und weggerissen wurden. In endlos langen Sekunden erkannte ich die Gefahr, in der ich mich befand: Die unbändige Strömung unterhalb des Wasserfalles würde mich talwärts reißen, mit möglicherweise schlimmen Folgen. Wenige Zentimeter über den wirbelnden Wassermassen kam die Untergrundlawine zum Stillstand. Ich robbte behutsam seitwärts bis zum Weg hinauf, atmete erlöst auf, mein Herz pochte rasend und ich badete in kaltem Schweiß.

Nach einer Verschnaufpause ging ich ein Stück Weg zurück und entdeckte jetzt eine überhöhte Markierung an einem Baum: Der Weg verlief zwischen den Fichten die Böschung hinauf. Ich hatte nun endgültig die Nase voll von der Suche nach kürzeren und angenehmeren Wanderwegen und stieg auf einer kleinen Straße nach Liddes empor. Das bescheidene Dorf birgt im abgelegenen Hochtal der *Combe de l'A* einen Naturschatz mit einer besonders artenreichen Flora und Fauna. Meine Abenteuer hatten mich viel Zeit, Kraft und Aufregung gekostet, jetzt wollte ich nur noch eines: mich nicht vom Berg unterkriegen lassen und Bourg-St-Pierre erreichen. Stoisch ignorierte ich Müdigkeit, Hunger, rebellierende Waden und wachsende Atemnot und kämpfte mich verbissen Schritt um Schritt meinem Ziel entgegen.

Die Natur belohnte meine Ausdauer mit immer reizvolleren Ausblicken auf die mächtige Bergkulisse der Drei- bis Viertausender, insbesondere auf den 3.900 Meter hohen *Aiguille d'Argentière* und den fast ebenso hohen *Tour Noir,* mitsamt ihren weiten, meinem Blick verborgenen Gletschergebieten. Auf üppigen, farbenfrohen Almen weidete eine vielköpfige Herde von weiß-braun gescheckten Kühen, von solargespeisten Elektrozäunen bewacht; aus den Seitentälern sprudelten Sturzbäche und verzierten die blumenreichen Wiesen mit einem in der Sonne erfrischend glitzernden, weißschaumigen Band von hurtigen Wassern, die spielerisch gurgelnd und gluckernd zur Dranse d'Entremont am Talgrund hinunterpurzelten. Weiter oben, in Passrichtung, rückten kalte Schneezungen immer näher.

Am späten Nachmittag erreichte ich völlig erschöpft, aber zufrieden die Pfarre von Bourg-St-Pierre, wo mich Chorherr Alphonse Berthousoz aufs Wärmste empfing. „Kommen Sie in die Küche, legen Sie den Rucksack ab, Sie müssen sich stärken. Ich bereite uns *la tasse* zu. Sie mögen doch *la tasse*? Das ist jetzt das Wichtigste für Sie."
Ich wusste nicht, wovon er redete, war aber mit allem einverstanden. Hauptsache, ich habe einen Stuhl und es gibt etwas Stärkendes zu trinken, dachte ich und beobachtete meinen Gastgeber, der gesprächig eine Rotweinflasche in eine Pfanne leerte, sie auf den Herd stellte und den Wein mit Gewürzen zum Sieden brachte.
„Hier oben hat *la tasse* Tradition", fuhr der Pfarrer fort. „Ich hoffe, Sie mögen meinen Wein. Meine Haushälterin ist leider auf Urlaub in Paris, deshalb bin ich Selbstversorger. Darf ich Ihnen zum Abendessen eine lokale Wurstspezialität anbieten, mit Kartoffeln und Salat? Diese Wurst ist heuer etwas zäh. Obwohl ich sie länger als sonst kochte, war sie zum Mittagessen noch recht ledern. Wenn ich sie noch einmal koche, wird sie sicher essbar", meinte er zuversichtlich. Er schien schon richtig Hunger zu haben.
Inzwischen reichte mir mein Gastgeber eine große Schale mit dampfendem Rotwein, nickte mir aufmunternd zu und sagte: „Trinken Sie, Sie brauchen diese Stärkung." Gern schlürfte ich das belebende Getränk, ließ mir aber Zeit – mein Gastgeber indes goss sich bereits die zweite Tasse ein und schwärmte von dem gesunden Wein von Sitten.
„Den Wein nennt man hier den Oktobertee. Heute Morgen war ich oben am Berg, auf über 3.000 Meter, um den Schnee zu erkunden. Ich fahre gern Ski, nichts ist schöner als das ...", erzählte mir der Pfarrer aus seinem Leben im Hochgebirge, das er kaum je verlassen hatte. Er goss mir eine zweite Schale voll und war selbst schon bei seiner dritten angelangt.

Vielleicht ist mein Besuch ein willkommener Vorwand für ihn, dachte ich etwas belustigt, als ich eine gewisse farbliche Ähnlichkeit zwischen dem Tasseninhalt und seiner Nase festzustellen glaubte. Sofort schämte ich mich dieses Gedankens und verscheuchte ihn. Wortreich führte mich der Chorherr zu meinem Zimmer im Nachbargebäude, dem modernisierten ehemaligen Hospiz, wo Pilger, Reisende und Kranke aufgenommen und verpflegt wurden. Heute logieren dort Jugendgruppen aus dem In- und Ausland.
Ebenso wie Pfarrer Bruchez war Chorherr Berthousoz eine faszinierende Persönlichkeit. Er war 74 Jahre alt, doch die eher schmächtige Person strotzte vor körperlicher Kraft und geistiger Frische. Mehrere Male im Jahr beteiligte er sich an Ski- und Fußballturnieren. Anders jedoch als sein Kollege in Sembrancher trug er einen schwarzen Talar mit einer endlosen Reihe von Knöpfen. Um den Hals und über die linke Hüfte hob sich kontrastreich die weiße Schnur, äußeres Zeichen der Chorherren, ab. Auf seinem Kopf saß eine schwarze Baskenmütze, sein Blick war gutmütig. Er war Bergpfarrer mit Leib und Seele, hatte lange Jahre am Passhospiz gedient und konnte sich keine andere Berufung vorstellen. „Niemand kennt die Gegend hier und ihre Geschichte besser als ich", sagte er und ich spürte, dass das stimmte.
Ein Rundgang durch das Dorf führte mich zum römischen Meilenstein aus der Zeit um 310 v. Chr., zur Kirche mit dem ältesten Kirchturm des Wallis (11. Jh. im romanischen Stil) und zu einer Medaille, die Napoleon zu Pferd zeigte. Die französische Regierung schenkte sie der Gemeinde als symbolische Tilgung für die von Napoleon Bonaparte hinterlassenen Schulden.
Mit einem einladenden Schnalzen trug Chorherr Berthousoz das deftige Abendessen auf, allein die Wurst war zäh geblieben wie ein alter Riemen, wie mein Gastgeber betrübt feststellte. Er erzählte mir von der Härte des Lebens im Hochge-

birge ebenso wie von seinen schönen Seiten, seiner Seelengemeinde, von der Geschichte der traditionellen Gastfreundschaft. Er begann eine Diskussion über das Leiden der Menschen und wollte dazu meine Einstellung hören.

„Gott ist Freude und Glückseligkeit; wir wissen das von jenen Menschen, die über ihre Gotteserfahrung berichten. Nur ihre Referenz zählt. Die Aussagen derer, die die Existenz Gottes verneinen, sind irrelevant, denn sie kennen jene Realität nicht. Gott als unser Schöpfer wirkt in uns, allerdings müssen wir uns dessen bewusst sein, sonst schauen wir an dieser inneren Wirklichkeit vorbei. Durch die Naturgesetze erschafft er die ganze Schöpfung in ihrer unermesslichen Vielfalt und Perfektion. Leid und Leiden sind die Folge der Verletzung von Naturgesetzen, und in einem gewissen Sinn Indikatoren unserer Nähe oder Entfernung zu Gott. Je weniger wir uns unseres göttlichen Urgrunds bewusst sind, umso mehr riskieren wir, den Naturgesetzen zuwiderzuhandeln, umso mehr laufen wir Gefahr, zu leiden. Je bewusster wir aus diesem schöpferischen Urgrund leben, umso mehr werden wir seiner Freude teilhaftig."

Chorherr Berthousoz nickte mir ermunternd zu, weiterzureden.

„Leiden ist immer ein Aufruf, unseren Lebenswandel in Frage zu stellen, eine Aufforderung zur Kurskorrektur zu Gott, dem Schöpfer hin. Die Bibel sagt, ihr erntet, was ihr sät. Das ist ein Naturgesetz. Indem wir uns diese Sichtweise aneignen, übernehmen wir Eigenverantwortung für alle Ereignisse in unserem Leben, welcher Art auch immer sie sein mögen. Ich brauchte Jahre, um diese Einstellung zu beherzigen, heute ist sie tief in mir verwurzelt. Diese Selbstverantwortung entschärft das Leiden, vermittelt uns ein tieferes Verständnis darüber und führt uns zu einem anderen Umgang damit. Das Leben entwickelt sich weg von Fehlverhalten, hin zu einem Leben im Einklang mit den Naturgesetzen, und dadurch entziehen wir dem Leiden seinen Nährboden."

Mein Gastgeber hatte mir weiterhin aufmerksam zugehört, jetzt forderte er mich zustimmend auf: „Wenn Sie Ihr Buch schreiben, müssen Sie das Ihren Lesern sagen."
Früh am nächsten Morgen machte ich mich reisebereit. Der liebenswerte Chorherr ließ sich bereitwillig vor seiner Kirche fotografieren, den Blick selig auf seine Berge gerichtet.
„Ich liebe es, die Berge zu schauen", sagte er. „Grüßen Sie meine Brüder dort oben, Michel, und beten Sie für uns auf Ihrem Pilgerweg." Dann segnete er mich, begutachtete fachmännisch meine Ausrüstung, Rucksack, Schuhe und Regenschutz, und gab mir einige Ratschläge: „Bis zum *Hospitalet* dürfen Sie auf dem Weg gehen, dann müssen Sie auf die Straße. Auf keinen Fall begehen Sie Schneefelder, die sind jetzt weich und brüchig, Sie begäben sich in Lebensgefahr. Gehen Sie immer schön langsam, aber gleichmäßig, das führt Sie zum Ziel. Und essen Sie leicht, aber öfter."
Inzwischen gesellte sich Frau B. Ziegler vom Tourismusbüro zu uns, mein Gastgeber hatte sie über meine Ankunft unterrichtet. Ich bedankte mich bei Frau Ziegler, meinem Schutzengel auf Distanz, hatte sie mich doch wenige Tage vor meiner Abreise nach Pontarlier noch spätabends angerufen und mich auf die verspätete Passfreigabe hingewiesen: „Kommen Sie nicht vor frühestens Mitte Juni, vorher ist der Pass wegen dem Schnee gesperrt." Jetzt umsorgte sie mich und bot mir an, meinen Rucksack zum Pass zu fahren, was ich ablehnte: „Es ist nicht so, dass ich leiden möchte, aber eigentlich spüre ich ihn nicht mehr." Die braungebrannte, elegante und fröhliche Frau fuhr mich zum nächsten Laden, wo ich etwas Proviant, neue Filme und einen zusammenschiebbaren Wanderstock kaufte.
„Ich sehe Sie morgen am Pass und zeige Ihnen dort alles", verabschiedete sie mich. Ich stiefelte los zur dritten, relativ kurzen, aber wegen des zu bewältigenden Höhenunterschieds und der Höhe doch sehr anstrengenden Hochgebirgsetappe.

Ich wanderte am Lac des Toules und auf der historischen römischen Strecke am Bourg-St-Bernard vorbei, wo sich auf 1927 Metern Höhe der Autotunnel in die Bergflanke bohrt. Unter azurblauem Himmel erreichte ich die eis- und schneebedeckten Felshänge der berüchtigten *Combe de la Mort**. Hier starben in tausend Jahren Hunderte von Menschen durch Sturm, Lawinen und Steinschlag – eine auch heute noch furchterregende Passage, müsste man sie auf den alten Saumwegen begehen. Kurz bevor Pfarrer Berthousoz anrief, um sich meiner Ankunft zu vergewissern, erreichte ich das Passhospiz. Am Abendtisch langte ich bei Suppe, Käsekruste auf Schinken und Brot sowie Rhabarberkuchen tüchtig zu.

Ruhetag – ein herrliches Gefühl, meinen Geburtstag auf dem höchstgelegenen Pass Europas feiern und entspannen zu dürfen, mit der immensen Befriedigung, die schwierigste Herausforderung meines Pilgergangs gemeistert zu haben. Beim Chorherrn Berthousoz hatte ich große Einschlafprobleme gehabt, und nervöses Herzklopfen hatte erneut die Zweifel angestachelt, ob ich den Höhenunterschied bewältigen würde. Nun war all das überstanden. Von den bevorstehenden Schwierigkeiten des Abstiegs ahnte ich nichts. Liebenswürdig führte mich Frau Ziegler durch einen besonderen Kulturschatz am Pass: die aus dem Jahre 1685 datierende Kirche. Die Schönheit des stilreinen piemontesischen Barocks, der Fresken, Skulpturen und Gemälde verzückten mich. Unter der Kirche befindet sich die in eine Kapelle umgewandelte Krypta mit schönem Gewölbe. Des Weiteren besuchte ich Ausstellungen über die Hospizgeschichte und über Gebirgsprozessionen. Erdrückend wirkten die haushohen Schneewände links und rechts der Straße und die gewaltigen Schneemassen, die den Zugang zur italienischen Passseite versperrten. Hier fallen jähr-

---
* Tal des Todes

lich 10 bis 20 Meter Schnee, es weht meistens ein heftiger Wind. Die Rekordgeschwindigkeit wurde 1980 mit 268 km/h gemessen, die Jahresdurchschnittstemperatur beträgt minus 1 Grad. Die Römer bauten den *Summus Poeninus* zur wichtigsten Nord-Süd-Achse der westlichen Alpen aus und errichteten hier oben einen Tempel, wo Reisende und Soldaten Opfer brachten, um die Gunst der Götter zu gewinnen. Dem Niedergang des Römischen Reiches folgten unsichere Zeiten für den Pass, bis der Erzdiakon von Aosta um 1050 das Hospiz erbaute und Ordensmännern des Ordens des Hl. Augustinus die Aufgabe übertrug, selbst unter Einsatz ihres Lebens für die Reisenden zu sorgen. „Hier wird Christus angebetet und Ihm gedient", lautete ihr Wahlspruch. Neun Jahrhunderte blieben die Chorherren ihrer Mission treu.

Beim Mittagessen erzählte mir ein Besucher seine Leidensgeschichte: „Meine erste Freundin verlor ich im Gebirge. Sie stürzte unter meinem Blick hinunter, es war schrecklich. Von meiner Frau bin ich geschieden. Meine zweite Freundin kam letztes Jahr auf einem Fährschiff ums Leben. Seit Weihnachten habe ich eine dritte Freundin. Hoffentlich geht es diesmal gut." Der Mann hatte ein langes Martyrium hinter sich, er redete unermüdlich von seinem physischen Handicap, von anderen Schwierigkeiten und von einem Selbstmordversuch, über dessen Misslingen er sich jetzt freute. Plötzlich unterbrach er sich: „Hier und an ähnlichen Orten lernt man immer so interessante Leute kennen. Manchmal begegnet man Menschen, die wie Sie gut zuhören können. Das hilft mir sehr bei meinen Problemen."

Das Abendessen aus Suppe, Omelette und Salat teilte ich mit drei Damen mittleren Alters, die eine Dreitageseinkehr für Konfirmanden vorbereiteten. Sie wussten schon, dass ich Pilger nach Rom war – so etwas spricht sich schnell herum –, sie befragten mich über meinen Pilgergang und baten mich um drei Themenanregungen für die Einkehr mit ihren

Jugendlichen. Einer solchen Aufgabenstellung war ich noch nie begegnet, ich machte aber sofort Vorschläge. Nach einer längeren Diskussion stand ihr Themenkreis fest: der Wert der Stille, die Wichtigkeit einer sinnvollen Lebensvision, Eigenverantwortlichkeit üben nach dem Motto „Wir ernten, was wir säen!". In dem Gespräch erwähnte ich, dass ich schon längst den Zufall abgeschafft hätte, der die Verantwortung für unser Leben anderen überlässt. „Es freut mich, das zu hören. Ich denke auch so", pflichtete die ältere Dame mir bei. „Entweder suche ich, wo ich etwas falsch gemacht habe, oder ich frage mich, was ich daraus lernen soll. Es macht Spaß, so zu leben." Mir machte es Spaß, zum ersten Mal ein Jugendeinkehrprogramm mitzugestalten.

Versuchung am Weg

Das Hospiz steht lawinengeschützt an der höchsten Stelle der wallisischen Passseite. Von dort führte mich die Straße am tiefgefrorenen See vorbei zur italienischen Grenzstation, wo sie sich abrupt talwärts senkte. Kurze Zeit später musste ich über die Schneemassen einer Lawine klettern, die den Eingang eines Straßentunnels verschüttet hatten und nur einen knappen Zugang zum Tunnel gewährten. Weiter unten sah ich die riesigen, von den unermesslichen Schneemengen angerichteten Schäden. Hier waren streckenweise die Leitplanken weggerissen, dort hatte ein Bergrutsch die Straße begraben oder war sie teilweise mitsamt Stützmauer abgerutscht. Arbeitstrupps sammelten die verbogenen oder gebrochenen Leitplanken ein, LKWs fuhren Geröll zu einer Halde an der Talsohle, derweil Kameramänner des italienischen Fernsehens die Arbeiten filmten und wohl darüber im Abendmagazin berichteten. Auf einer Gesteinsterrasse beobachtete ich mit dem Fernglas Murmeltiere, die sich zwischen den Felsen trollten, mit gehobenem Kopf witterten und Warnpfiffe ausstießen.
Je tiefer ich stieg, umso niedriger wurden die Schneemauern, die weißen Zungen wichen den immer breiter werdenden braunen Bodenzungen. Nach etwa einer Stunde hatte ich die Schneefelder durchquert. Ich betrat ein Paradies unendlich schöpferischer Blumenpracht, wo Schneerose, Stengelloser Enzian, Mehlprimel, Schwefelgelbe Anemone, Echtes Alpenglöckchen und viele andere Blumen und Kräuter sich unschuldig ihres Seins im Glanz der zaghaft wärmenden Sonne erfreuten. Während ich mein Filmmaterial an den in glühenden Farben leuchtenden Blumen verbrauchte, protestierten zusehends meine Knie und Waden gegen das ungewohnte Bergabgehen und den schweren Rucksack, der meine Gelenke nun besonders belastete.
Der 1964 eröffnete Tunnel des Großen Sankt Bernhard tritt auf 1875 Metern wieder ans Tageslicht. Anschließend durch-

schneidet der grauhässliche überdachte Betonwurm den Berghang talabwärts bis nach St-Rhémy. Im stillen Wald oberhalb des Dorfes meditierte ich auf dem hier schon trockenen, warmen Boden. Die jungen Fichtennadeln leuchteten in zartem, frischem Grün und sprossen begierig dem Sonnenlicht entgegen, die meisten Baumstämme wiesen die vom langen Druck der Schneemassen charakteristische Krümmung auf. Der Duft von Harz, Holz und Blumen schmeichelte meiner Nase.

Im Gästehaus von St-Oyen, dem ehemaligen, im Jahre 1137 den Chorherren geschenkten *Castellum Verdunense*, zeigte mir Chorherr René Giroud die geschmackvoll restaurierte Einrichtung. Hier finden Seminare und Einkehrtage mit Teilnehmern aus Italien und der Schweiz statt. Die Erläuterungen rundeten das vom Chorherrn Berthousoz erhaltene Verständnis über den Hospizbetrieb beiderseits des Passes ab. Das mittelalterliche Schloss wurde zur selben Zeit wie das Passhopiz errichtet und im 16. Jahrhundert ausgebaut. Es war nicht nur eine Etappe für die Reisenden vom oder zum Pass, sondern insbesondere ein Versorgungszentrum für die Kette von Hospizen diesseits und jenseits des Passes.

Die kostenlose Unterkunft, Betreuung und Verpflegung der Reisenden sowie der Bau und der Unterhalt der Gebäude verlangten eine solide Infrastruktur in Form von Besitztümern, die die dazu notwendigen Einkommen und Ressourcen abwarfen. Die Hospize waren angewiesen, alle Reisenden jeden Landes aufzunehmen, ob arm oder reich, und bis zu drei Tage oder länger, wenn nötig, so zuvorkommend wie möglich zu behandeln, ohne irgendeinen Lohn und ohne Nachfrage über Reiseziel oder -zweck. Die Kranken wurden verpflegt und die Chorherren sorgten dafür, dass den Pilgern bei Gefahr geholfen wurde. Zu diesem Zweck suchte täglich ein Chorherr diesseits und einer jenseits des Passes die gefährlichsten Wegstrecken ab. Sie versorgten die Reisenden mit Brot, Käse und Wein und anderem Notwendigsten und geleiteten sie zum Hospiz.

Man nannte diese Führer *maronniers,* sie waren die Vorläufer der modernen Bergführer. Im Todesfall mussten sie die Toten bestatten. Die Hospiztore blieben den ganzen Tag über geöffnet, und niemand wurde ausgeschlossen.

Im Laufe der Jahrhunderte war der religiöse und kirchliche Verkehr beträchtlich, die Wellen der Pilger nach Rom wogten ununterbrochen hin und zurück. Im Jubiläumsjahr 1345 verzeichnete die Stadt der Päpste mehr als 100.000 Besucher. Im Mittelalter kannten die zahlreichen Pilger, die von Frankreich, den heutigen Beneluxländern, Deutschland und England zur Ewigen Stadt pilgerten, fast nur diese Strecke.

In der Hauptkapelle des Hospizes von St-Oyen verzierten zwei vier Meter lange Backschießen die Wände; sie erinnern an den riesigen Backofen, der sich im Anwesen befand. Hier wurde das Brot für die beidseitig des Berges gelegenen Hospize gebacken. Es konnte für mehrere Monate auf Vorrat gebacken werden und wurde auf Mauleseln oder Pferden zum Pass transportiert. Damals war das Brot anders als heute, es war kompakt und hart, zum Essen musste es getunkt werden. Es war mehrere Monate in den Hospizkellern lagerfähig, doch durften die Brotlaibe sich auf den Regalen nicht berühren, um Schimmelbildung zu vermeiden. Im Anwesen befand sich auch eine Getreidemühle, leider wurde sie vor einigen Jahren zum Bau einer Straße abgerissen. Rund um das Empfangshaus befanden sich andere alte Gebäude, Teil jener komplexen Versorgungslogistik, und warteten auf ihre Renovierung. Wie mit dem Brot verfuhren unsere Vorfahren auch mit Käse und Trockenfleisch, deren Herstellung große Mengen Salz erforderte. Auch der Wein der ordenseigenen Weinberge wurde zum Hospiz und zu den anderen Unterkünften gebracht. Es braucht nicht viel Fantasie, um sich vorzustellen, dass die Karawanenbegleiter davon kosteten, es war ja leicht, Wasser nachzufüllen. Deshalb erfolgte in der Regel der Transport von Messwein nur unter dem wachsamen Auge eines Chorherrn.

Ein besonders schwieriges Problem war die Wäsche. An einigen Tagen mussten hier bis zu 2.000 Stück Leinen gewaschen, getrocknet und zum Hospiz gebracht werden. In Villeneuve besaßen die Chorherren ein Gut, wo jene gedrungenen Pferde gezüchtet wurden, die sich am besten für den harten Transport im Hochgebirge eigneten. Mit der Reformation verloren die Chorherren diesen Besitz. Es fällt heute schwer, sich die komplexe Infrastruktur vorzustellen, die das Aufrechterhalten dieser Hospize auf den 2.000 Kilometer oder noch längeren Pilgerstrecken erforderte. Sie waren die Vorläufer der modernen Hotelketten. Noch am Ende des 19. Jahrhunderts empfing das Passhospiz bis zu 600 Personen am Tag, zusätzlich waren natürlich auch das Personal vor Ort, die Krankenstation und die Chorherren mit Raum und Unterhalt zu versorgen.

Chorherr Paul Bruchez, ein Vetter des Pfarrers von Sembrancher, organisierte telefonisch die morgige Übernachtung im Internat des *Institut Agricole Régional** in Aosta. Am nächsten Morgen empfahl er mir einen Wanderweg in Hanglage, der ab dem Ort *Les Dessous Blancs* einen künstlich zur Bewässerung der weiter unten im Tal gelegenen Weinberge angelegten Wasserlauf erreicht. Das Wasser wird bei Echevonnaz etwa 30 Meter hochgepumpt, der künstliche Bach erinnert an die von den Mauren auf der Insel Madeira angelegten *Levadas*. Es war ein herrlicher Spaziergang durch Wiesen, Wald und Weinreben.

Bei Arpuilles stieg ich einen teilweise sehr steilen Steinweg in glühender Hitze nach Aosta hinunter. Wiederholt erzwangen schmerzhafte Krämpfe eine Pause, ich ölte und massierte meine Waden und Füße und quälte mich sogar seit- und rückwärts hangabwärts. In Aosta empfing mich Chorherr Duvernay in der Landwirtschaftsschule und zeigte mir mein Zimmer.

---

* Regionales Landwirtschaftliches Institut

Dusche, Fußbad, Ölmassage, Ausruhen – welche Wohltat für meine erschöpften Beine, Knie und Füße. Als ich zum Abendessen ging, stieß ich im Lift auf Chorherrn Duvernay in Shorts, T-Shirt und Laufschuhen. „Heute Abend ist Verwaltungsratssitzung, da gibt es manchmal Stress. Es ist günstig, wenn ich vorher etwas Jogging mache, dann geht alles leichter", erklärte er mir, als er meinen verdutzten Blick sah, und lief los.

Im Essensraum wartete ich auf Chorherrn Raphael Duchoud, dem ich gestern in St-Oyen begegnet war. Er hatte den schwarzen Talar mit der weißen Schnur getragen, jetzt staunte ich, ihn in T-Shirt, kurzer Hose, soliden Wanderschuhen und mit einem kleinen Rucksack zu sehen. Erfreut reichte ich ihm die Hand, doch er gewährte mir nur den kleinen Finger: „Tut mir leid, aber ich fürchte, meine Hand hat etwas Kuhdung abgekriegt", lachte er. „Ich wasche schnell meine Hände, bin sofort wieder da."

Minuten später sprach er das Tischgebet und segnete die Speisen: Bratkartoffeln, Kalbskotelett, Tomatensalat, Käseteller und Aprikosendessert. Er plauderte aus seinem Leben: „Ich bin hier im Institut Französischlehrer und Erzieher für unsere Studenten. Ich werde mit allen Schwierigkeiten konfrontiert, die 14- bis 16-jährige Jungen und Mädchen haben. Immerhin verbringen die meisten drei Jahre ihrer Jugendzeit bei uns hier im Internat. Das geht nicht ohne Probleme. Manche kommen vom Bauernhof und integrieren sich nur schwer in die Gemeinschaft. Heute besuchte ich einen meiner Schüler auf seinem Elternhof. Dabei helfe ich auch mal beim Melken, mit der Hand. Solche Besuche mache ich regelmäßig während der Ferienzeit. Wir haben einen guten Kontakt zu unseren Schülern und ihrem Elternhaus."

Der Chorherr erzählte mir die bewegte Geschichte des Aostatals im Einflussbereich größerer Mächte, insbesondere des französischen Hauses der Savoie. Noch heute sind alle Platz-, Straßen- und Gebäudenamen französisch. Mussolinis Verbot dieser Sprache drängte ihren Einfluss stark zurück, doch bemühen sich die Chorherren, das Interesse dafür wiederzuerwecken. Wie alle seine Kollegen vorher, wollte auch Chorherr Duchoud von mir kein Geld annehmen, erst mein Prinzip des Gebens und Nehmens vermochte ihn umzustimmen. In Aosta, der Hauptstadt der autonomen Region Aostatal, endeten die Alpenüberquerung und meine Pilgeretappe von Pontarlier durch die Westschweiz. Die Stadt liegt 583 Meter ü.d.M. auf einer fruchtbaren Talsohle und wird von über 4000 Meter hohen Gipfeln überragt. Der Ort wurde im Jahre 25 v. Chr. von den Römern als Militärstation gegründet. Beeindruckende Baudenkmäler und Tore stammen aus jener Zeit. Sehenswert sind die Kathedrale aus dem 11. Jh. und die ehemalige Collegiata dei Santi Pietro e Orso mit Campanile aus dem 12. Jahrhundert.

Ein Jahr später brachte mich der Nachtzug über Mailand und Chivasso zurück zur nächsten Teilstrecke Aosta – Piacenza. Es herrschte herrliches warmes Wetter und ich genoss den Ausblick vom Zug über die Po-Ebene der Lombardei und ihre endlosen Reis- und Maisfelder. Vereinzelt standen Störche in den überschwemmten Reisfeldern und täuschten Verschlafenheit vor, bevor sie blitzschnell mit ihrem langen Schnabel einen unvorsichtigen Frosch schnappten.
Ich verließ den Bahnhof von Aosta und pilgerte ostwärts durch das Tal, in dem die *Dora Baltea*, der Eisenbahnstrang, eine Erdölleitung, die moderne Autobahn und die alte *Strada Statale* Nr. 26 verlaufen. Über Villefranche und Nus erreichte ich das am Nordhang des Massivs Gran Paradiso liegende Fénis, in dessen märchenhaftem Schloss ich den galerienumgürteten Innenhof mit einem den Sieg des Hl. Georg über den Drachen darstellenden Fresko, Malereien und Stilmöbel des 14. Jahrhunderts bewunderte. In Barche stehen viele alte, ver-

lassene und zerfallende Bauernhäuser mit ihrer typischen Überdachung aus Holz und großen Steinplatten. Über Chambave und Breil erreichte ich Châtillon am Fuß des abrupt abfallenden Monte Blan (1.535 m). Ich war extrem müde, meine Füße waren geschwollen und voller Blasen. Doch die *Morchetta*, eine Spezialität aus getrockneten Rindfleischtranchen, garniert mit Scheiben des lokalen Käses und Steinpilzen und übergossen mit Kräuterolivenöl, sowie mit Schinken gefüllte und mit Käse überbackene valdostanische Pfannkuchen weckten meine Lebensgeister erneut. Broschüren warben im Hotelzimmer für das nach eigenen Worten höchstgelegene Spielkasino der Welt im nahen St. Vincent – aber das interessierte mich müden Pilger nicht.

Der Talabschnitt zwischen St. Vincent und Montjovet verengte sich zusehends. In der zerklüfteten, wilden Landschaft überwacht das *Castello San Gernano* zahlreiche Tunnel, durch die sich Eisenbahn und Autobahn nach Süden winden. Bei Berriaz verließ ich die Nationalstraße, überquerte den Fluss und wanderte am rechten Ufer der Dora Baltea auf einem friedlichen Sträßchen über kleine Flecken wie Fleuran, Issogne und Echallod nach Bard, wo eine furchterregende Festung auf einem riesigen Felsen die Talenge behütet. Unterwegs begegnete ich zwei Burschen mit ihrer Mutter bei der Heuwende, von Hand, mit Rechen – so hatte ich das auch vor über vierzig Jahren gemacht. Wie in dieser Gegend üblich, grüßten die Menschen mich mit einem freundlichen „*Salve*". Als die zwei Jungen in ihr kleines Auto stiegen, erblickten sie mein Rucksacketikett mit der Aufschrift *Pellegrinaggio Lussemburgo – Assisi – Roma*. Der jüngere Bursche rief mir auf Französisch zu: „Sie kommen aus Luxemburg? Das ist hart, sehr hart. Haben Sie genug zu trinken?" Ich bejahte und winkte den Davonfahrenden lachend zu.

In Donnas begeisterte mich der Anblick der ersten Palmen. Autofahrer grüßten mich im Vorbeifahren, winkten oder zeigten den Daumen nach oben. Solcherart moralisch unterstützt, erreichte ich schnell mein Quartier im Hotel *Ponte Romano* in Pont-St-Martin. Es liegt direkt neben der historischen römischen Brücke, die mit einer Spannweite von über 46 Metern und einer Höhe von 31 Metern die tiefe Schlucht des Torrente Lys überbrückt. Sie wurde im Jahre 25 vor Chr. erbaut. In dem einfachen Hotel erlebte ich eine kulinarische Überraschung: weißer, in große dünne Scheiben geschnittener Aostaspeck, mit Honig beträufelt und mit Walnüssen dekoriert – eine auf den ersten Blick eher ausgefallene, aber leckere Kombination.

Wie schon in Aosta musste ich am nächsten Tag kilometerlang – an zahllosen tristen Autowerkstätten und Gewerbebetrieben vorbei – auf der trostlosen Nationalstraße 26 laufen. Der einzige Lichtblick war ein Radfahrer, der mich ansprach und über meinen Pilgergang ausquetschte und mir vom schönen Aostatal vorschwärmte. Das Wetter war bedeckt, aber schwül, bald kochten meine Füße und mir fehlte der Antrieb. Ich träumte von schattigen, graswachsenen, samtweichen Waldwegen – ich hasste die harten, grauen Straßenbeläge und Betonbürgersteige. Auch ein Mittagessen in Borgofranco änderte nichts an meiner schlechten Laune, ich war richtig angeschlagen. Im weiteren Wegverlauf wurde das Gehen immer schwieriger, meine Füße opponierten immer heftiger – humpelnd und ausgelaugt erreichte ich am Nachmittag Ivrea. Ich schleppte mich durch die alten Straßen der Stadt, die ich kaum wahrnahm. Nur ein Wunsch beseelte mich: hinein ins erste Hotel, das ich erblicke, egal wie gut oder schlecht es ist, eine Dusche, Fußpflege, ausruhen. Ich stieg im modernen Hotel *La Serra* ab, ohne zu ahnen, dass dort eine wichtige Wende in meinem Informationsstand eintreten würde.

Meine Füße waren geschwollen und die großen Zehen waren steif. Unter jedem Zeh und den Fußballen quollen schmerzhafte Blasen. Ich erfrischte mich und ruhte mich aus, dann hinkte ich zum Fremdenverkehrsbüro. Ich erklärte der jungen Dame mein Pilgerprojekt und bat um Auskunft über den weiteren Wegverlauf: „Ich möchte den mittelalterlichen Weg nach Rom gehen, habe aber keine Anhaltspunkte, ob die von mir ausgedachte Route die richtige ist."

Leider wusste die Dame keinen Rat. Verlegen überreichte sie mir eine Wegekarte der Region des Gran Paradiso, wo ich wandern könne. Damit war mir nicht geholfen. In einer Buchhandlung durchsuchte die Verkäuferin geduldig und hilfsbereit mit mir ihren gesamten Kartenbestand und fand die Straßenkarte der Provinz Vercelli. Die enthielt zwar das aktuelle Straßennetz, gab aber keine Auskunft über den historischen Pilgerwegverlauf. Entmutigt klingelte ich bei einigen Fußpflegekabinetten, aber niemand hatte Zeit, mich heute oder morgen zu behandeln.

Zum Abendessen munterte ich mich im lockeren Familienambiente der *Trattoria Monferra* auf. Drei Mauretanier hatten Schwierigkeiten mit der Speisekarte, sie sprachen kein Wort Italienisch. Prompt führte der zur Hilfe gerufene Chef die Gäste in die Küche und zeigte ihnen dort seine Auswahl an Fleisch und Fisch. Das Problem war schnell gelöst, und die fremden Gäste waren, wie ich, sehr zufrieden.

Zu meiner Erleichterung bewirkte die am Vorabend gekaufte Creme Wunder, denn am nächsten Morgen konnte ich die Zehen wieder bewegen. Die Füße waren aber noch so geschwollen, dass sie nicht mehr in die Wanderschuhe passten. Ich zwängte meine Füße in die Joggingschuhe, die zwar leichter waren, aber weniger Halt gaben. Auch entschied ich mich, den Rucksack abzuspecken. Ich sortierte jedes überflüssige Gramm aus, schob Papiere und Karten in ein großes Kuvert, das ich der Empfangsdame mit der Bitte gab, es für mich zur Post zu bringen. Inzwischen übernahm der Chef die Rezeption und fragte nach meiner Herkunft.

„Aus Luxemburg? Bravo! Applaus. Und wohin gehen Sie?"

Ich erklärte ihm mein Vorhaben. Der Mann hörte mir mit wachsendem Interesse zu, dann rief er begeistert aus: „Aber dann müssen Sie doch die *Via Francigena* kennen!" Ich schaute ihn verdutzt an, der Name war mir unbekannt. „Warten Sie einen Moment ...", er verschwand in seinem Büro, kam Sekunden später freudestrahlend mit einer Broschüre über die alte Pilgerstraße zurück und stellte sich vor: „Ich bin Mitarbeiter einer Projektgruppe zur Wiederherstellung der Via Francigena, der alten Frankenstraße, von Canterbury nach Rom."
„Dann begehe ich also als Erster einen Weg, sozusagen bevor er existiert", antwortete ich lachend.

Ich erklärte nun meine Absicht, ebendiesen historischen Weg zu finden, und meine bisher ergebnislose Suche nach konkreten Hinweisen dazu. Die Broschüre beinhaltete genaue Beschreibungen, anhand derer wir meine Planstrecke überprüften. Ivrea, Vercelli via Santhia, dann über Robbio, Mortara und Garlasco nach Pavia, und von dort über Castel San Giovanni nach Piacenza: genau meine vorgesehene Route! Ich war begeistert. Endlich hielt ich den Schlüssel zur alten mittelalterlichen Straße nach Rom in der Hand. Damit war die Planung für den Rest des Pilgergangs wesentlich erleichtert. Entzückt bedankte und verabschiedete ich mich und wanderte beflügelt weiter, vergaß Sorgen und Leid der vorhergehenden Tage, sang und dankte Gott, der genau dann hilft, wenn es am wichtigsten und angezeigtesten ist. Es gibt keinen Grund, sich irgendwelche Sorgen zu machen, wenn man sich *Dem* hingibt, der sowieso alle unsere Schritte leitet, ob wir das als eine Realität ansehen oder nicht. Aber das Leben wird unendlich reicher und freudvoller, wenn wir diesen Aspekt der Wirklichkeit sehen und akzeptieren, anstatt ihn zu ignorieren.

Ich war glücklich und zufrieden in mir selbst, und so sinnierend strebte ich am Fuß der größten Moräne Europas, der *La Serra*, vorbei, dem Städtchen Piverone zu, als mich ein unerwartetes Bild aus meinen Gedanken riss: Im Schatten einer

hohen Baumgruppe saß eine Frau auf einem Ölfass und schaute mir zu, wie ich gedankenverloren an ihr vorbeitrottete. Wie angewurzelt blieb ich stehen, starrte sie an, so wie sie mich anstarrte, jeder ungläubig ob des Anderen Erscheinung. Hatte ich eine Halluzination, hier in den Weiten des Piemonts, auf der Landstraße zwischen Ivrea und Piverone?
Ich fasste mich, ging auf die Erscheinung zu und fragte auf Französisch: „Was tun Sie hier?"
„Sprichst du Englisch?", fragte sie in dieser Sprache zurück.
„Wer bist du?"
„Ich bin Luxemburger."
„Was tust du mit dem Rucksack?"
„Ich pilgere von Luxemburg nach Rom. Und wer bist du?"
Als Antwort lachte sie nur und zeigte ihre blendend weißen Zähne, ihre Augen blitzten feurig. Die Frau hatte eine aufreizende Figur, mein Herz schlug schneller, ich witterte Gefahr.
„Ich komme aus Ghana", sagte die Schöne. Ihr glühender Blick und jeder Quadratmillimeter ihrer glänzenden, schwarzsamtenen Haut waren pure Versuchung. Roter Lippenstift betonte den verführerischen Mund, ihre Stimme klang weich und warm.
„Was tust du da, mitten zwischen Nirgendwo?", wiederholte ich. Wortlos glitt sie katzenhaft vom Fass, ein herausforderndes Lächeln bewegte ihre Lippen und zerfloss in einer einladenden Armbewegung, ich spürte den Sog lodernder Flammen der Sinnlichkeit. War dies Wirklichkeit oder eine Illusion?
Worte wie „Wohin gehst du?" drangen in mein Ohr, dann räkelte sich ihr Körper, als beginne er einen betörenden Tanz in freier Natur. Eng umhüllte der kurze Rock mit blau-roten großen Blumenmustern das vollkommen geformte Geschöpf. Die Bluse war weit offen, ein Kranz von weißen Rüschen begrenzte zaghaft den Einblick in den prallen Busen. Zahllose Zöpfe, kunstvoll geflochten, endeten in einem

Pferdeschwanz voll erotischer Ausstrahlung. Für dieses Wesen von perfekter Schönheit hätte selbst Adam seine Eva im Paradies verlassen.
„Nach Vercelli", beantwortete ich ihre Frage.
„Und ich will nach Santhia."
„Das ist auf meinem Weg. Komm doch mit mir. Zu zweit geht es sich angenehmer", sagte meine Stimme.
„Nein, nein, ich gehe nicht zu Fuß, nur per Auto."
„Du hast doch hübsche Beine, die tragen dich gern hin", antwortete ich. Mit ihren hohen Stöckelschuhen würde sie nicht weit laufen, funkte nüchtern mein Verstand. Sie kann unmöglich in diesen Schuhen hierhergekommen sein. Jemand muss sie abgesetzt haben.
„Darf ich ein Foto von dir machen?", fragte ich nun verlegen.
Wie vom Blitz getroffen erstarrte das Wesen.
„*What?*", klang es entgeistert in mein Ohr.
Es war, als zerrisse ein Donnerschlag den betörenden Sinnesschleier, brutal war der Zauber verflogen, gegenüber standen sich zwei Menschen, wie sie kaum unterschiedlicher hätten sein können.
„*What?*", wiederholte die Frau. Sie schüttelte sich und wirkte plötzlich verwirrt und unsicher.
„Schau, ich mache Dias über meinen Pilgergang, von Städten, Landschaften und Menschen, denen ich begegne", erklärte ich hölzern.
„Nein, du darfst kein Foto machen. *Go! Go!*", schrie die Dame jetzt. Sie wich zurück und hob abwehrend die Hände, erregt kaute sie ihren Kaugummi.
„Bitte, reg dich nicht auf", redete ich besänftigend auf sie ein.
„Ohne dein Einverständnis fotografiere ich selbstverständlich nicht. Es gibt keinen Grund zur Aufregung."
Meine Worte nützten nichts. Verängstigt und gespannt suchte die Frau Schutz hinter dem Ölfass, hilfesuchend tasteten ihre Augen die Straße in beide Richtungen ab.

„Es tut mir leid, ich wollte dich nicht erschrecken. Ich glaube, ich gehe jetzt besser. *Good luck*", damit schulterte ich meinen Rucksack, winkte ihr mit einer kleinen Handbewegung zu und stapfte weiter.

Ein Auto fuhr mir entgegen, verlangsamte am Ort der Begegnung seine Fahrt, hielt an, eine Autotür schlug zu. Als ich mich umdrehte war die schwarze Erscheinung verschwunden. Ob sie wohl illegal in Italien ist? „Weshalb sonst könnte sie so ausgerastet sein?", fragte ich mich, und wünschte ihr alles Gute. Ich war wieder allein in meiner Pilgerwelt. Nach wenigen Minuten erschien mir die Begebenheit fern und unwirklich, wie ein kurzes, amüsantes Intermezzo auf der Theaterbühne des Lebens. In Piverone gönnte ich mir eine Eispause, bevor ich den *Lago di Viverone* in Richtung Santhia umwanderte.

Gastfreundschaft im Reiskessel Italiens

Ohrenbetäubender Lärm zerriss den Äther an der Kartinganlage *Le Sirene* kurz vor Cavaglià, wo ich zu übernachten gedachte. Ich schaute mir den modernen Sportbetrieb an, bevorzuge allerdings einen melodischeren Sirenengesang. Im Ort war kein Zimmer aufzutreiben, weder gab es ein Hotel noch private Vermieter.

„Von hier bis nach Santhia gibt es kein Hotel", wurde mir mehrfach bestätigt. Ich war erschöpft, schloss aber ein Zurückgehen nach Viverone aus. Ich nahm es in Kauf, weitere acht Kilometer nach Santhia zu marschieren oder draußen in der freien Natur zu übernachten – eine nicht sehr verlockende Alternative wegen der fetten Moskitos, die die Landschaft abseits der Straßen beherrschen.

Als Vorbereitung auf die unvorhergesehene Abendwanderung ölte und massierte ich Beine und Füße in einer Kneipe, sehr zur Belustigung der anwesenden Espressotrinker. Am Friedhof von Cavaglià studierte der Fahrer eines kleinen Fiats die Straßenkarte und grüßte mich. Etwa 100 Meter weiter fuhr das Auto langsam an meine Seite, der Fahrer beugte sich zum Fenster heraus und fragte mich in perfektem Englisch: „Sie gehen nur zu Fuß? Oder darf ich Sie ein Stück mitnehmen?"

Ich lehnte das Angebot dankend ab. Der Fahrer, ein gutaussehender junger Mann mit Stoppelbart, auf dessen Nebensitz sich ein Rucksack befand, antwortete: „Ich respektiere Ihre Entscheidung, ich las Ihr Transparent am Rucksack. Wo gehen Sie heute Abend hin?"

„Ich will nach Santhia, wenn ich's schaffe, sonst werde ich die Nacht draußen verbringen ..."

„Kommen Sie auf Ihrem Weg in Vercelli vorbei?", forschte der Mann weiter.

„Das wird meine morgige Etappe sein", antwortete ich.

„Wollen Sie morgen Abend bei mir wohnen, im Stadtzentrum? Wenn Sie einverstanden sind, gebe ich Ihnen meine Adresse. Ich werde gegen 21:00 Uhr dort sein." Ohne Zögern willigte ich ein, dann fuhr Luca mir freudig zuwinkend weiter.

Die überraschende Einladung berührte mich, eine mächtige Welle der Glückseligkeit durchflutete meinen Körper, purzelte die Wirbelsäule entlang den Rücken hinunter, mein ganzes Sein erzitterte wonnetrunken. Eine geraume Weile wanderte ich innerlich schwebend am Straßenrand, bis mich nach etwa drei Kilometern eine starke Müdigkeit ermattete. Meine Füße lahmten, in den Waden zuckte es, die raue physische Wirklichkeit holte mich wieder auf den harten Straßenasphalt zurück. Ich überlegte, wo ich in dieser Gewerbezone unter freiem Himmel schlafen könnte und vertraute mich Gott an. Innerhalb von Minuten tauchte völlig unerwartet an der linken Straßenseite das Leuchtschild des modernen Green Park Hotel auf. Niemand im nahen Cavaglià hatte das Haus erwähnt, jetzt ließ ich mich verwöhnen und genoss einen erholsamen Schlaf.

Am nächsten Tag kündigte der Wetterbericht einen heißen Tag mit Temperaturen um die 30 Grad an. Bald erreichte ich Santhia, wo mich nach dem Gottesdienst eine Frau begeistert ansprach: „Ich bin Franziskanerin. Pilgern Sie zum Grab des heiligen Franz?" Als ich die Frage bestätigte, wollte die Frau mich unbedingt dem Pfarrer vorstellen, der aber nahm keine Notiz von mir, schüttelte kurz meine Hand und verschwand in der Menge seiner Gläubigen. Am heutigen Sonntag herrschte wenig Verkehr, die Menschen versammelten sich in den Kirchen, Trauben von Männern gestikulierten und diskutierten lautstark auf den Plätzen um eine Bank oder um einen Terrassentisch oder spielten Karten im Bistro, tranken aber kaum etwas.

Vor S. Germano überquerte ich den *Canale Cavour*, Teil jenes komplexen Kanalsystems, das diese Landschaft mit ihrem Wasserreichtum, dem fruchtbaren Boden und dem warmen Sommerklima zum Reiskessel Italiens macht. Die ersten Kilometer lief ich frisch und begeistert ob des neuen Landschaftsbildes, in dem das intensive Grün des jungen Reisgrases meine Sinne erquickte. Die heiße Sonne trieb mich in den Schatten, doch selbst die kurzen Abzweigungen von der Straße zu isoliert gelegenen Bauernhöfen oder zu vereinzelten Baumgruppen waren mir verwehrt: Sobald ich die Chaussee verließ, wurde ich das Opfer von Horden von Moskito-Reisfeld-Terroristen. Wie Sturzkampfflieger aus dem Zweiten Weltkrieg fielen sie über mich her, umschwärmten mich, Angriff folgte auf Angriff, hektische Verscheuchungsmanöver mit den Händen nahmen diese Biester überhaupt nicht zur Kenntnis – es gab für mich nur eines: schnellstens zurück in den Bereich der LKWs, deren Gestank und Lärm mir alsbald weniger lästig erschienen.

Fünf Tage lang und über 100 Kilometer weit wanderte ich auf oder neben der weißen Linie, die sich endlos vor meinen Schritten auf dem breiten Asphaltstreifen abrollte, der Horizont mit Horizont verband und links und rechts von etwa anderthalb Meter tiefer gelegenen Wassergräben umsäumt war. Ich registrierte weniger die Landschaft als den weißen Strich oder den schmalen Sommerweg und die LKWs, die an mir vorbeidonnerten: Die musste ich im Auge behalten, jederzeit bereit, bei Unfallgefahr seitwärts in den Graben zu springen. Ich wurde schnell schlapp, es war, als verließe die Lebensenergie meine Füße und Beine, als seien sie durch den Asphaltbelag von der Erdenergie abgetrennt. Zufrieden stellte ich hingegen fest, dass der Rucksack sich nicht mehr bemerkbar machte, er war Teil meiner Selbst geworden, gewichtslos, ein stummer, treuer, wertvoller Begleiter. Ein Hochzeitskorso mit strahlendem Hochzeitspaar im üppig geschmückten Luxuswagen, die lange Kolonne der blumenumrankten Hochzeitsgästewagen, die überschwängliche Freude, das Hupen und Winken, die fröhliche Gelassenheit, all das munterte mich wieder auf und gab frischen Auftrieb bis nach Vercelli.

Ich flanierte durch das gemütliche Provinzstädtchen, Zentrum des europäischen Reishandels, und verliebte mich in den von doppelten Baumreihen umstandenen *Corso Garibaldi*, dessen breite, wipfelüberdeckte Terrassen zum *Dolcefarniente*, zum Eisschlecken, Bummeln und Flirten einluden.
Um 21:15 Uhr klingelte ich an Lucas Patrizierhaus, die Eingangstür öffnete sich und ich stieg das enge Treppenhaus zum 3. Stock hoch. Die Wohnungstür war spaltbreit geöffnet. Ich klopfte an, als sich niemand meldete, trat ich in ein elegantes Wohnzimmer ein und ließ mich auf einem Sofa nieder. Ein junger, schlanker Mann mit bloßem Oberkörper, in Jeans, barfuß und mit schwarzem kurzen Haar erschien im Flur und schaute mich verdutzt an. Nachdem ich ihm den Grund meines Daseins erklärt hatte, sagte er: „Ich bin Alessio, Lucas Bruder. Er ist noch nicht zu Hause. Machen Sie es sich bequem, ich dusche gerade, ich werde mich gleich um Sie kümmern." Alessio verschwand im Badezimmer, kam kurz darauf, frisch angezogen, in weiblicher Begleitung zurück und stellte mir Ina, seine Freundin vor; sie sei Malerin und dekoriere zurzeit sein Schlafzimmer. Mit Plaudern verging die Zeit, um 22:00 Uhr war Luca noch immer nicht da. Alessio war von meiner Ankunft völlig überrascht worden, mir wurde die Situation peinlich.
„Ich möchte nicht weiter stören. Ich werde mir ein Hotelzimmer suchen. Das ist kein Problem für mich", sagte ich zu Alessio. Doch der wehrte bestimmt ab.
„Nein, nein, nicht doch. Luca ist nur ein bisschen vergesslich, er hat sich wohl verspätet. Kommen Sie einfach mit uns, wir gehen zuerst zu einem Freund und anschließend zum Konzert auf dem Marktplatz. Zwischendurch rufe ich an und schaue nach, ob Luca zu Hause ist. Es freut uns, wenn Sie mitkommen."
Die gelassene Selbstverständlichkeit und spontane Gastfreundschaft von Alessio beruhigten mich und wir zogen los. Alessio erzählte mir aus der Geschichte Vercellis: Die Basilika S. An-

drea (1224) sei kunsthistorisch beeindruckend und der Dom (16.-17. Jh.) enthalte einen wertvollen Kirchenschatz. In einer gemütlichen Dachwohnung mit Bar empfingen uns der Freund und dessen Freundin. Wir plauderten insbesondere über Amerika und die Prärieindianer – an den Wänden der kleinen Wohnung hingen zahlreiche Schwarz-Weiß-Bilder von Sitting Bull und anderen berühmten Indianermännern und -frauen. Gegen Mitternacht rief Alessio zu Hause an, seine Mutter beantwortete die Frage nach Luca negativ. Jetzt wurde die Situation richtig peinlich. Ich war müde und sehnte mich nach Schlaf, doch wollte ich den überaus freundlichen Leuten nicht weiter zur Last fallen und schlug erneut den Gang ins Hotel vor.

„Kommt überhaupt nicht in Frage", entschied Alessio. „Ich bringe Sie nach Hause und Sie schlafen in Lucas Zimmer. Irgendwann wird er sicher eintreffen. Luca ist sehr spontan und mag es, Leute einzuladen, und dann vergisst er seine Verpflichtung. Er ist wie Sie ein passionierter Wanderer und des Öfteren im Massiv des Gran Paradiso unterwegs. Nur vergisst er manchmal etwas, es ist nicht das erste Mal, dass dies passiert. Wir sind das gewohnt. Machen Sie sich nichts daraus", lachte Alessio. Er hegte überhaupt keinen Groll gegen seinen Bruder und begleitete mich nach Hause, wo beider Mutter mich empfing. Sie war ein wenig verlegen ob des Durcheinanders und dass niemand etwas von meinem Kommen wusste und nichts vorbereitet war. Trotzdem blieb sie gelassen und zeigte mir Lucas Schlafzimmer, wo ein wüstes Durcheinander herrschte: Decken, Bücher, Schallplatten, Papiere, Kleidungsstücke waren aufeinandergestapelt oder lagen herum, das Bett war nicht hergerichtet. Der Anblick erheiterte und beruhigte mich – hier geht es locker zu, dachte ich, pass dich einfach der neuen Situation an und genieße den Augenblick.

Bald schlief ich in Lucas Gästebett ein. Kurze Zeit später erwachte ich, als jemand die Tür öffnete und fast über mich stolperte – Luca war endlich eingetroffen. Er verstand sofort die Situation, beugte sich nieder, und als ich ihn anblinzelte, lächelte er mir freundlich zu, bat um Verzeihung für seine Vergesslichkeit und zeigte sich erfreut über mein Kommen. Ob wir morgen ein bisschen plaudern könnten, fragte er flüsternd, für heute sei es wohl zu spät.

„Ja, gerne doch. Das würde mich sehr freuen", antwortete ich.

„Um wie viel Uhr müssen Sie weg?", erkundigte er sich weiter.

„Tja, ich möchte so gegen zehn Uhr weitermarschieren", erwiderte ich.

„Das ist Pech", meinte Luca traurig. „Ich muss um sechs aufstehen, und um acht die Schule aufschließen. Und dann bin ich den ganzen Tag weg."

Wir unterhielten uns eine Weile, tauschten Wandererfahrungen aus, und ich erfuhr von seiner Arbeit als Erzieher. Luca gab sich mit Leib und Seele seinem Beruf hin, und ich bewunderte ihn für seine idealistische Einstellung und seine Begeisterungsfähigkeit. Ich bemerkte kaum, als Luca morgens umsichtig aufstand, um mich nicht zu wecken. Erst als er wegging, neigte er sich zu mir, berührte sanft meine Schulter und verabschiedete sich mit nochmaliger Entschuldigung. Ich bedankte mich bei der sympathischen Familie und machte mich auf den Weg zur Messe in der Basilika S. Andrea (13. Jh.). Beim Verlassen der Kirche rief eine Stimme: „Michel, Michel!", überrascht drehte ich mich um. Lucas Mutter überreichte mir mein Toilettennecessaire, das ich in ihrem Badezimmer vergessen hatte.

„Ich habe Alessio angerufen, er sagte, Sie würden noch S. Andrea besuchen, und ich lief sofort hierher. Glücklicherweise habe ich Sie noch gefunden."

Ich sagte Lucas Mutter meinen herzlichen Dank und spürte, an einem Ort, wo so aufmerksame und zuvorkommende Menschen leben, ist es gut zu sein, und ich ging in die Kirche zurück, um zu meditieren. Aus der tiefen inneren Stille er-

reichte mich jene Stimme, die meinen Pilgergang ausgelöst hatte, und flüsterte mir ins Herz: „Sei nicht so besessen von Dingen wie Uhrzeit, Zeit, Distanz usw. Du merkst doch, dass *Ich* dies alles viel besser im Griff habe, als du es je haben wirst. Das Wichtigste ist, deine Aufmerksamkeit auf *Mich* zu richten und *Mich* tun zu lassen. Alles andere erledigt sich dann von selbst."
Im Seitenschiff trug ein Vater liebevoll seine dreijährige Tochter auf dem Arm zum Altar. Mit ihren Ärmchen umschlang sie seinen Hals und wiederholte Satz für Satz das Gebet, das er ihr vorsprach. Es war ein erhebender Augenblick der Einfachheit, der Natürlichkeit, des Glücklichseins. Je länger ich in dieser Kirche verweilte, umso mehr schätzte ich sie. Die Blöße ihrer Mauern und Pfeiler und die aufwärtsstrebende Struktur führen den schauenden Geist ganz natürlich in höhere Gefilde, geleiten ihn zum Wesentlichen. Sogar mit offenen Augen ahnte ich die hinter Stein und menschlicher Kunstfertigkeit verborgene Quelle allen Seins.
Ein junger Mann unterbrach meine Versunkenheit und bat um Geld für ein Brot. Ich gab ihm einen Geldschein, spürte aber ein inneres Zögern, einen Anflug von Misstrauen. War es sein Blick auf meine auf dem Nebenstuhl liegende Kamera oder die Angst, er entreißt mir die Brieftasche und läuft damit weg? In meiner Erinnerung sind einige unangenehme Erfahrungen gespeichert, die solche Gedanken natürlich aufkommen ließen. Aber: Hatte ich nicht heute eine selbstlose Gastfreundschaft genossen, hatten mir nicht fremde Menschen ihre Wohnung geöffnet und sie mir zur Verfügung gestellt? Sie hatten mir vertraut, jetzt forderte dieser Bettler mich auf, ihm zu vertrauen und eine Spende zu geben. Hier im Reiskessel Italiens lernte ich die Lektion des Annehmens, des Vertrauens.
Der göttlichen Vorsehung dankbar, wendete ich mich dem östlichen Stadttor zu, an der *Cattedrale S. Eusebio* (16.-17. Jh.) vorbei, und entdeckte außerhalb der Stadtmauern einen

Obst- und Gemüsewagen. Ich wollte meine Mittagsverpflegung kaufen, aber was heißt „Kirsche" und „Aprikose" auf Italienisch? Verlegen kramte ich in meinem mageren Wortschatz, doch die Verkäuferin verstand sofort meine Sprachlosigkeit. „Comprendo", sagte sie, füllte eine Tüte mit Kirschen, Aprikosen und Erdbeeren, rundete den Preis nach unten ab und reichte mir freundlich lächelnd die frischen Köstlichkeiten. Dann fragte sie nach meiner Herkunft und wünschte mir eine gute Wanderung.

Die Nationalstraße 596 führte mich schnurgerade über Palestro, mit der weithin sichtbaren Nekropole der Opfer der zwei Weltkriege, zum bäuerlichen Robbio in der Provinz Pavia. Die Landschaft wirkte heute harmonischer auf mich, grüner und abwechslungsreicher mit mehr Bäumen und Hecken und leicht terrassenförmig angelegten Reisfeldern. In Robbio bezog ich ein einfaches, aber sehr sauberes Zimmer und ruhte mich vor dem Abendessen aus. Im Zimmer fing meine Nase an zu laufen. Nach einer Stunde hatte ich sämtliche Taschentücher aufgebraucht, zum Schluss musste gar das Bettlaken zum Schnäuzen herhalten, das erst aufhörte, als ich nach draußen flüchtete. Die Ursache dieser allergischen Reaktion konnte ich nicht entdecken. Da ich der einzige Gast war, lud mich der Besitzer an seinen Familientisch zu einem einfachen Abendessen aus Gemüsesuppe, Salat und Aufschnitt, Nudeln und einem Glas Rotwein ein.

Das tagelange Laufen auf dem glühenden Asphalt strapazierte meine Füße derart, dass ich meine Etappen drastisch kürzte und eine Zwischenetappe in Mortara einlegte, obwohl ich geplant hatte, bis nach Garlasco zu pilgern. In Ceretto sah ich zum ersten Mal einen italienischen Friedhof, wo die Toten nicht begraben, sondern in oberirdischen, kapellenähnlichen Bauten mit Betonsargfächern bestattet werden. Ich befand mich jetzt in der *Lomellina*, jene Gegend, die für sich beansprucht, den feinsten Reis Italiens zu produzieren.

Eine besondere Form des Modernismus erlebte ich am Eingang nach Mortara: In einer Kirche gab es keine Kult- oder Kunstgegenstände mehr, sie war zur Sport- und Turnhalle umgebaut, Jugendliche turnten und sprangen am Trampolin, es herrschte ein reges Tun und Treiben, auch daran hat Gott sicher seine Freude. Auf der *Via s. Francesco d'Assisi* überfiel mich ein freudiger Schauer, als ich an ihrem Ende eine Statue des großen Heiligen erblickte. Das benachbarte, aus roten Ziegeln erbaute Gotteshaus zog mich an, ich schlief auf einem Stuhl ein, bis eine sanfte weibliche Stimme mich auf die Schließungszeit aufmerksam machte.

Der Hotelbesitzer reduzierte den im Zimmeraushang angezeigten Preis und wünschte mir eine gute Reise. Es war glühend heiß und der Gang auf der Straße gefährlich. Der Bitumen endete genau am weißen Strich. Ich lief auf einem schmalen, holprigen Sommerweg, und bei dem häufig dichten Verkehr konnten die LKWs nicht zur Mitte für mich ausweichen, so dass sie gefährlich nahe an mir vorbeidonnerten.

Probleme mit Moskitos hingegen hatte ich keine mehr: In Vercelli hatte ich auf Alessios Anraten einen aus Essenzen von Zitronengras und Geranien zusammengesetzten Stift gekauft, der mich zuverlässig schützte. Die Moskitos setzten wohl noch zum Sturzflug auf mich an, drehten aber angewidert von meinem Balkonblumengeruch wenige Zentimeter vor meinem Kopf ab.

In einer Pizzeria in Tromello beobachtete ich beim Mittagessen die Gäste an der Theke. Die meisten bestellten einen *Caffé*, wenige einen Tee, manche ein knappes Mittagessen. Die Auffassung, die große Hitze verlangsame den Arbeitsrhythmus, erwies sich als Irrtum: Nervös schauten die LKW-Fahrer auf ihre Uhr, wenn der Kaffee nicht schnell genug serviert wurde, hastig leerten sie das kleine Tässchen, dann verschwanden sie wieder in ihren Fahrerkabinen. Auch dieser verlorene Ort hatte Anschluss an die große weite Welt: Am Mastervideo schlug Madonnas Schlafzimmerblick die Männer in ihren Bann, mit lüsternem Blick verschlangen sie die Popkünstlerin, mancher innere Striptease lief hier ab, derweil auf der Straße PKWs und LKWs vorbeirasten, als gäbe es das 50-km-Schild ebenso wenig wie die drohende Ankündigung von Geschwindigkeitskontrollen. Mehrere *Campaniles* überragen Tromello, derjenige der Kirche S. *Martino Episcopo* zeigt stolz nach allen Richtungen seine Glocken mit den großen Rädern. Früher kam diesen Kirchtürmen eine vielseitige Rolle zu. Fürs Glockenläuten allein hätte man sie nicht so hoch bauen müssen. Sie dienten auch der Beobachtung der Umgegend und zur Orientierung der Pilger und Reisenden in dieser ehemals unübersichtlichen Landschaft.

Durch den Regionalpark des *Fiume Ticino* wanderte ich von Garlasco nach Pavia, der ehemaligen Hauptstadt der Langobarden, mit einer der ältesten und angesehensten Universitäten Europas und einer Vielzahl an romanischen und Renaissancemonumenten. Das sich neun Kilometer außerhalb von Pavia befindliche berühmte Kartäuserkloster *Certosa di Pavia*, eine der großen Sehenswürdigkeiten Italiens, konnte ich leider nicht besichtigen. Östlich von Pavia überquerte ich auf dem *Ponte della Becca* den hier durch den Zufluss des Ticino mächtig anschwellenden Po; die helleren Po-Wasser vermischen sich nur zögerlich mit den dunkleren Wassermassen des Ticino.

Allgemeines Aufsehen erregte ich in einer Trattoria im Flecken Tornello, wo ich Mittagspause machte. Ein lebhafter Mann in zerschlissener Kleidung musterte aufmerksam meinen Rucksack, las den Pilgerhinweis und platzte laut ins Lokal hinein, so dass alle Anwesenden hinhörten: „Er pilgert von Luxemburg nach Rom!"

Dann fragte er mich: „Wie viel Kilometer sind das?"

„Ich schätze 1.800 Kilometer", antwortete ich.

„3.000 Kilometer geht er, hört ihr das, Leute", schrie er erneut in den Raum.

Ich protestierte: „Nein, es sind keine 3.000 Kilometer, sondern nur etwa 2.000." Jetzt brüllte er noch lauter und knallte dabei erregt seine Faust auf die Theke: „Nein, er geht keine 3.000 Kilometer, hört Leute, 4.000 Kilometer sind es, 4.000 Kilometer." Ich verzichtete auf einen Kommentar, derweil der Mann ununterbrochen weiterquatschte, ich verstand kaum etwas.

Jetzt befand ich mich südlich des Po, am Fuß der Apenninenkette, die ich von Fornovo di Taro aus überqueren wollte. Von Stradella wanderte ich zu meinem Etappenziel Castel S. Giovanni, eine am Hang liegende Ortschaft, wo die Zeit fast stehengeblieben schien.

Am nächsten Tag verfinsterte sich gegen Mittag der Himmel über dem Apennin, es blitzte und donnerte über den Bergen und eine Sturmfront fegte mit einer dichten Regenmauer auf mich zu, aber kein Unterschlupf war auf der Nationalstraße 10 in Sicht. Diesmal wirst du ordentlich geduscht, ahnte ich beklommen und lief, so schnell es der Rucksack erlaubte. Ich dachte in mich hinein: „Wenn es möglich ist, erspare mir diesen Regen, aber wenn *Du* es so wünschst, nehme ich ihn an." Kaum hatte ich diese Worte der Hingabe gedacht, tauchte auf der rechten Straßenseite eine *dogana,* ein ehemaliges Zollhaus mit Ristorante, auf. Ich hetzte hinüber. Als hinter mir die Tür zuschlug, prasselte der Wolkenbruch über dem Haus nieder; nach dem Essen empfing mich draußen wieder strahlender Sonnenschein. Dankbar und freudig strebte ich nun Piacenza zu, der Stadt am Zusammenfluss der Flüsse Po und Trebbia und Endstation meiner diesjährigen Pilgerteilstrecke.

Skurriles und eine Depression

Tiefe Freude stieg in mir auf, als ich elf Monate später im Bahnhof von Piacenza einfuhr und mich anschließend innerlich jubilierend in der renovierten und mit ausgefeilter Technik ausgestatteten *Grande Albergo Roma* einquartierte. In der Dusche entdeckte ich eine Schnur, die an den vornehmen Wandkacheln herunterhing. Ich zupfte daran und erwartete das Anspringen eines Ventilators, doch nichts geschah. Sekunden später klingelte es, hastig knotete ich ein Badetuch um meine Hüften, öffnete die Zimmertür und schon redete ein hübsches Zimmermädchen erregt auf mich ein. Ich verstand kein Wort, hatte aber das Gefühl, sie war erleichtert, als ich ihr öffnete. Ich begriff erst, dass ich den Notalarm ausgelöst hatte, nachdem der adrett uniformierte Chef vom Dienst dazukam und per Knopfdruck auf der Radio-Sensoren-Schalt-Tafel den Alarmruf löschte. Moderne Technik ...

Nach der erfrischenden Dusche wollte ich sofort zum Sightseeing hinaus, doch rief mich meine innere Stimme zur Ordnung meiner Prioritäten auf: „Dies ist ein Pilgergang, und deshalb gehören Gebet und innere Versenkung an die erste Stelle, erst dann kommt der Stadtbummel an die Reihe."

Nach meiner Meditation begab ich mich zur zentralen *Piazza dei Cavalli,* auf der zwei Reiterstandbilder (17. Jh.) an die ehemalige Herrschaft der Farnese erinnern. Ich besuchte den bemerkenswerten *Palazzo del Commune* (1281), die majestätische romanische Kathedrale (12.-13. Jh.) und die gotische Kirche S. Francesco (1278), wo ich in der dem Hl. Franz gewidmeten Kapelle betete. Ein Fensterbild zeigt den Erneuerer der römischen Kirche in brauner Kutte, zu seinen Füßen den Wolf von Gubbio, der zum Zeichen der Ergebenheit seine linke Pfote hebt. Unten im Chor betete ein Priester mit einem jungen Mädchen – oder nahm er ihm die Beichte ab? Aus dem Halbdunkel der Kirche erreichten mich nur die Zischlaute des Seelsorgers und weckten Erinnerungen an meine Kindheit, an Beichten im finsteren Beichtstuhl, an Herzklopfen und Verwirrung vor lauter Angst, ich würde nicht vorschriftsmäßig beichten. Die geflüsterten Worte und die Absolution des Priesters habe ich vergessen, aber die Zischlaute von damals waren die gleichen wie jene, die ich heute vernahm. Beim Rundgang durch die Kirche sah ich den Pfarrer nun mit einem Knaben beten, ich nickte ihm freundlich zu. Sofort stand der schmächtige Mann auf, reichte mir die Hand und fragte, was er für mich tun könne. Ich sei Pilger, erklärte ich ihm, und erbat seinen Pilgersegen. Aufmerksam hörte er mir zu, lud mich auf seine Gebetsbank ein, und wir beteten gemeinsam das Vaterunser und das Ave Maria, dann segnete er mich und erteilte mir die Absolution. Seine sanft gesprochenen Worte lösten in mir ein eigenartiges Gefühl der Erleichterung aus, Seligkeit flutete in meine Seele. Als ich dem Priester dankte, fragte er überraschend: „Brauchen Sie Geld für Ihre Reise?" Er griff bereits in seine Tasche, doch ich lehnte dankend ab. „Bitte, entschuldigen Sie mein mangelhaftes Französisch", lächelte er. „Bitte, entschuldigen Sie mein ungenügendes Italienisch", lachte ich. Dann trennten wir uns mit einem warmen Händedruck.

Die *Via Francigena* folgte dem Verlauf der römischen *Via Emilia*, als modern überbaute *Strada Statale* Nr. 9 ist sie eine vielbefahrene Straße. Eine italienische Studiengruppe, unterwegs zur Erkundung der Frankenstraße, hatte sie vor kurzem mit schützender Polizeieskorte begangen. Da mir dieses Privileg versagt war, erkundigte ich mich an der Hotelrezeption nach einer Alternative. „Die *Via Emilia* dürfen Sie nicht betreten, das ist selbst sonntags zu gefährlich", lautete das Urteil. Ich solle über den landschaftlich reizvolleren und verkehrsarmen Umweg über Cortemaggiore nach Fiorenzuola d'Arda wandern. Fröhlich singend stapfte ich am nächsten Morgen in einen abscheulichen graunassen Tag hinein. An der riesigen Oase der Stille vorbei, dem Friedhof von Piacenza, durchwanderte ich ein schier endloses Gewerbegebiet. Gegen Mittag schwammen meine Füße in den Schuhen, denn die durchnässte Hose klebte an den Beinen und leitete das Regenwasser in die Schuhe. Cortemaggiore war enttäuschend, die Hauptstraße der *Città del Arte* nur eine eintönige graue Häuserfront mit abbröckelnden Fassaden. Unter den Arkaden an beiden Seiten der Straße hatten sich Antiquare und Trödler eingerichtet und boten buchstäblich alles feil, was jemals Staub angesetzt hatte: Möbel, alte Radios und Grammophone, Glas- und Keramikartikel, Bücher, Puppen, jeden denkbaren alten Kram. Die Händler hockten lustlos hinter ihren Tischen, nur wenige Schaulustige hatten sich eingefunden.

Der Hotelbesitzer hatte heute seinen Glückstag, sein Haus war voll besetzt und ich hatte das Nachsehen. „Gehen Sie nach Fiorenzuola", riet er mir. „Es sind nur 10 Kilometer bis dahin", fügte er ermutigend hinzu, nicht ahnend, dass ich bereits 20 Kilometer gelaufen und verkühlt und durchnässt war. Über die kleine *Strada Vecchia** durchquerte ich eine bukolische Landschaft mit verstreuten Bauernhöfen und vielfältigen Kulturen von Gerste, Weizen, Mais, Bohnen, Erbsen, Tomaten, Kürbis und Klee.

Trotz des miesen Wetters und des erzwungenen Strumpf- und Schuhwechsels freute ich mich über mein gutes Vorwärtskommen. Meine innere Stimme raunte mir sogar zu: „Du musst nicht weiterlaufen. Bestelle ein Taxi und fahre nach Fiorenzuola. Niemand verlangt, dass du dich überforderst und möglicherweise morgen größere Schwierigkeiten hast."

Des ungeachtet ging ich gleichmäßigen Schrittes weiter, bot den tiefhängenden, regenschwangeren Wolken mit frohem Gesang Paroli und erreichte tropfnass mein Etappenziel.

---

* alte Straße

Das Wichtigste im Hotelzimmer in Fiorenzuola d'Arda war der Föhn. Ich leerte den Rucksack, alles nicht in Plastiktüten Verpackte war nass oder feucht, auch mein Geld, der Ausweis und die Straßenkarten. Ich breitete die Geldscheine und alles andere auf Bett und Boden zum Trocknen aus. Den Föhn hängte ich in den Papierkorb, worin ich reihum Unterwäsche, Strümpfe, Schnürsenkel, Schuhe, Hemden und Hosen legte, bis sie trocken waren. Die Methode erwies sich als recht zufriedenstellend.

Am nächsten Morgen erkundigte ich mich, wie bereits in Piacenza, nach einer Alternativroute zur *Via Emilia* und nach dem Weg zur Abtei *Chiaravalle della Colomba*, dem heutigen Höhepunkt. Die Auskünfte waren unklar, mehrmals musste ich nachfragen und die Richtung ändern. Ich erlebte die italienische Kunst, mit viel Worten jemanden in die Verwirrung zu schicken. Irgendwo an einer Kreuzung fragte ich erneut einen Mann, der gerade mit einer Schaufel Sand und Zement mischte. Begeistert zeigte er mir die Richtung, in der ich bald die Türme der Abtei sehen würde. Unterdessen fuhr ein Auto heran, der Arbeiter stoppte den Fahrer gebieterisch mit seiner Schaufel und gebot ihm, wenn er nach Chiaravalle fahre, müsse er mich mitnehmen. Ich erklärte, ich wolle nur *a piedi* gehen und trottete weiter.

Endlos lief ich auf Feldstraßen herum, doch die Abtei schien unerreichbar. Auf der weiten verregneten Flur trottete ein weißer Schäferhund am Straßengraben entlang und schnüffelte hier und dort. Als er mich sah, übersprang er den Graben und hetzte mit wenigen Sprüngen die Böschung zu mir hoch. Adrenalin schoss in meine Blutbahn, ich versuchte, meine Panik zu meistern. Hunde, die bellen, beißen nicht, sagt das Sprichwort, doch was ist mit Hunden, die, wie dieser hier, nicht bellen? Ich fixierte ihn fest mit den Augen, er senkte den Kopf, streifte um meine Beine und zottelte dann neben mir her, mal rechts, mal links, und schaute verlegen zurück, wenn ich ihn

anschaute. Als ich mich beruhigt hatte, streichelte ich ihn, sein Pelz war nass und meine Hand klebte voller Haare. Mehrere Kilometer lief er mit, als gehöre er zu mir. Ich schalt ihn nachsichtig: „Ich kann nichts für dich tun, ich habe kein Futter. Du bist hier zu Hause. Hm, was soll das wohl?"
Als wir endlich die Abtei erreichten, legte er sich auf dem Vorplatz nieder, als wolle er auf mich warten, doch zu meiner Erleichterung war er weg, als ich zurückkam.

Im Kircheninnern erlebte ich eine besondere Überraschung: Über das Zentralschiff, vom Chor bis zum Altar, breitete sich ein Riesenfresko von 18 Bildern mit Szenen aus dem Leben Jesu aus, geformt aus zahllosen Blumenblättern, Blüten und Früchten, aus Sträuchern und Ästen von Zypressen, Fichten und anderem Gehölz. Die jährlich in den ersten drei Juniwochen stattfindende *Infiorata* blickt auf eine über hundertjährige Tradition zurück. Das Brauchtum der künstlerischen Blumenteppiche ist, wie ich später feststellte, in Mittelitalien weit verbreitet. Die Zisterzienserabtei mit einem hübschen Kreuzgang ist eine Gründung von Bernard de Clairvaux aus dem Jahre 1135.

Am Tagesziel Fidenza tat ich einen Freudensprung, als ich am Stadtrand eine große Orientierungstafel und zwei weitere Hinweisschilder zur *Via Francigena* in der Provinz Parma entdeckte – in den nächsten Tagen würde die Orientierung damit leichter sein. Die Hinweisschilder zeigen unter der Aufschrift „Via Francigena" einen mittelalterlichen Pilger, den Sack am geschulterten Stock tragend, und einen Richtungspfeil.

Zum Abendessen bat ich die Empfangsdame des Hotels um eine Empfehlung für eine typische Trattoria. Als ich nach 15 Minuten das empfohlene Lokal noch nicht gefunden hatte, fragte ich ein Ehepaar auf der Straße erneut nach dem Weg. Entsetzt rief der Mann aus: „In dieses Restaurant …? – Nein, niemals. Da dürfen Sie nicht hin!" Er ließ seine verdutzte Frau stehen, ergriff meinen Arm und zerrte mich in die entgegengesetzte Richtung, als ginge es um Leben und Tod. Heftig gestikulierend redete er auf mich ein: „Ich war drei Tage im Krankenhaus, erhielt eine Kortisonbehandlung, war sehr krank. Dieses Restaurant ..., ein Steak, aber in Wirklichkeit Hundefleisch. Nein, nie dürfen Sie dahin. Gehen Sie irgendwohin, nur zu diesem Restaurant dürfen Sie nicht. Niemals." Nach dieser eindringlichen Warnung lief er wieder zu seiner Frau, und ich zurück ins Stadtzentrum. Inzwischen knurrte mein Magen und verlangte gebieterisch nach einer Mahlzeit. Als ich die Trattoria *Al Canton* betrat, hatte ich ein recht mulmiges Gefühl im Bauch, das Wort „Hundefleisch" hallte weiter in meinen Ohren. Und hier? Erst als die Gäste des einzigen besetzten Tisches ihre Zufriedenheit äußerten, fasste ich Vertrauen. Die Kellnerin bemerkte meine Verlegenheit, als ich zum Studium des Menüs ein kleines Taschenwörterbuch benützte, und rief den Chef, der mich mit perfektem Französisch aus meiner Notlage erlöste.

In Fidenza ist der Besuch der nach dem hier geköpften San Donnino benannten gotischen Kathedrale (11.-13. Jh.) eine Verpflichtung für den Pilger. Die Kirche besticht durch ihre romanischen Fassadenskulpturen, sie stellen biblische Szenen, Pilger auf dem Weg nach Rom und andere Motive dar. Im Mittelalter führte zwar eine Variante der *Via Francigena* von Fidenza nach Parma und von dort über den Apennin, doch die meist frequentierte Strecke verlief in direkter Richtung über Fornovo di Taro.

Von Fidenza aus pilgerte ich allein auf der jetzt sanft ansteigenden Straße in Richtung S. Margherita. Langsam wuchsen mir die *collini* entgegen, die Vorhügel der südwestlich im graublauen Dunst am Horizont sich erhebenden Apenninenkette. Auf dem mit einer Pinienreihe gepflegt angelegten Vorhof der geschlossenen Kirche von S. Margherita ruhte ich mich aus und gedachte der Generationen von Pilgern, die hier an diesem bescheidenen Gotteshaus vorbeigezogen waren. Durch eine kultivierte, hügelige Landschaft, in der Kleewiesen und

Getreidefelder, Bäume und kleine Wälder in harmonischer Symbiose gediehen, erreichte ich Borghetto mit seiner im Schulhof fröhlich tobenden Kinderschar. Ohne Pilgerhinweisschild wäre ich in dieser weiten hügeligen Landschaft mit den Orten Costamezzana, Noceto und Gambarone verloren gewesen. Kaum jemand begegnete mir, es gab keine markanten Orientierungspunkte wie einen Kirchturm, nur kleine Straßen, die sich teilten oder kreuzten und geheimnisvoll, ohne irgendeine Hinweistafel, die Verbindung zu isolierten Bauernhöfen herstellten.

In Medesano wollte ich in einem Tante-Emma-Laden ein Eis am Stiel kaufen, der nette und liebenswürdige Besitzer verkaufte aber nur Sechserpackungen. Ich fragte nach einem Hotel, denn die lokale Herberge hatte Ruhetag: „Etwa ein Kilometer in die Richtung, aus der Sie kommen", antwortete der Mann. Zurückgehen wollte ich nicht, und mittlerweile misstraute ich dieser Art von Auskünften und forschte deshalb weiter. „Dann müssen Sie nach S. Andrea Bagni", sagte der Händler. „Wie viele Kilometer sind es bis S. Andrea Bagni, sind es vielleicht zwei?", bohrte ich, worauf der Mann meinte: „Nein, es sind wohl vier oder fünf, es können aber auch sechs sein." Es waren sieben, wie ich später feststellte.

In Felegara, das eine hässliche, namenlose Fabrik beheimatet, zeigte ein Riesenschild aus Vorkriegszeiten die Richtung zu den *Terme di San Andrea-Bagni* an. Vage stieg in mir ein ungutes Gefühl auf, das Schild war alt und rostig, und gut gehende Badestädte zeigen eine ansprechendere Visitenkarte. Weiter ging es nun in ein Seitental hinauf. Immer bereit, das Positive einer Situation zu sehen, malte ich mir schon einen Verwöhntag im Bad aus, mit Massage, Schwimmen und leckerem Essen. Diese inspirierenden Gedanken mobilisierten meine Kraftreserven bis zum Ortseingang von S. Andrea. Ich hatte ein romantisches Hotel vorgemerkt, doch was ich hier sah, war ein Kulturschock für mich, das war eine „Flohkiste", wie wir Luxemburger sagen. Es war geschlossen. Daneben bot sich eine 3-Sterne-Herberge an. Die sah auch „flohkistig" aus, aber da ich keine Lust zur weiteren Erkundung des Ortes hatte, betrat ich entschlossen das Hotel. Mir stockte der Atem: Das war keine einfache Flohkiste, sondern eine Superflohkiste mit einer hundert Jahre alten staubigen, düsteren, muffigen Ausstattung. Eine ältere Empfangsdame krächzte mich an: „Passaporto!" Ich war so verwirrt, dass ich meinen Ausweis nicht sofort finden konnte, aber die Frau beachtete mich nicht und war höchst ungnädig, denn anderswo hätte man den Papierkram auf später verschoben. Nachdem ich meinen Ausweis endlich triumphierend vorzeigen konnte, führte mich ein junger Mann zum Zimmer Nr. 28 im 3. Stock. Der Lift passte zum alten Haus mit seiner verschnörkelten Außentür, der halbflügeligen Kabinentür, dem Krachen beim Schließen und dem lärmenden, ruckartigen Anfahren und Bremsen.

War der Fußbodenbelag vielleicht einmal ein Teppich, vor 40 Jahren? Nicht einmal ein Trödler würde sich für die Nachttischlampe und den Nachttisch interessieren, dachte ich geringschätzig. Doch die Bettlaken und die warme Decke waren piekfein, die Handtücher angenehm flauschig, Fernseher und Telefon funktionierten. Im Badezimmer überraschte mich die Badewanne, sie schien aus der Römerzeit zu datieren, ich hatte nicht gewusst, dass die Römer schon Emailwannen benutzten. Wie dem auch sei: Um den Oberkörper ins Wasser einzutauchen, mussten die Beine aus der Wanne heraus und die Füße auf das über dem Wannenende angebaute Waschbecken gelegt werden.

Der riesige Speiseraum erinnerte an ein Schulrefektorium der Vorkriegszeit, war aber sauber und ordentlich. Nachdem er mir einen Tisch angeboten hatte, raspelte der Ober das Menü herunter, stieß aber derart mit der Zunge an, dass ich nichts verstand, erst beim dritten Versuch erhaschte ich Worte wie *minestrone*, *vitello* und *pollo*. Doch das Abendessen schmeckte ausgezeichnet. Jetzt erst bemerkte ich die ausschließlich männliche Kundschaft, alle waren mittleren Alters, und ich fragte mich, was das wohl bedeutete. Erst später las ich, dass dieses Bad auf spezifisch männliche Krankheiten spezialisiert sei. Ich fühlte mich recht gesund und spazierte nach dem Essen eine Baumallee entlang, an deren Ende Lichter leuchteten. Dort entdeckte ich weitere Herbergen, die neue Therme und die dem Verfall preisgegebene alte Badeanlage. Obwohl meine Beine hart und steif waren und ich mehr humpelte als ging, war ich sehr zufrieden. Ich bedankte mich beim Schöpfer aller Dinge für den herrlichen Tag und die Überraschungen. Auch wenn einiges zunächst ärgerlich aussah, schätzte ich doch, wie gut für mich gesorgt war.

Nach einer erquickenden Nacht sahen die Welt und das zuerst als mies eingestufte Hotel freundlicher aus. Alte Möbel entpuppten sich nun als stilvoll und ansprechend, Vorhänge gaben ein warmes Ambiente ab, und ich konnte sogar der Empfangsdame ein Lächeln abgewinnen. Ich bemerkte erneut, wie schon zuvor, und auch im weiteren Verlauf meines Pilgergangs, wie sehr Müdigkeit und Abgespanntheit meine Wahrnehmung einengten und zu Vorurteilen führten, die ich am nächsten Tag bereute.

Die kurze Morgenwanderung ins Tal hinunter führte mich zum weit ausladenden Flussbett des Taros, aus dem neben der modernen Brücke Überreste einer alten römischen Brücke herausragen. Fornovo di Taro ist das Tor zum Apenningebirge, für mich wurde der Ort fast zum Tor zum Jenseits, denn ein LKW verpasste mich in einer engen Kurve nur um wenige Zentimeter. Vorerst nahm ich am Nachmittag den Zug für einen Ruhetag in Parma. Es gab keinen Kartenschalter und im Zug auch keine Fahrkartenkontrolle, und so fuhr ich die Strecke auf Kosten der italienischen Bahn.

Parma, für manche Italienkenner die schönste Stadt Italiens, verzauberte auch mich auf Anhieb mit seinem eleganten Charme und der angenehmen, entspannten Atmosphäre, trotz der Menschenmassen, trotz der vielen Fahrräder, Vespas und Motos. Der *Duomo* und das Baptisterium aus rosa Marmor gehören zu den schönsten romanischen Gebäuden Italiens, ihre Pracht ist überwältigend. In der Kathedrale verscheuchten mich das Gedränge und der Lärm der mit der Renovierung beschäftigten Arbeiter, und ich begab mich in eine bescheidenere Kirche, wo niemand mich störte. Als nach einiger Zeit ein Grüppchen Männer und Frauen zum gemeinsamen Rosenkranzgebet kamen, schloss ich mich ihnen an. Anfangs bereitete mir der schnelle Gebetsrhythmus Schwierigkeiten, das Ave Maria war ein Zungenbrecher, doch bald konnte ich mit den Einheimischen mithalten. Als ich die Kirche verließ, erinnerte ich mich daran, dass ich ein neues Pedometer brauchte. Aber wo in Parma ein solches Gerät finden, wo doch hier kaum jemand zu Fuß läuft? Ich hatte den Gedanken noch nicht ausgedacht, da fiel mein Blick auf die Auslage eines Schreibwarengeschäfts. Unübersehbar lag dort das kleine Instrument, das einzige Gerät im Laden, es sah so aus, als hätte es auf mich gewartet.

Im *Palazzo della Pilotta* (1583) besuchte ich am nächsten Tag die Pinakothek und das einmalige, ganz aus Holz gebaute Farnese-Theater (1618). Die Pinakothek enthält berühmte Gemälde, doch meine Bewunderung schlug bei einer Serie von Darstellungen des von Pfeilen durchbohrten Hl. Sebastian in Abneigung um. Als ich daran anschließend mehrere Bilder des geköpften Johannes schaute, zwei mit dem auf einem Silberteller präsentiertem Kopf, ein drittes mit an den Haaren getragenem Kopf, wurde mir übel. Diese realistische Verherrlichung des Leidens war mir zutiefst zuwider. Überraschend stürzte mich diese Betrachtung in eine Depression, die erste auf meinem langen Pilgergang. Warum allein und müde herumlaufen? Warum pilgere ich eigentlich? Ergibt dies alles einen Sinn? Pack deinen Rucksack, mach Schluss und fahr nach Hause, oder such dir eine nette Begleitung. Diese und ähnliche deprimierende Gedanken verdrängten meine übliche Fröhlichkeit. Die schaurigen Wolkenmassen über der Stadt und der strömende Regen taten ein Übriges. Niedergeschlagen schleppte ich mich zu einer Trattoria außerhalb des Tourismusbezirks und bestellte eine Pizza Parma. Der Teig war so hart, dass ich ihn richtig zersägen musste. Am Tisch gegenüber saßen drei Frauen und zwei Männer mit zwei Mönchen in dunkelbraunen Kutten mit Kapuze. Einer der Mönche, mit riesiger Körperfülle und einigen wenigen grauen, fliehenden Haarsträhnen, saß mit den Beinen seitwärts zum Tisch. Er schmatzte, aß und trank, was das Zeug hielt, er erinnerte mich an einen Mönchskopf auf einem der Gemälde im Museum. Ob er sein Konterfei schon entdeckt hatte?

Auch ein zweiter Besuch im *Duomo* verlief enttäuschend. Es gab nur Gedränge, hier war Stille ein Fremdwort. Vielleicht kann ich mich in der Krypta niederlassen, dachte ich, und ging erwartungsvoll die Treppe hinunter und blieb gebannt stehen ...: Was war denn das? Gegenüber der Treppe, vor dem Eingang zur Krypta, saß in einem geöffneten Beichtstuhl ein Priester, mit Brille, und starrte unbeweglich vor sich hin. So unbeweglich, dass ich unsicher wurde. Ist dies ein Mensch oder eine Wachsfigur? Ich schaute die Gestalt beim Vorbeigehen an und lächelte ihr zu, sie blieb regungslos und starr. Mir schauderte. Das darf doch nicht wahr sein, nach den Leidensbildern im Museum jetzt eine Wachsfigur im Beichtstuhl? Ich werde verrückt, dachte ich, und schaute mir die Krypta an. Der mit alten Kirchenmöbeln vollgestopfte Raum verströmte einen unangenehmen muffigen Geruch, ich wollte schnell wieder weg aus dieser Vergangenheitskonserve. Zwischendurch schielte ich auf die unbewegliche Wachsfigur. Da, jetzt nieste sie, machte eine kurze Handbewegung zur Nase, dann gefror sie wieder. Auch als ich beim Vorbeigehen grüßte, blieb sie ungerührt, der fixe Blick starrte ausdruckslos vor sich hin.

Enttäuscht über den unbefriedigenden Tagesverlauf zog ich mich ins Hotel zurück, ruhte mich aus und meditierte. Langsam klärte sich der innere Sturm. „Was habe ich aus diesem depressiven Gefühl zu lernen?", fragte ich mich. Ich werde so lange oder so oft depressiv sein, wie ich es zulasse. Dies ist die Herausforderung, nicht passiv zu klagen, sondern die Dinge selbst in die Hand zu nehmen und zu gestalten, nach meinem Willen. Ich bin selbst verantwortlich für meine Erfahrungen, niemand anders. Erst wenn ich alles versucht habe und nicht mehr weiß, wo es langgeht, dann loslassen und auf Gott vertrauen. Er stellt mich vor Herausforderungen, damit ich an ihnen wachsen oder mein Wachstum messen kann. Er bietet mir die Chancen zur aktiven Selbstgestaltung meines Lebens.

Diese Schlussfolgerungen rüttelten mich auf, ich schüttelte die Zweifel ab und fühlte mich sofort erleichtert, Freude und Zuversicht stiegen wieder auf. Als ich nach dem Abendessen im exzellenten Ristorante *La Greppia* ins Hotel zurückkam, erschrak ich beim Anblick eines Plakats, das ein großes internationales Oldtimerrennen in Berceto ankündigte, genau am Tag meines Vorbeikommens. Ich hatte gehofft, in einem der zwei kleinen Hotels unangemeldet ein Zimmer zu finden. Das würde bei dem zu erwartenden Besucherandrang kaum funktionieren. Was tun? Vertrauen haben, so wie der indische Pilger Ram Dass, der nie irgendwohin telefonierte, nur im grenzenlosen Gottvertrauen durch ganz Indien pilgerte und nie Probleme hatte? Oder den Hinweis dazu nutzen, um die Dinge in die Hand zu nehmen? Sofort bat ich die Empfangsdame, für mich in Berceto anzurufen.

„Aber das ist ein kleines Hotel, um diese Zeit ist da niemand mehr, um die Reservierung aufzunehmen", antwortete sie. Ich ließ nicht locker, sie gehorchte, bald buchstabierte sie meinen Namen: „Hugolino, Umberto, Bernardo, Ernesto, Roberto, Teresa" – ich hatte ein Zimmer.

Eine Räuberherberge, ein Kapuzinermönch und Irrwege im Apennin

Nach der kurzen Zugfahrt von Parma nach Fornovo di Taro begann ich am nächsten Morgen den Anstieg zum 1055 Meter hohen *Passo della Cisa*, dem höchsten Hindernis auf der italienischen Strecke. Die dörfliche Atmosphäre Respiccios verzauberte mich, der feine Geruch einer Parmesankäserei wirkte anregend. Die als *Via Francigena* ausgeschilderte verkehrsarme Straße stieg stetig in der malerischen, sonnenüberfluteten Landschaft hinan, in der Ferne zertrennte im Taro-Tal das hässliche Betonband der Autobahn A 15 Parma – La Spezia die Landschaft; sie durchquert das Gebirge in einem Tunnel unterhalb des Passes.

Vor Bardone verließ ich die Straße nach Calestano. Der Weg stieg nun steil nach Bardone hinauf, jenem Dorf, das der ehemaligen *Via dei Longobardi* und der späteren *Via Francigena* zwischendurch den Namen *Via del Monte Bardone* gab. Viele Häuser waren geschlossen, erst nach einigem Suchen konnte ich die Verwalterin der Kirchenschlüssel ermitteln. Bereitwillig öffnete die Frau die Seitentür und das Hauptportal, damit möglichst viel Licht zum Fotografieren hineinfiele. Ich solle mir Zeit nehmen, sie würde später abschließen. Neben dem Portal der Marienkirche aus dem 12. Jahrhundert zeigte sie mir die verwitterte Statue eines Pilgers aus dem 11. Jahrhundert. Ich winkte dem steinernen Konterfei wie einem alten Bekannten zu, sehr zum Ergötzen der Schlüsselverwalterin. Dieses Jahr habe sie schon Pilgergruppen aus der Schweiz, aus Holland, England und Italien gesehen, erzählte sie mir, ein Einzelgänger oder jemand aus Luxemburg sei ihr noch nie begegnet.

Von Bardone bis zur vermeintlichen heutigen Endstation Terenzo war es nicht mehr weit, ich hatte keine Eile. Doch von einem Hotel fehlte im idyllischen Terenzo jede Spur. Als ich danach fragte, erntete ich verdutztes Schweigen. Zurückgehen wollte ich nicht, also war ich gezwungen, das etwa 10 Kilometer entfernte und 500 Meter höher gelegene Cassio anzupeilen. Ab Terenzo war nicht nur die Straße, sondern auch ein Wanderpfad als *Via Francigena* markiert, der nun steinig durch Gebüsch sehr steil anstieg. Ich musste mich wieder an das Bergsteigen gewöhnen, doch genoss ich die farbenprächtige Natur und ihre Düfte, den kühlenden Wind und die geradezu kompakte Stille.

Von einem Bergsattel stieg ich einen Wiesenhang nach Casola hinunter, das beeindruckend auf einem niedriger gelegenen Bergsattel das Tal beherrscht. Von dort ging der Weg weiter bergab. Etwas später musste ich erneut diese Höhenunterschiede Schritt um Schritt zum am Bergkamm liegenden Cassio erkämpfen. Im würzig duftenden Pinienwald erreichte ich einen Aussichtspunkt mit Blick in das Tal des *Torrente Baganza*. Eine grandiose Aussicht öffnete sich auf die weit ausladende Tiefe und auf die waldbedeckte Bergkette des Apennins, der sich als das Rückgrat Italiens bis zum Horizont nach Süden ausdehnte. Direkt vor meinen Füßen fielen tiefe Felsen ab. Aus dem Abgrund strebten mir die zarten Spitzen hoher Pinien entgegen – allein für diesen Ausblick hatte sich der Weg gelohnt.

Endlich in Cassio angekommen, fand ich das Ziel meiner Anstrengungen, eine verlotterte Herberge, fest verschlossen vor. Mir wurde siedend heiß – ich war 23 Kilometer angestrengt im Gebirge gewandert und nicht willens oder fähig weiterzulaufen, bis ich einen handgeschriebenen Zettel entdeckte: *„Aperto pomeriggio*, 18:00 – 1:00."* Bis dahin erkundete ich das urige Bergdorf mit seiner historischen *Via Centrale* und entdeckte ein Schild nach Selva Bochhetto. Dort befand sich das in Terenzo gesuchte Hotel, etwa 6 Kilometer von hier. Die weit verstreuten Ortsteile einer

---

* „Heute Nachmittag von 18 bis 1 Uhr geöffnet."

Gemeinde können dem Italienwanderer gehöriges Kopfzerbrechen bereiten.

Sieht nicht gerade umwerfend aus, ist ja auch nur eine einfache Null-Sterne-Bergherberge, ermunterte ich mich selbst beim Betreten der *albergo* und blickte suchend um mich. Hinter der Theke rief mir Chef Claudio laut und geschäftig zu: „*Dica, dica me ...*"*

„*Ha una camera per me?*"**, fragte ich hoffnungsvoll.

Claudio schaute mich verlegen an und antwortete, nein, er habe kein Zimmer, damit könne er nicht dienen.

Empört herrschte ich ihn auf Luxemburgisch an: „*Ma dât get et dach net.*"***

Claudio war betroffen über meine heftige Reaktion, er gab sich betrübt, aber helfen konnte er nicht. Der Mann war von imposanter Gestalt, in seinem bärtigen Gesicht saß eine tief nach unten gezogene Nase, ein verwaschenes, graukariertes weites Hemd quoll aus der zerschlissenen Hose, die irgendwie am Unterleib klebte, über den sich ein mächtiger Bauch wölbte. Zwar wirkten seine Augen gutmütig, doch unwillkürlich stieg in mir das Klischee des Räubergastgebers auf, der in finsterer Nacht unschuldigen Pilgern die Gurgel durchschneidet und seine Opfer beraubt – Claudio würde diese Theaterrolle ohne Dazutun eines Maskenbildners ideal verkörpern.

Fassungslos stammelte ich: „Was mache ich denn nun?", als Claudio den Pilgerhinweis an meinen Rucksack bemerkte.

„Sie gehen zu Fuß?", fragte er teilnahmsvoll.

Ich nickte und erklärte ihm meinen Pilgerweg und die heutige Etappe.

„Tja, wenn das so ist, dann habe ich was für dich. Ich kann dich doch nicht so sitzen lassen. Komm ...", damit schnappte er ein Schlüsselbund und wir stiegen zwei Treppen hoch.

---

* „Sag mir ..."
** „Haben Sie ein Zimmer für mich?"
*** „Das darf doch nicht wahr sein!" oder: „Das gibt's doch nicht."

Gestikulierend erklärte er mir, er habe dieses Objekt erst vor kurzem angemietet. Er habe zwar eine Lizenz für die Bar, aber noch keine für die Zimmervermietung, auch seien die Räume noch nicht instand gesetzt. Erst das fünfte Zimmer sah trotz zerbrochener Fensterscheiben halbwegs akzeptabel aus und Claudio versprach, mir die *donna* zum Bettrichten zu schicken. Bald kam ein freundliches Zimmermädchen, überzog das Bett mit frischen Laken und versorgte mich mit Decke und Handtüchern. Als ich der Frau dankend einen Geldschein reichte, meinte sie, ich sei *molto gentile*.
Die zweite Hürde des heutigen Tages war überwunden, jetzt bedrängte mich Skepsis wegen des Essens in dem unansehnlichen Lokal. An einem gedeckten Tisch warteten gespannt zwei ältere, schwarz gekleidete Frauen. Claudio lief geschäftig hinter der Theke hin und her, redete laut mit den Gästen und winkte mir zwischendurch zu, er komme gleich. Nach einer Viertelstunde brachte er eine Flasche Olivenöl, erklärte mir die Gewürze im Öl, machte eine beruhigende Geste, das Weitere komme demnächst, und verschwand wieder hinter der Theke.
Inzwischen erhielten die zwei Frauen gigantische Pizzen mit Kochschinken, sie schmatzten und säbelten auf ihren Tellern herum und lobten zu meiner vergnügten Erleichterung begeistert ihr Abendessen. Ein für mich nur schwer entzifferbarer handgeschriebener Zettel mit mir unbekannten Gerichten ersetzte die Menükarte. Nachdem er mir und den anderen Gästen wiederholt beschwichtigend zugewinkt hatte, versuchte er, mir endlich das Menü zu erklären. *Tortellini al Pesce** sei sehr gut, meinte er überzeugend. Die Menüwahl erwies sich als recht heikel. Claudio fragte mich, ob ich Englisch spreche, zischte ab und schob kurz darauf eine schlampige Frau mittleren Alters an meinen Tisch.

---

* Teigwaren mit Fisch

Die Dame glotzte mich aus ihrem geschwollenen Gesicht stumpfsinnig an, sackte schwerfällig auf den Stuhl mir gegenüber und versuchte, etwas auf Englisch zu radebrechen. „Hat die eine Fahne oder nicht?", rätselte ich, derweil wir versuchten, ins Gespräch zu kommen. Sie starrte mir tief-glasig in die Augen. „Ob sie noch weiß, weshalb Claudio sie hergebracht hat?", dachte ich. Bevor wir auch nur eine Zeile des Menüs abklären konnten, torkelte ein Mann mit sturem Blick heran, keifte lautstark die „Dolmetscherin" an, zerrte an ihren Schultern und versuchte, sie wegzuziehen. Sie wehrte sich, lallte unverständlich, krampfte sich am Tisch fest. Der Mann ließ nicht locker, packte unter ihren Schulterachseln hindurch die prallen Brüste, riss die *donna* hoch und schleifte sie rückwärts ab, ohne mich eines Blickes zu würdigen. Claudio opferte sich wieder auf. Ich bestellte *Tortellini al pesce* und Spargel mit Omelette, alles schmeckte ausgezeichnet.

Zwischendurch erkundigte sich die Köchin über der Gäste Zufriedenheit. Als ich ihr von meiner Wanderung erzählte, sagte sie *stupendo* und wünschte mir ein gutes *ritorno*. Mittlerweile hatten die zwei Frauen kaum die Hälfte ihrer Riesenpizzen verzehrt, mehr schafften sie nicht und riefen Hilfe herbei. Sergio wurde von der Theke wegbeordert und trotz heftigen Protestes, er habe schon gegessen, zum Verzehr der übrigen Pizzahälften zwangsverpflichtet. „Wie kann man nur so große Pizzen machen", knurrte er zuerst, doch dann schmeckten sie ihm. Die beiden Frauen waren zufrieden mit Sergio und lobten ihn über Gebühr. Später am Abend griff ein Gast zur Gitarre, es wurde musiziert und gesungen, dann lautstark diskutiert. Es machte mir nun richtigen Spaß, hier zu sein, mit dem besonders guten Gefühl, bald in ein kuscheliges Bett schlüpfen zu können.

Claudio berechnete für die Übernachtung einen lächerlich geringen Preis, ein Trinkgeld wollte er nicht annehmen. Als ich darauf bestand und sagte, ich ginge nicht, bevor er es annähme, schüttelte Claudio den Kopf, öffnete eine Schautafel mit Lederartikeln, suchte das schönste und teuerste Schlüsseletui heraus und drückte es mir bestimmt in die Hand. Eine Prägung im Leder stellte einen Pilger dar mit der Inschrift „Via Francigena".

Ich schämte mich nun wegen meiner zuerst abwertenden Gedanken über diesen wunderbaren, einfachen Mann. Jetzt, nachdem ich ausgeruht war, sah ich alles in einem anderen Licht, am liebsten hätte ich Claudio geknuddelt. Ich versprach, ihn wieder zu besuchen, und nahm von ihm und seiner lustigen Spelunke Abschied wie von alten Freunden.

Ich wanderte beglückt in morgenfrischer Stille, von Vogelgesang begleitet, nach Castellonchio. Unterwegs gewann ich einen neuen Freund (oder eine Freundin?). Ich ruhte mich auf einer Wiese aus und sog Sonne, Wärme und Licht in Körper und Seele ein, da setzte sich ein Tagfalter auf meinen linken Daumen. Seltsam: Wie auch immer ich meine Hand bewegte, der Schmetterling blieb ruhig sitzen. Als ich ihn sachte auf eine Blume abstreifte, zögerte er kurz, flatterte um mich herum und setzte sich wieder auf den Daumen. Ich wiederholte diese Geste mehrere Male, der Falter flatterte immer wieder auf meine Hand zurück.

Vorwiegend durch Eichenwald wanderte ich an der südlichen Bergflanke, etwas unterhalb der Staatsstraße 62, auf einem bunten, blumenbewachsenen Weg. Eine wohlwollende Hand geleitete mich geradewegs in ein Weizenfeld. Vor mir breitete sich eine solche Blumen- und Farbenpracht aus, dass es mir buchstäblich den Atem verschlug. Im von Hand gesäten Feld, auf dem die Halme eher weit auseinanderstanden, leuchteten Teppiche von rotem Klatschmohn, gelbem Senf, weißer Schafgarbe, blauen Kornblumen und anderen Kräutern und Blumen vor dem grünen Halmenhintergrund: sagenhaft schön. Schon immer träumte ich von jenem Feld, das Claude Monet vor hundert Jahren in der Provence gemalt hatte, mit Klatschmohn und drei mit Sonnenschirm spazierenden Damen. Oft hatte ich mich gefragt, ob es noch irgendwo ein solch prächtiges Feld gibt. Ja, es gab ein solches Feld an jenem Junitag, im *Val Baganza*, zwischen Castellonchio und Monte Marino. Ich fühlte mich privilegiert wie ein König, dem man ein einzigartiges, unverkäufliches Kleinod zeigt. Anderswo leuchteten mir Kleewiesen entgegen, mal rosarot, mal bläulich in der Mittagssonne schimmernd, je nach Prädomination der einzelnen Blüten. Nirgendwo zwischen Luxemburg und Rom sah ich je eine solche Blumenpracht wie an diesem Tag.

Im Apennin fielen mir zahlreiche gelbe Schilder auf, die Unbefugten das Sammeln von Pilzen und Waldfrüchten verbieten. Eine besondere Lizenz ist erforderlich, so wie anderswo zum Fischen. Hier munden *Riso ai Funghi* und *Funghi porcini**, die große Spezialität dieser Gegend, besonders gut.

Mir gefiel das geruhsame Städtchen Berceto, einst ein wichtiges Zentrum auf dem Pilgerweg nach Rom. An den teilweise aus dem 16. Jahrhundert stammenden Häusern der *Via Romea* ist der ehemalige Wohlstand erkennbar. Romantische, mit breiten Steinen gepflasterte Straßen und Gassen, Torbögen und lauschige Winkel laden den Besucher zum Flanieren ein. Der Dom (12. Jh.) erinnert an den Hl. Moderannus, einen Bischof aus Rennes, der 703 nach Rom pilgerte.

Von Berceto aus stieg ich einen aufgeweichten Waldweg zum *Monte Valoria* hoch. Am Gipfel und auf dem Kammweg zum *Passo della Cisa* peitschten mich die Windböen fast um und fegten mir die Brille von der Nase. Sie jagten zum Greifen nahe Wolken, verformten sie oder lösten sie geschwind auf. Es war ein faszinierendes Schauspiel der Natur, ebenso wie die herrliche Weitsicht, ostwärts ins Taro-Tal, westwärts über die *Lunigiana* zum Ligurischen Meer und über den Apennin.

---

* Steinpilze

132 Treppen hoch über dem Pass liegt eine mit Holztäfelungen hübsch gestaltete Kapelle aus dem Jahr 1921 mit einer anmutigen Muttergottesstatue. Unten am Pass herrschte ein buntfarbiges Treiben von Dutzenden von Motorradfahrern in schillernden Lederanzügen und mit glitzernden Maschinen, die die breite kurvenreiche Bergstraße gern als Rennstrecke benutzen. Zerbeulte Leitplanken mit schwarz oder weiß aufgemalten Kreuzen, Namen und Daten erinnerten daran, wie abrupt der Übergang vom Vergnügen zum Tod sein kann.

Beim Abstieg nach Montelungo verirrte ich mich über mehrere Kilometer und erreichte erst am Nachmittag das Dorf Polina mit der Trattoria *Ferrari*, wo ich hatte essen wollen. Dafür war es jetzt zu spät. Die ganze Männerschaft des Dorfes war hier versammelt, es ging laut her. Laut? Das wäre wie das Säuseln des Windes. Hier wurde gezetert, gebrüllt, ohrenbetäubend. An einem Tisch spielten vier Männer Karten, ein fünfter schaute über ihre Schultern und kreischte reihum auf die Spieler ein. Einer von ihnen schrie und tobte, was seine Stimme hergab und knallte wiederholt mit der flachen Hand auf den Tisch, dass es nur so krachte. Im Speiseraum nebenan saßen Gruppen von Männern beisammen, auch bei ihnen dröhnte es so markerschütternd, als ginge es ums Leben: Nur wer am lautesten schreit, überlebt. Es war sehr lustig. Ein Mann an der Theke bemerkte, wie sehr mich dieses ungewöhnliche Spektakel beeindruckte, und zwinkerte mir schmunzelnd zu. Mein Aufhänger am Rucksack sorgte für eifrige Kommentare und respektvolle Blicke.

Nun folgte ich auf einem stillen Sträßchen dem Lauf des *Torrente Magriola* mit seinen klaren Bergwassern, die im weißen Steinbett hurtig dem Meer zustrebten. Durch das streckenweise schluchtenartige Tal mit üppiger Vegetation erreichte ich Pontremoli, das mich mehr noch als Berceto ins Mittelalter zurückversetzte. Die schwarzgrauen Fassaden sa-

hen so alt aus wie das Pflaster. In diesen engen Gassen schritten Generationen von Pilgern unter den die Häuser stützenden Bögen hindurch und rasteten hier vor oder nach der Bergüberquerung. Hier atmete jeder Stein tausendjährige Geschichte. Das vom Tourismus unberührte Städtchen wirkte ursprünglicher und authentischer als jeder andere Ort bisher auf meinem Weg.
Erfolglos klingelte ich an der Tür des Kapuzinerklosters *Convento dei frati Capuccini,* wo ich zu übernachten gedachte. Auf dem Kirchplatz versammelten sich gerade nach dem Samstagabendgottesdienst die Gläubigen. In der Menge entdeckte ich einen Mönch in brauner Kutte, sprach ihn mit *Padre* an und trug meinen Wunsch vor. „Sie wollen *l'hospitalità*, das geht in Ordnung. In der Kirche ist Bruder Theophilus, er wird sich um Sie kümmern." Auch mich sprach der Mönch mit „Bruder" an. Frater Theophilus bestellte dem Küster, mich zum Klostergästezimmer zu bringen. In einem gewölbten, hohen Raum mit zwei vergitterten Fensternischen befanden sich ein Bett, ein einfacher Holztisch mit zwei Stühlen und eine Reihe hoher, alter Schränke, die mit einer Kette verschlossen waren. Auf den Schränken klebten Etiketten mit den Aufschriften „Donne", „Donna", „Bambino", „Uomo" und „Intimo". Hier wurden die vor der Klostertür von den Spendern abgestellten gebrauchten Kleider sortiert und aufbewahrt, bevor sie weitergegeben wurden. Kisten mit alten Schuhen und Stiefeln bekrönten die Schränke, es miefte. Mit weißen Blätterranken verzierte, grün glasierte Fliesen vermittelten dem historischen Raum ein besonderes Gepräge.
Der Küster zog den Plastikbezug vom Bett und lud mich zum Ausruhen ein, nachdem er mir einen Blick auf den Innenhof des Klosters erlaubt hatte. Auch bat er mich, in Rom für ihn zu beten. Nach einer Weile kam Frater Theophilus und umsorgte mich. „In einer Stunde gibt es Essen", sagte er und ging wieder. Ich fiel in einen tiefen Schlaf, erwachte aber, als

Frater Theophilus mir ein Serviertablett hinstellte: eine dicke Scheibe Weißbrot, eine Suppentasse Brühe mit Fadennudeln, dazu ein Teller mit roten Bohnen, einige Schinkenscheiben und ein Apfel. Ob ich Wein oder Bier möchte, fragte er. Ich erbat ein Glas Rotwein, dazu brachte er Wasser, und später noch eine Scheibe Brot und eine Scheibe Käse. Ich solle ja nur alles aufessen, ermahnte er mich. Frühstück möchte ich um sieben Uhr haben, bat ich ihn. „Das ist zu früh, nehmen Sie sich doch Zeit, acht, neun oder zehn Uhr ist auch gut", meinte er wohlwollend. Ich willigte für acht Uhr ein.

Zur Vorbereitung meiner morgigen Etappe studierte ich den Reisebericht einer italienischen Pilgergruppe und stellte fest, dass sie sich trotz Ratschlägen von Ortskundigen verlaufen hatte. Selbstzufrieden dachte ich, das werde ich allein schaffen, doch es sollte anders kommen, ganz anders.

Schon am Abend plagten mich Krämpfe in den Fingern, so dass ich kaum schreiben konnte, am nächsten Morgen verkrampften sich auch die Füße und die Waden. Dieser Tag steht unter keinem guten Stern, spürte ich, als ich über das karge Frühstück aus einer Tasse Kaffee mit Zucker und zwei Brötchen herfiel. Als Bruder Theophilus abräumen wollte, bat ich, ihn fotografieren zu dürfen. Er murmelte unwirsch, willigte aber doch ein. Seine Reaktion erinnerte mich an jene Frau, die ich in Montelungo begrüßt hatte. Sie mochte 75 Jahre alt gewesen sein, aber ihr Gesicht hatte jene besonders feine Ausstrahlung innerer Zufriedenheit, die ich schon bei einigen anderen Frauen im Apenninengebirge festgestellt hatte. Sie brach Zweige von Hecken ab und fragte mich freundlich aus, doch fotografieren durfte ich sie nicht, dazu sei sie nicht hergerichtet.

Vor der Klosterkirche stellte sich Frater Theophilus bescheiden in Pose, zog seine Baskenmütze ab und schaute schüchtern zur Seite. Irgendwie machte es ihm nun Spaß, Fotomodell zu sein; er entspannte sich. Bislang war er eher wortkarg gewesen und hatte nicht ein einziges Mal gelächelt. Nun lachte der schmächtige Mann mich an, fragte nach meinem Weg und ob ich in Pisa, in Pistoia, in Florenz vorbeikommen würde. Auf meine Verneinung betonte er, ich würde die schönsten Städte und Sehenswürdigkeiten Italiens verpassen, die Toskana und Ligurien seien die schönsten Regionen Europas. Begeistert schwärmte er über ihre Kunst und ihre Landschaften. In Pontremoli herrsche eine besondere Lebensqualität, sogar das Wasser des Magrabaches sei exzellent, man könne es trinken. „Hier ist die geringste Umweltverschmutzung ganz Italiens", erzählte er weiter. Mit leuchtendem Blick erklärte er mir, der Name Theophilus bedeute *amato de Dio,* „von Gott geliebt".

Im Zimmer entdeckte er auf dem Tablett meinen Dankeszettel mit einem Geldschein. Entrüstet wies er das Geld zurück und begann laut, ja fast heftig, einen Vortrag über die *hospitalità* zu halten. Ich verstand die meisten Worte nicht, doch spürte ich, dass er mich über die Qualität des Gebens und des Dienens belehrte. Was wäre die Gastfreundschaft, wenn er dafür Geld annähme? Erst als ich es wieder einsteckte, gab er sich zufrieden. Ich hatte ihn tatsächlich beleidigt, auch mein Versuch, ihm zu erklären, das Geld sei für die guten Werke des Klosters, fand kein Gehör. Ernsthaft und hingebungsvoll spendete er mir zum Abschied den Pilgersegen. Ich verließ Pontremoli mit der außergewöhnlichen römischen Brücke und kaufte in einem kleinen Lebensmittelladen meine Wegzehrung. Eine Frau von etwa 65 Jahren sprach mich an und gab sich als Schweizerin aus.

„Dann sind Sie wohl hier gestrandet", sagte ich.

„Ja, mein Mann ist Italiener", antwortete sie.

„Das kann ich gut verstehen, italienische Männer sind sehr liebenswert", schmeichelte ich.

Die Frau schaute mich skeptisch an, machte eine den Daumen zum Mund führende Geste und antwortete vielsagend: „Der Wein ist hier sehr billig."
Am Stadtausgang besuchte ich die im Krieg zerstörte und danach wieder aufgebaute Kirche San Pietro. Sie birgt einen berühmten Labyrinth-Stein aus dem 12. Jahrhundert. Die Steinplatte symbolisiert die Irrungen des Menschen auf dem Lebensweg, auf dem wir alle Pilger sind: Pilger und Sucher nach dem Paradies, nach dem ewigen Leben, nach der Erlösung oder der Erleuchtung, wie immer wir das Ziel nennen mögen. Die Menschen damals pilgerten aus einem tiefen religiösen Bedürfnis und hofften, der Besuch eines heiligen Ortes bringe sie näher zu Gott und zu seiner Liebe. Der Labyrinth-Stein symbolisiert auch die auf diesem spezifischen Weg erlebten Irrungen.
Am Friedhof von Filattiera steht die Kirche *San Stefano di Serano* (12. Jh.), ein außergewöhnliches Beispiel romanischer Baukunst. Leider war sie wegen Restaurierungsarbeiten geschlossen. In ihrem Schatten suchte ich einen Platz zum Mittagessen und picknickte auf einem abgestellten Sargwagen, ein etwas ungewohnter Tisch, aber ich bin nicht abergläubisch.
Eine junge Frau mit kurzer weißer Bluse und weißen Shorts fragte: „Sie pilgern nach Rom – mit dem Auto?"
„Nein, nur zu Fuß", erwiderte ich.
„Que gambe!"*, rief die Frau daraufhin aus, bewunderte meine jeansbekleideten Beine und wünschte mir eine gute Wanderung.

Bei glühender Hitze besuchte ich das auf einer Anhöhe gelegene verschlafene Borgo Filattiera. Hier waren ein altes Schlösschen (13. Jh.) und einige schön renovierte Häuser zu sehen. Im Dorfcafé langweilte sich eisschleckend die Jugend. Hand- und Wadenkrämpfe quälten mich wie nie zuvor. Trotz Pausen

---

* „Was für Beine!"

und Massagen an einem schattigen Bach schleppte ich mich abgespannt bis Villafranca in Lunigiana. An ein Weitergehen zum 10 Kilometer entfernten Aulla war nicht zu denken und ich musste den heutigen Wanderrückstand auf die nächsten Tage verteilen. Ich kaufte Trekkingkarten und plante zur Vermeidung der lärmenden SS 62 eine neue, kürzere Wegstrecke über die apuanischen Alpen. Im angenehmen Hotel verwöhnte mich der Chef aufmerksam mit einem reichhaltigen Frühstück. Die scheußlichen verpackten Industriekekse, die in vielen italienischen Landhotels serviert werden, gab es hier nicht.

Ich gedachte, meinen Rucksack zu erleichtern, indem ich insbesondere die schweren Bergschuhe nach Hause schicken wollte. In der Post ärgerte sich eine vor mir wartende Frau über den schleppenden Schalterdienst, während ich im Taschenwörterbuch passende Worte zur Gepäckaufgabe suchte. Als die Angestellte das bemerkte, unterbrach sie prompt die Bedienung der lokalen Kundschaft, winkte mich an den Schalter und fragte zuvorkommend nach meinen Wünschen. Paketkartons würde ich in Aulla erhalten, sagte sie, und wünschte mir eine gute Reise, bevor sie sich wieder ihren Kunden zuwendete.

Das aussterbende Bergdorf mit dem wohlklingenden Namen Bibola ist – wie viele andere Orte und Städte Norditaliens – ein reines Produkt der Frankenstraße. In unsicheren Zeiten zogen es viele Pilger vor, den beschwerlicheren, aber sicheren Weg über die Berge zu nehmen, als sich im Tal den zahlreich lauernden Wegelagerern auszuliefern. Nur wenige der uralten Häuser aus geschichtetem Schiefer waren noch bewohnt. Vom Fuß der Burgruine genoss ich auf 300 Metern Höhe eine schöne Aussicht auf Aulla, Pallerone und das Tal der Magra, das ich eben verlassen hatte. Im Hintergrund erhob sich schattenhaft im bläulichen Dunst die Masse des Apennins mit den Gipfeln des *Monte Braiola* und des *Monte Logarphena*.

Im dahinsterbenden Vecchietto grüßte ich wohl die ganze Bevölkerung, die auf einer Hausterrasse beisammensaß, einige alte Frauen und zwei Männer. Sie boten mir Wein und Bier an. Ich erbat kühlendes Wasser und die Erlaubnis, die liebenswürdigen Menschen abzulichten. Für mich war die Situation besonders lustig, denn ich fotografierte genau die gleiche Szene wie die bereits erwähnte italienische Pilgergruppe etwa ein Jahr zuvor: Hier steht die Zeit tatsächlich still.

Am Anwesen eines Ehepaars vorbei, das Überlebenslandwirtschaft praktiziert, mit gepflegt angelegten Parzellen von Klee, Mais, Kartoffeln und anderen Kulturen, stieg ich einen kurvenreichen Weg durch dichten Kastanienwald hinan. Ich wollte über Ponzanello nach Fosdinovo auf der anderen Bergseite und folgte endlos angenehmen Pfaden, bis der Weg sich meerwärts senkte und den Blick freigab auf ein typisches Bergdorf. Herrlich gelegen dominierte es das Tal tief unten. Dahinter schimmerte blau-silbrig das Ligurische Meer mit dem sich von Horizont zu Horizont ausbreitenden feinen Sandstrand. Im Dorf erkundigte ich mich nach dem Hotel.

„Hier ist kein Hotel, da müssen Sie weitergehen", lautete die Auskunft.

„Wieso, ich bin doch in Fosdinovo", behauptete ich ahnungslos.

„Nach Fosdinovo müssen Sie noch mindestens vier Stunden laufen", klärte mich der Mann auf.

Langsam dämmerte mir, dass mir ein größerer Schnitzer unterlaufen war.

„Aber wo bin ich denn? Etwa erst in Ponzanello?", fragte ich beklemmt weiter.

„In Ponzanello? Mitnichten. Sie sind in Ponzano", hieß es niederschmetternd.

Erst ein Blick auf die Karte zeigte mir, dass ich seit Stunden in die nordwestliche, statt in die südwestliche Richtung gelaufen war. Die Empfehlung, von hier auf dem kürzesten Weg nur 6 Kilometer nach Sarzana zu gehen, schlug ich leichtfertig in den Wind. Ich machte mich sofort auf den Weg zum 1,5 Kilometer entfernten Hotel *La Trigola*, wo mich eine weitere Enttäuschung erwartete: Das Hotel war ausgebucht. „Gehen Sie 2 Kilometer weiter ins Tal hinunter zur Albergo *Le due palme*", ermutigte mich die geschäftige Chefin.

Bald erreichte ich S. Stefano di Magra mit dem enormen Verkehr der Staatsstraße 62, jener lärmenden, stinkenden Straße, der ich über den Berg hatte entfliehen wollen. In wenigen Minuten prasselten drei weitere Hiobsbotschaften auf mich ein: Das empfohlene Hotel war geschlossen, eine weitere Herberge war besetzt, und ich musste weitere 7 Kilometer nach Sarzana laufen, in anbrechender Dunkelheit, auf der gefährlichen bürgersteig- und sommerweglosen Nationalstraße. Ich musste höllisch aufpassen, bevor ich endlich nach 8 Stunden Wanderung mit kochenden Füßen und brennenden Waden in Sarzana eintraf.

Zufrieden war ich trotzdem, denn ich hatte einen neuen Tagesrekord aufgestellt. Bald munterte mich in einem Ristorante eine Schülergruppe auf, die den Schulabschluss mit Pizza und Cola feierte. Es war ein turbulentes Chaos, eine ausgelassene und – wie könnte es in Italien anders sein – extrem laute Stimmung, ein Spektakel, wie man es nur hier erleben kann.

Marmorkunst und Liebesnester

In Sarzana besuchte ich die künstlerisch wertvolle Kathedrale *S. Maria Assunta* mit der Statue des berühmtesten Sohnes der Stadt, Papst Nikolaus V. (1397-1455). Über die *Via Aurelia* erreichte ich Luni, in römischer Zeit der wichtigste Hafen zur Verschiffung des Marmors in die damalige Welt. Nur geringe Ruinen sind übrig geblieben.
Die schwüle Hitze laugte mich aus. Ich passte mich also dem italienischen Tagesrhythmus an und rastete zur Mittagszeit im Schatten eines Olivenhains, bis die Hitze erträglicher wurde. In Marina di Carrara herrschte reger Betrieb, LKWs fuhren riesige Marmorblöcke von den im Landesinnern wie Eisberge schimmernden Marmorbergen der *Alpe Apuane* zu den Lagerhallen und Verladeeinrichtungen des Hafens oder zu den zahlreichen Werkstätten.
Welch ein Genuss, nach einem heißen Juniwandertag mit ungewöhnlichen Augusttemperaturen in der Abendfrische in Marina di Massa italienische Badeortatmosphäre mit ihrer typischen Lebendigkeit zu erleben. Die ganze Einwohnerschaft war auf der Straße oder auf den Plätzen unterwegs. Stehend oder auf Mauern, Bänken, Mopeds oder Fahrrädern sitzend, diskutierten und freuten sich Groß und Klein, Alt und Jung. Auf dem *ponte,* einem ins Meer gebauten Pier, hatten sich Fischer, Liebespaare, Gitarrenspieler und Schaulustige ein Stelldichein gegeben. Es herrschte eine freundliche, lockere Atmosphäre, der ein silbrig glänzender Mond und die bis ins schier Unendliche sich erstreckende Strandbeleuchtung einen festlichen Rahmen und die gespenstisch-dunklen Umrisse der fast 2.000 Meter hohen Marmorberge im Hintergrund eine geheimnisvolle Note verliehen.
Hier durfte ich erneut die Effizienz der italienischen Carabinieri bewundern. Vor einigen Tagen hatte ich in der Lunigiana eine Frau beobachtet, die mit einem jungen Mädchen auf

einem einsitzigen Moped fuhr, bis das gebieterische Hupen eines Polizeiwagens sie stoppte. Der Papierkontrolle folgte der freundliche, aber bestimmte Verweis: ein Sitz = ein Fahrer, die Jugendliche musste absitzen. Heute ließ der Besitzer eines auf einem Parkplatz abgestellten Wohnwagens Schmutzwasser ab. Prompt tauchte ein Carabiniere auf, schalt den Missetäter wegen der Schlamperei und kassierte ein Bußgeld.

Ich verstand jetzt, warum es hier trotz Massentourismus überall sehr sauber war – mit Ausnahme des Mülls, der an den Landstraßen aus den Autofenstern flog.

Die Strandanlagen waren überaus gepflegt. Die breite, saubere Strandstraße war beidseitig von Palmen, Büschen und Sträuchern eingerahmt, hier gab es keine Betonklötze wie etwa jene hässlichen Häuserfronten entlang der belgischen Küste. Zwischen Strand und Straße lagen hübsch abgegrenzte, eingeschossige Betriebsgebäude mit Bar, Restaurant und Sanitäranlagen, mit Vorgarten und Parkplatz aus weißem Kies. Dahinter erstreckten sich endlose Doppelreihen von frisch gestrichenen Badekabinen, der Sand war gesäubert und geglättet und wartete auf die wärme- und lichthungrigen Körperseelen. Perfekt ausgerichtet wie Soldaten bei der Parade, reihten sich Sitz- und Liegestühle und Sonnenschirme, so weit der Blick reichte – eine mustergültige Organisation.

Im Zentrum von Querceta pulsierte geschäftig das Marmorherz Italiens. Hier bestimmte das ebenso alte wie moderne Symbol für Luxus und Macht das Stadtbild. Überall breiteten sich Marmorlager, Schneideateliers und zahllose Künstlerwerkstätten aus. In den Straßen reihte sich Marmorgeschäft an Marmorgeschäft, von feinster Kunst bis zum Massenkitsch gab es nichts, was nicht in Marmor feilgeboten wurde, ja sogar Bürgersteige sind aus Marmor. Gegen Mittag erreichte ich Pietrasanta, das antike Zentrum der Marmorverarbeitung, wo mich der Hunger in eine freundliche Trattoria trieb. Am kleinen Nebentisch in dem engen Lokal schaute mir ein etwa sechzigjähriger Mann mit grauem Bocksbart interessiert zu, wie ich meinen Rucksack und die verschwitzte Sonnenkappe ablegte, meine verklebten Haarsträhnen ordnete und mich erleichtert hinsetzte. Ein freundliches Wesen mit schwarzem Zopf, strahlendem Blick und warmem Lächeln beriet mich bei der Speisenauswahl und bediente mich charmant.

Beim Essen sprach mich mein Nachbar an, wir unterhielten uns recht holprig mit unsern Französisch- bzw. Italienischbrocken. Als der Mann „Lussemburgo" hörte, erzählte er begeistert, er kenne mein Heimatland und habe sich dort im Jahr 1995, als Luxemburg europäische Kulturhauptstadt war, an einer Skulpturenausstellung beteiligt. Er nannte mir die Namen prominenter luxemburgischer gestaltender Künstler, einer von ihnen habe in seinem Atelier gearbeitet. Luxemburg sei reich, monierte mein Tischnachbar, aber mehr als die populäre Kunst sei dabei nicht herausgekommen.

Die Trattoria war offensichtlich ein Künstlertreff. Plakate von Skulpturenausstellungen berühmter Marmorkünstler in den Kulturmetropolen der Welt zierten die Wände, die Kundschaft des Lokals war kosmopolitisch. Beim Weggehen sprachen mich drei Amerikanerinnen an. Sie hatten schon alle traditionellen Touristenzentren Italiens besucht und fragten nach weiteren sehenswerten Orten. Ich empfahl ihnen Pontremoli, Vercelli und Pavia, lehnte aber ihr Angebot, mich nach Camaiore zu fahren, dankend ab.

Leider waren die öffentlichen Gebäude bis vier Uhr geschlossen, so konnte ich den aus Marmor erbauten Dom *St. Martino* (14.-17. Jh.) und die *Chiesa di S. Agostino* mit dem schönen Kreuzgang aus dem 14. Jahrhundert nur von außen bewundern. Um die *Piazza del duomo* waren moderne Marmorskulpturen aufgestellt, wie zufällig lief mir der Tischnachbar aus der Trattoria über den Weg. Ich hatte das Gefühl, er habe mich abgepasst. Ob ich seine Skulptur auf dem Platz sehen wolle, fragte er und erklärte mir die Symbolik seines drehbaren Kunstwerks aus hellgrauem Marmor. Es solle Sonne und Energie aufnehmen und wiedergeben, so wie ein Bankier Geld annimmt und es weitergibt. Ein Schild verriet mir den Künstlernamen Michele Benedetto. Signor Benedetto bot mir Kaffee oder ein Bier an. Ich lehnte dankend ab, doch der Künstler gab nicht auf. Er wolle mir sein Atelier zeigen, es sei nur ein paar hundert Meter weiter, auf meinem Weg nach Camaiore. Den Vorschlag nahm ich gern an, und Herr Benedetto zeigte mir seine stelenähnlichen Skulpturen mit hübschen Namen wie *Dialogo*, *La famiglia* oder *Conversazione*. Ich schrieb mich in sein Adressbuch ein, und er bot mir an, für meine Bank eine Skulptur anzufertigen, den Marmor könnten wir wie Michelangelo selbst im Steinbruch aussuchen. Der Künstler beredete mich so gut er konnte, doch ich musste weiter.

Streckenweise von Zypressen flankierte, kleine Wege und Sträßchen führten mich durch einen bukolischen Hohlweg und ein Bambuswäldchen nach Capezzano, in dessen Zentrum mich eine ausdrucksstarke Bronzestatue mit der Inschrift *SACAGAWEA by Harry Jackson* überraschte. Sacagawea war jene Schoschonenfrau, die 1804/5 einer amerikanischen Expedition den Landweg zum Pazifik zeigte. Die Skulptur der Indianerfrau mit ihrem Kleinkind am Rücken löste bei mir ein inneres Prickeln aus, die stolze Haltung, der klare Blick und die dynamische Vorwärtsbewegung waren ergreifend.

Am Stadteingang von Camaiore erkundigte ich mich nach dem von mir vorgemerkten Hotel. Die Frau schlug die Hände über dem Kopf zusammen: „Nein, das geht nicht. Sie sind doch zu Fuß. Das sind noch 15 Kilometer, den Berg hinauf. Das schaffen Sie nie." Hilfsbereit verwies sie mich ins Stadtzentrum, *sul piazza* würde ich ein Hotel finden. Minuten später ging ich in einem einfachen Zimmer meinen täglichen Verrichtungen nach und erkundete vor dem Abendessen das im Jahre 1255 nach dem gleichen Grundriss wie Pietrasanta gegründete liebenswerte Städtchen mit gemütlichen Restaurants und einer heimeligen Atmosphäre. Zwei Mädels flitzten an einem Stadttor auf ihren Fahrrädern um die Ecke, direkt auf mich zu. Bevor ich mich auch nur bewegen konnte, war ein Mädchen bereits mit einem heftigen Lenkradschwenker an mir vorbei, das zweite ließ gekonnt sein Fahrrad zur Seite fallen, rollte sich nach vorn über die Schulter ab, stand wieder auf den Füßen, fasste das Fahrrad und schwang sich geschwind wieder auf. Das alles spielte sich blitzschnell ab, ich war baff.

In der Osteria *Le monache* wurde ich aufs Köstlichste mit toskanischer Bohnensuppe, Kaninchen mit Tagliatelle und Erdbeeren mit Eis verwöhnt. Nach einem Besuch des im Krieg zerstörten, aber später in seinem ursprünglichen Zustand wiederhergestellten Kirchleins *San Michele* – ein stilvoller und stiller Ort für Gebet und Meditation – verließ ich das nette Städtchen und registrierte dabei erfreut die von der Provinz Lucca angebrachten Schilder mit Erklärungen zur Via Francigena, die mich von Camaiore bis nach Lucca begleiteten.

Unterwegs fragte ich eine Frau nach dem Weg nach Nocchi. Ungläubig rief sie aus: „Nach Nocchi zu Fuß? Das ist aber weit!" Ich brauchte gerade mal 20 Minuten. Im Ort erklärte mir eine junge Mutter mit Kind, die *Via Francigena* sei nicht begehbar, ich müsse über die Straße nach Montemagno. Zu meinem Leidwesen folgte ich diesem Rat und marschierte die kurvenreiche Straße zur Passhöhe Montemagno hinauf. Unterwegs entdeckte ich einen kürzeren und angenehmen Fußweg durch den Wald und schimpfte über diese Menschen, die selbst ihre nächste Umgebung nur vom Auto aus kennen. In Zukunft würde ich mich vermehrt auf meine eigene Intuition verlassen und ähnlichen Auskünften mit Skepsis begegnen, denn hier dachte kaum jemand im Sinne eines Fußwanderers.

Ich pilgerte in einer Landschaft aus steil ansteigenden Höhenzügen mit dichtem, wildem Baumbewuchs. Hier und dort war eine Zypresse eingestreut, Krautteppiche überwucherten den Boden und rankten sich an Bäumen hoch, kapselten einige sogar völlig ein und verliehen ihnen eine seltsame, kugelige Form. Dass in dieser Gegend im Mittelalter Wegelagerer ihr Unwesen trieben, schien nur verständlich. In einem Talgrund passierte ich ein einsames Haus mit Hundezwinger, in dem vier Schäferhunde rasten und wüteten, dass mir schauderte; ihr grausiges Weltuntergangsgeheul erschütterte Himmel und Erde. Als ich schon 100 Meter entfernt war, tobten sie noch immer, steigerten sich crescendo, als falle der leibhaftige Teufel über sie her.

Mein ausgelassenes Singen verstummte in den Vororten Luccas, und ich schleppte mich erschöpft durch die *Porta S. Donato* in die Stadt hinein. Ein Hotelzimmer war nicht mehr aufzutreiben, in dieser Kulturstadt muss man Wochen vorher buchen. Ich bat einen Taxifahrer um Hilfe, er langte sofort nach seiner Stadtbroschüre, die wir gemeinsam durchschauten, Minuten später reservierte er in der Stadtperipherie ein Zimmer für einen *Signor Inglese*. Als zweiter Wagen am Taxistand wollte er dem ersten Fahrer den Vorrang geben, das aber ließ ich nicht gelten, schließlich hatte er mir geholfen. Also fuhr er los: zuerst licht- und hornhupend auf den menschenüberfüllten Bürgersteig, dann zwischen Platanen und Terrassenstühlen hindurch wieder hinunter auf die Fahrbahn – kurze Zeit später stand ich in einem sympathischen, modernen Hotel unter der Dusche.

Ich gönnte mir einen Ruhetag in Lucca. Das alte Stadtzentrum ist von einem gewaltigen, intakten Festungswall umschlossen (16.-17. Jh.), der 12 Meter hoch, 30 Meter breit und über 4 Kilometer lang ist. Ein Spaziergang auf der teilweise von mächtigen Platanen bestandenen Ringallee bietet reizvolle Ausblicke auf die Stadt und kleine mit Skulpturen verzierte Gärten. Besucherhöhepunkte sind der baumbekrönte *Torre Guinigi* mit prachtvoller Aussicht auf das Stadtgebiet, die zahllosen Kirchen, insbesondere *S. Michele in Foro* (12.-

14. Jh.) und die Kathedrale (11.-15. Jh.), das Geburtshaus Giacomo Puccinis und mehrere Paläste. Ein Erfolgserlebnis der besonderen Art bescherte mir der *campanile* der Kirche *S. Frediano*: Wie andere Besucher auch, versuchte ich den riesigen Turm mit meiner Kamera einzufangen. Die einzige erfolgreiche Position war, mich auf der Straße auf den Rücken zu legen. Passanten staunten, doch Sekunden später hatte ich einige Nachahmer gefunden.

Am nächsten Morgen pilgerte ich vom Dom aus auf der uralten Pilgerstraße über die *Via S. Croce* zur *Porta San Gervasio* in Richtung Siena. In Porcari grüßte ich zwei Männer auf einer Terrasse und löste eine überraschende Reaktion aus. Ein Mann sprang aufgeregt auf, lief auf mich zu und fragte, was ich da tue. Erst der Pilgerhinweis am Rucksack klärte die Situation: Der Mann hatte mich mit jemand anderem verwechselt. Er bot mir an, mich nach Altopascio zu fahren, doch ich blieb standhaft.

In Altopascio stand ich am Abend fast eine Stunde bei einer Pizzeria an, um eine Pizza zu ergattern. Die Geduldsprobe lohnte sich tausendmal, denn ich verspeiste die beste Pizza meines Lebens. Die nächste Etappe nach Fucecchio begann mit dem Besuch des historischen Hospizkomplexes des Ordens der *Cavalieri del Tau*. Dieses ist eines der wenigen intakt gebliebenen Hospize an der *Via Francigena* und zugleich der Geburtsort des Templerordens, der im 12. und 13. Jahrhundert entlang der wichtigsten Pilgerstraßen Europas zahlreiche Pilgerhospize gründete. In einer Mauer ist das Zeichen *Tau* eingelassen; Franziskus von Assisi verwendete dieses T auf seinen Briefen und betrachtete es als Wappenzeichen der Minderbrüder.

Der Tageshöhepunkt bestand aus einem etwa ein Kilometer langen Teilstück der originalen *Via Francigena* aus dem 12. bis 17. Jahrhundert. Es war für mich ein herrliches Gefühl, in Galleno auf diesen historischen Steinen zu wandern. Im

Geiste sah ich Menschen einer anderen Zeit sich dort bewegen: Handwerksleute, Soldaten, Bettler, Bauern mit Ochsenkarren, sänftengetragene Dignitare mit Begleitung, Pilger, Prediger und einfaches Volk. Um die vielbefahrene Provinzialstraße zu meiden, studierte ich in Le Vedute meine Straßenkarte. Auf einer Straßenseite befindet sich das *Padule di Fucecchio*, das größte Sumpfgebiet Italiens. Früher war diese Gegend wegen der Sümpfe und des hügeligen Geländes mit üppigem Wald und dichtem Untergehölz, das lichtscheuem Gesindel leichten Unterschlupf bot, besonders gefährlich.

Die Karte zeigte an einer Straßenseite Wege durch den Pinienwald auf, und ich versuchte, einen dieser Wege zu benutzen. Schon bald fand ich einen gut ausgetretenen Waldweg, was mich sehr wunderte, denn wer geht hier schon zu Fuß? Der Pfad wand sich im dichten, teilweise stacheligen Gebüsch und war bald wunderbar mit dem in der Mittagssonne herrlich grün leuchtenden Gras bewachsen. Nicht wenig staunte ich allerdings, als die Fährte plötzlich vor einer etwa matratzengroßen Plastikfolie endete. An ihrem Fußende lag ein Haufen Papiertüchlein, dazwischen lugten gebrauchte Kondome hervor: ein Liebesnest in Gottes freier Natur. Es musste hier sehr rege zugehen, denn der Haufen Papiertücher bildete eine richtige Pyramide und war frisch und durch keine Nässe zusammengeschmolzen. Ob diese Stelle reihum in Betrieb war oder ob sich ein Pärchen eine Trophäe der besonderen Art aufbaute, konnte ich nicht klären. Ich entdeckte noch zwei diskretere Liebesplätze und einen vierten Pfad in den Wald hinein, doch der endete genauso abrupt an einer mit einem zerfetzten Tuch überzogenen Schaumstoffmatratze.

Der letzte Versuch führte mich zu einem Kiesweg mit dem Hinweis *Privato*, doch versuchte ich mein Glück, bis ich vor einem mächtigen, schmiedeeisernen Tor stand, das den Blick auf einen imposanten Landsitz freigab. Was tun? In dem Moment fuhr von der Straße ein Auto heran und hielt an meiner Seite. Die zwei männlichen Insassen boten mir weder Gruß noch Hilfe an, im Gegenteil. Der Fahrer im roten Polohemd grinste mich dümmlich an. Vom Nebensitz wurde ich scharf und gebieterisch darauf hingewiesen, dass hier der Weg ende und ich sofort zurückgehen müsse. Das schneidende, fast drohend wiederholte *dietro** ließ mir keine Wahl. Die beiden Männer behielten mich im Auge, bis ich wieder auf der Straße war und nach diesem peinlich gescheiterten Versuch, einen angenehmen Waldweg zu finden, auf der Straße in Richtung Ponte a Cappiano weiterlief.

In einem schattigen Eingangstor setzte ich mich schweißgebadet zu meinem Picknick mit Fruchtschnitten und Wasser nieder. Plötzlich ertönte hinter mir ein Summton und die Tür sprang auf – ich auch. Einige Stufen höher beobachtete mich misstrauisch eine Frau und fragte, was ich da mache. Ich antwortete auf Französisch: „Meine Mittagspause." Sie sagte, sie verstehe nichts, aber sie ließ mich in Ruhe und ich tröstete mich damit, dass sie keinen Hund auf mich hetzte.

Schweiß, Hitze und Reibung hatten meine Oberschenkelinnenseiten entzündet. Die Haut brannte heftig, bis mir ein Englisch sprechender Apotheker in Fucecchio eine Tube kühlendes Gel empfahl, das schnell Abhilfe schaffte.

Der Bau des *Ponte S. Pierino* löste viele Probleme der Überquerung des Flusses Arno, der zuvor regelmäßig Holzbrücken wegschwemmte und die Pilger zwang, per Boot überzusetzen. Ich folgte seit Piacenza und bis Siena wesentlich der Wegbeschreibung der bereits erwähnten italienischen Pilgergruppe und bog hinter dem Ortsteil La Scala von S. Miniato basso nach rechts auf eine schmale Asphaltstraße ab, als nach wenigen Metern ein kleiner Fiat mit geöffnetem Fenster neben mir stoppte und der Fahrer mir barsch zurief: „Privatstraße. Hier geht's nicht weiter. Hier ist Schluss, *chiuso***. Capi-

---

* „Zurück"
** „geschlossen"

to?" Ich erklärte ihm meine Absicht, verwies wiederholt auf den fotokopierten Text, nach dem ich mich richtete, doch der Mann blieb beinhart. Schroff befahl er, dies sei *privato,* ich müsse *dietro* gehen und damit *basta.*

Er fuhr erst weg, als ich die Hauptstraße wieder beschritt. Als er außer Sichtweite war, ging ich zurück und stapfte verbissen den Hang hinauf, wo das Sträßchen im Hof eines Weinguts endete und mich die Winzerin fragend anschaute. Hilfsbereit zeigte sie mir den Weg durch die Weinberge zur höher gelegenen Straße nach Castelfiorentino. Bald stand ich vor dichtem Heckengebüsch und wendete mich durch die Reben hangabwärts, doch an der Talsohle versperrte ein schilfbewachsener, metertiefer Wassergraben das Weiterkommen. Zwei freundliche Arbeiter zeigten mir einen Steg, flugs erreichte ich die kurvenreiche Straße und von dort einige Kilometer weiter einen Steinweg, der zum Höhenkamm zwischen dem *Val d'Elsa* und dem *Valle dell'Egora* führte.

Nun begann meine Wanderung ins irdische Paradies. Vor meinen Augen entfaltete sich eine Landschaft, zu deren Beschreibung die Worte fehlen. Sanfte Hügel, sich wellenförmig nach allen Richtungen ausdehnend, formten ein pastellfarbenes Puzzle, mit Eichenwäldern bestanden oder kultiviert mit weiten Gersten-, Roggen-, und Flachsfeldern, mit Olivenhainen, deren silbrig-graue Blätter im Sonnenlicht glitzerten, mit Reben, Klee, Kartoffeln und Sonnenblumen. Bewaldete Anhöhen und Täler hoben sich kontrastreich ab, doch weiter südlich war der Wald weitgehend gerodet, die Augen erfreuten sich überwiegend an den bis zum Horizont rollenden Getreidefeldern. Die friedvolle Landschaft verströmte die sorglose Heiterkeit ewigen Seins, darüber wölbte sich ein blassblauer Himmel, unter dem zartes, weißes Gewölk schwebte. Am nördlichen Horizont zeichneten sich im geheimnisvoll-bläulichen Dunst schattenhaft die Bergkuppen der *Garfagnana* ab.

Immer wieder durchrieselten Glücks- und Freudenschauer meinen Körper beim Anblick von so viel Anmut und Schönheit. Sicher gibt es auf Erden viele Paradiese – die ganze Erde ist eines –, aber diese Landschaft ist das perfekte Endresultat des göttlichen Schöpfungsaktes und menschlicher Gestaltung. Und liest man die Beschreibung himmlischer Sphären, so ist eines gewiss: Sie sind nach der Toskana modelliert worden.

Nach einigem Hin und Her an hinweislosen Kreuzungen und ratlosem Wegesuchen, in dessen Verlauf mich gar eine hundertköpfige Schafherde umzingelte, erreichte ich einen Bauernhof, wo mich bellende Hunde und herzliche Menschen im schattigen Innenhof empfingen. Die Leute stillten meinen Durst, füllten die Wasserflaschen und zeigten reges Interesse an meinem Pilgergang. Auf der Karte zeigte ich ihnen die nächste Station auf, Campiano, und löste damit schallendes Gelächter aus: „Dies ist Campiano!" Besonders lustig fanden die Bauern den Eintrag des unscheinbaren Fleckens in der schweizerischen Fernstraßenkarte, auf italienischen Karten sei er unauffindbar. Die *Via Francigena* war den Leuten wohlbekannt, und sie zeigten mir die Richtung nach Coiano. Im weiteren Tagesverlauf irrte ich manchmal ratlos in der offenen, menschenleeren Gegend umher, trotz der Beschreibung der italienischen Pilgergruppe. Die wenigen *cantinas* oder die einzeln verstreuten Bauernhöfe waren fast alle verlassen, das Resultat der Landflucht vergangener Jahrzehnte. Manche sahen so aus, als seien die Bewohner geflüchtet, viel Gerät verrottete in Schuppen, in Verliesen standen Fässer, Korbflaschen und Ähnliches herum.

So wie meine heutigen Irrwege ist auch das Leben, sinnierte ich unterwegs. Wir wissen nicht immer mit Sicherheit, welches der richtige Weg ist. Wir versuchen diesen oder jenen oder einen dritten. Wichtig ist es, jedem Weg seine schönen Seiten abzugewinnen, die vermeintlich unnütze Erfahrung als eine Bereicherung zu akzeptieren und zu sehen, was sich daraus lernen lässt, gutgelaunt wieder von vorn zu beginnen und eine neue Richtung einzuschlagen. Dann gibt es weder Irrweg noch Zeitverlust, alles hat Sinn und Berechtigung – und mancher vermeintliche Irrweg erweist sich im Nachhinein als der einzig richtige.

Irgendwann erreichte ich die Straße von Castelfiorentino nach Montaione und einen Flecken mit dem wohlklingenden Namen Tinti di Mori. Ich war erschöpft, meine Füße glühten wie hundert Sonnen und ich erkämpfte jeden Meter bergan. Es war mir egal, welcher Ort sich auf der Berghöhe befand, eines stand fest: Im ersten Hotel mache ich Schluss. Ich war ausgetrocknet, meine Zunge klebte im Mund und ich fühlte mich elend. Am ersten Haus, das ich erreichte, erbat ein LKW-Fahrer Wasser für seinen kochenden Motor, ich tat das Gleiche. Ich stürzte einen Liter köstlich frischen Wassers hinunter und füllte meine Flaschen auf, derweil mich der Hausbesitzer aufmunterte, Montaione sei nur noch drei Kilometer entfernt. Ich wollte zwar nach Gambassi Terme, aber das war jetzt unwichtig. Trotz des Labsals waren die restlichen Kilometer zur Bergspitze eine reine Tortur. Erst am Abend erreichte ich im Dorfzentrum ein sympathisches Hotel.

„Completo", beantwortete die Besitzerin bedauernd meine Zimmernachfrage. Mir war, als würde ich ohnmächtig. Die Chefin bemerkte meine Niedergeschlagenheit und das Pilgerschild am Rucksack. Teilnahmsvoll änderte sie ihre Aussage: „Aber einen Pilger kann ich doch nicht einfach stehen lassen. Kommen Sie, ich helfe Ihnen." Sie zeigte mir ein Zimmer, das neu hergerichtet werden sollte und deshalb nicht mehr vermietet wurde. Es war eher wie eine Klosterzelle, aber das Einzige, das ich jetzt brauchte, waren ein Bett und eine Dusche – freudig nahm ich das Angebot an. Erschöpft, doch zufrieden fiel ich aufs Bett und schlief sofort ein.

Am nächsten Tag entschied ich mich für einen Tag Urlaub vom Pilgern. Ich wertschätzte meine Beine und Füße, die mich 12

Stunden bei sengender Hitze 36 Kilometer lang durchs fast schattenlose, irdische Paradies getragen hatten – mein neuer persönlicher Distanzrekord –, ohne Mittagessen, nur mit leichter Obstverpflegung. Doch diese Anstrengungen waren bedeutungslos angesichts der Wogen der Glückseligkeit, die meine Seele in diesen Tagen im toskanischen Paradies durchfluteten. Außerdem fühlte ich mich wohl in Montaione, in dem sympathischen Hotel und in dem Ristorante mit den toskanischen Spezialitäten. Auch die Ortsatmosphäre strahlte Wärme und Wohlgefühl aus. Jugendliche grüßten mich auf der Straße, ein Liebespaar auf einer Bank ebenfalls, Männer am Stammtisch winkten mir zu, überall waren Fenster und Türen geöffnet, Stimmen schallten laut in die nächtliche Stille hinein – nur sehr ungern verließ ich diesen zauberhaften Ort. Ein junger Mann ließ sich meine Abenteuer erzählen und warnte mich vor den möglichen Übergriffen von Landbesitzern, deren Privatgrund ich beträte – die von mir kürzlich gehörten Drohungen seien durchaus ernst zu nehmen: „Sie haben Glück gehabt, dass die Männer nicht handgreiflich wurden, und ich bitte Sie dringend, in Zukunft solche Situationen im eigenen Interesse zu vermeiden", warnte er mich.

Montaione liegt auf einem Bergrücken, von hier breitet sich ein grandioser Rundblick nach Norden aus. Ich genoss das phantastische Panorama zu jeder Tageszeit, speziell aber am Abend mit den in der Dunkelheit zitternden Lichtern entfernter Dörfer oder den wenigen in der weiten Landschaft verlorenen Bauernhöfen. Ich erlebte zum ersten Mal seit Jahrzehnten wieder Glühwürmchen, die massenhaft herumwirbelten und einen feenhaften Effekt erzeugten. Zuerst konnte ich die geisterhaften Lichtpunkte in meinem Zimmer nicht erklären, bis mir draußen Myriaden erschienen und ich das Phänomen einordnen konnte.

Am nächsten Tag durchwanderte ich problemlos weiterhin das herrliche toskanische Paradies und erreichte nun die Chianti-Gegend und San Gimignano mit seiner unvergleichlichen *Skyline* von bis zu 54 Meter hohen Geschlechtertürmen, die von sich befehdenden Adelsfamilien als Wehrtürme und Ausdruck ihrer Macht errichtet wurden. Diese roten Ziegelungetüme wurden im Mittelalter in vielen italienischen Städten errichtet, doch nur in San Gimignano sind noch 14 erhalten – es sollen 50 bis 70 gewesen sein. Kein Wunder, dass sich hier Touristenscharen einfinden, nicht nur, um diese seltsamen Auswüchse menschlichen Machtstrebens zu begutachten, sondern auch, um eine intakt erhaltene, typisch mittelalterliche Stadt in ihren Mauern zu besichtigen. Auch das nächste Etappenziel, Monteriggioni, ist vollständig in seiner mit 14 mächtigen Wehrtürmen bestückten Ringmauer erhalten geblieben. Es liegt weithin sichtbar einsam auf einem Berghügel; dorthin und von dort nach Siena, meinem diesjährigen letzten Etappenziel, führten mich bukolische Wege durch die unendlich reizvolle Landschaft.

Wie alle anderen Städte auf meiner bisherigen Wanderung seit Piacenza ist auch Siena eine Tochter der *Via Francigena*. Siena, eine Königin unter den Städten, erschloss auch mir ihr Herz, wie die Inschrift über der *Porta Camollia* andeutet. Die *Piazza del Campo* verlockte mich zum gelassenen Verweilen auf ihrem sich fächerförmig wie eine geöffnete Muschelschale absenkenden Boden. Das Genie italienischer Städtebauer zeigt sich in einer beispiellosen Ausgewogenheit zwischen Bauten und Platz, an dessen Sohle sich der *Torre del Mangia* elegant über den *Palazzo Pubblico* und das Platzrund erhebt und spielerisch dem Himmelsblau entgegenstrebt. Ich versprach, der Stadt später einen längeren Besuch abzustatten, denn was bedeuten wenige Stunden Aufenthalt angesichts des unermesslichen kulturellen Reichtums dieser Schatztruhe?

Höllen im toskanischen Paradies

Jubilierend sprang ich an einem Pfingstsamstag in Siena aus dem Zug: „Die letzte Etappe, endlich ist es so weit! Heiliger Franz, ich bin fast schon da ..." Jetzt, nachdem ich die weiteste Strecke und die größten Hindernisse überwunden hatte, konnte nichts mehr schiefgehen, die Erfüllung meiner Traumaufgabe war greifbar nahe. Eigentlich hatte ich das Wochenende in Siena verbringen und seine vielfältige Kultur genießen wollen. Mein anschließender Plan war, von dort weiter auf der *Via Francigena*, der heutigen *Strada Statale* Nr. 2 und der ehemaligen römischen *Via Cassia*, bis nach S. Quirico d'Orcia zu pilgern. Dort gedachte ich, den Frankenweg östlich in Richtung Perugia und Assisi zu verlassen, doch für die Pfingsttage war auf der ganzen Strecke keine Unterkunft zu finden. Also wich ich über die ruhige Nebenstrecke der SS 438 *Via Lauretana* nach Asciano und Pienza aus – wie so oft bei unvorhergesehenen Ereignissen eine Wende zum Reizvolleren.

Die letzten 24 Stunden waren erlebnisreich gewesen. Am Vortag war ich von Luxemburg nach Milano geflogen, hatte mich in den berühmten Modestraßen an der Kreativität italienischer Modeschöpfer ergötzt und in einem angesehenen Hotel einen enttäuschenden Aufenthalt erlebt. Sehr angenehm war der Zugservice des Eurostars, der mich gegen sechs Uhr morgens in Richtung Napoli fuhr, mit netter Hostess, gratis Tageszeitung, Getränk und Päckchen mit weiteren Annehmlichkeiten. In Parma stieg eine Frau dazu und wollte meinen Platz Nr. 56 – wir hatten beide die gleiche Platzkarte! In Florenz erlaubte mir die Anschlusspause nach Siena einen kurzen Rundgang durch das Bahnhofsgebäude. Auf einer Bank saß ein Bettler etwa meines Alters, mit klebrigen Haarsträhnen im Karl-May-ähnlichen Gesicht. Bevor mein Kleingeld in seine Kappe klirrte, erwischte er es mit der Hand und zählte es sofort ab, ohne mich eines Blickes zu würdigen. Ich kaufte belegte Brote als Wegzehrung und fragte den Bettler, ob er ein Sandwich möchte. Erst jetzt schaute er mit starrem Alkoholblick wortlos auf, nahm ausdruckslos das Brot, wickelte es sorgfältig in eine Papierserviette und steckte es weg.

Eine etwa vierzigjährige Frau mit blondem kurzen Haar hatte die Szene beobachtet und fragte mich nun: „Sprechen Sie Deutsch?"

„Ja."

„Können Sie mir etwas Geld geben? Ich muss nach Hause, nach Hamburg, aber mir fehlt Geld für meine Rückfahrtkarte."

Ich erinnerte mich an ähnliche Geschichten, die ich in Montreal, New York, London und anderen Großstädten erlebt hatte. Ich betrachtete diese Menschen nicht als Bettler oder Nichtstuer, sondern reihte sie unter die Kategorie der Straßengaukler ein. Erzählten sie mir gekonnt eine nette Geschichte, steckte ich ihnen ein Trinkgeld zu.

„Wieso sind Sie in dieser Situation?", fragte ich die Frau.

„Ich musste ins Krankenhaus, und dort hat man meine Geldbörse gestohlen", antwortete sie.

„Aber mit so wenig kommen Sie doch nicht nach Hamburg", warf ich ein.

„Sie haben Recht. Aber alles hat man mir nicht geklaut. Mir fehlt nur dieser Betrag für den Zuschlag. Damit komme ich nach München. Dort wird man mir weiterhelfen."

Ob auch diese Frau schwindelte? Sie sah bieder und ehrlich aus. Ich überreichte ihr das Geld. Sie bedankte sich erfreut, fragte, wo ich herkomme und warnte mich: „Passen Sie nur gut auf, besonders auf Ihren Rucksack. Es ist unglaublich, was hier alles geklaut wird", sagte sie besorgt, wünschte mir eine gute Reise und lief zum Kartenschalter.

Nach dem glänzend sauberen Nobelzug erwartete mich der Kulturschock in Form eines mit grellem Graffiti bemalten Schmuddelzuges mit verdreckten Fernstern und zerschlissenen Sitzen, der mich nach Siena brachte. Energisch strebte ich wenig später vom sienesischen Bahnhof aus in südöstlicher Richtung dem Städtchen Asciano als meinem ersten Tagesziel zu. *Taverne d'Arbia* ist das Tor zu den *Crete Senesi*, einer eigenartigen, gewellten, jetzt im Juni noch saftig grün leuchtenden, fast baumlosen Hügellandschaft, die hier und dort von graunackten und zerfurchten Lehmkegeln und Schluchten durchsetzt ist. Sie war und ist Inspirationsquelle für viele Maler, und manche Leute sehen in ihr eine der schönsten Landschaften der Erde. In den Sommermonaten sieht sie verdorrt und karg aus, weil der Boden keine Feuchtigkeit speichert, im Winter ist er klebrig. Über mir wölbte sich der gleiche hohe azurblaue Himmel mit weißen, zart-verschwommenen Wolkenmustern wie schon letztes Jahr, ein erfrischender Wind machte die Hitze erträglich. Die Straße war ruhig und die Landschaft paradiesisch schön, ich war vollkommen glücklich und erfreute mich immer wieder an den herrlichen Bilderbuchlandschaften, die sich beidseitig der perfekt angelegten Crete-Höhenstraße auftaten.

Ein weißer Fiat Punto fuhr an mir vorbei, bremste scharf ab und die hübsche Fahrerin lud mich mit einer verlockenden Geste zum Mitfahren ein. Die Versuchung war groß, der freundlichen Einladung zu folgen, aber Vorsätze müssen ausgeführt werden. „Vado solo a piedi, mille grazie*", bedankte ich mich, und winkte ihr zu, als sie weiterfuhr.

Ich suchte in der fast baumlosen Landschaft eine Abkürzung und verließ die harte Asphaltstraße. Zuerst rutschte ich auf einem steil absteigenden Kiesweg aus, dann ging es hügelab und hügelauf – dieser Weg mochte kürzer sein, erwies sich aber als umso anstrengender. Bald hatte ich Schwierigkeiten, mich an den hinweislosen Wegkreuzungen zu orientieren, ich fühlte mich plötzlich verloren und unsicher – wo ging es weiter? An einem einsamen Gehöft hetzte drohend ein Schäfer-

---

* „Ich gehe nur zu Fuß, tausend Dank."

hund auf mich zu. Ein mächtiger Stoß Adrenalin schoss in meine Blutbahnen, ich stieß ein gellendes „Nein ..." aus, mehr angstvoll als gebieterisch – die Besitzerin, die gerade auf dem Hausbalkon Wäsche aufhängte, hörte meinen Angstschrei und rief den Hund zurück. Das Herz pochte wild in meinem Hals. Ratlos suchte ich nach Orientierung, fragte die Frau nach dem Weg, doch sie kannte keinen Ort hier in der Gegend. Mir verging die Lust, in dieser großartigen, aber fast menschenleeren Weite herumzuirren, und ich entschied mich wieder für die *Via Lauretana*. Mehrere Male flatterten neben dem Feldweg schwerfällig mit panischem Gegacker Fasane auf und erschreckten mich zu Tode.

Als ich Asciano erreichte, grollten in meinen Waden und Oberschenkeln Krämpfe, noch nie war ich am ersten Tag einer Teilstrecke 28 Kilometer fast schattenlos in der prallen Sonne gelaufen. Doch war ich sehr zufrieden mit diesem wunderschönen, wenn auch anstrengenden Tag, und ich beschloss, einen Ruhetag einzulegen, um die Meisterwerke des *Museo d'Arte Sacra* zu sehen, darunter eines der schönsten Bilder der Toskana, die „Geburt Mariens" von Sassetta, und die Fresken des Ambrogio Lorenzetti in der *Casa Corboli*.

Mein nächstes Tagesziel war das Dorf Montisi und als besonderer Höhepunkt die *Abbazia di Monte Oliveto Maggiore*, Mutterkloster und Sitz des Generalabts der Olivetaner. In der menschenleeren Landschaft begegnete ich nur drei Schafherden, die hurtig das hohe Gras durchliefen. Es war lustig, ihre Gruppendynamik zu beobachten, wie jede Herde in perfekter Choreographie fließend ständig neue Formen annahm – jetzt ein gefüllter Kreis, rundum expandierend mit Leerraum in der Mitte, dann seitwärts ausschwenkend wie Adlerschwingen, um in rascher Bewegung eine breite Zunge zu formen, die sich ihrerseits in ein kreisförmiges Gebilde verwandelte. Nach einem Umweg erreichte ich Chiusure mit einer urigen Gasse und freundlich grüßenden Einwohnern. Direkt unterhalb des Dorfes breitete sich jäh ein unheimliches Panorama aus. Vor meinem Blick dehnte sich bis zum Horizont ein gähnender, finsterer Schlund, eine enorme, tief abfallende Schlucht mit skelettähnlichen Lehmhügeln, schroff abfallenden Wänden, Schluchten in der Schlucht, bizarren Kegeln und Flanken, ein Meer erstarrter Wogen aus Stein, verdorrtem Lehm und Sand, ein Tal des Todes. Dichter beschreiben das Chaos als Höllenlandschaft, sie soll Dante zu seiner Schilderung der Hölle inspiriert haben. Die Phantasie verdichtet die packende suggestive Kraft dieser Vision mit giftigen Schwefelschwaden, mit dem Brandgeruch lodernder Flammen, mit pestilenzartigem Gestank und mit dem Wimmern gequälter Seelen. In der Mitte dieses düsteren Teufelskessels erhebt sich auf einer verlorenen Landzunge die riesige Masse der Abtei. Nur Mönche, die nach strengsten asketischen Regeln leben wollten, konnten 1319 auf die Idee kommen, hier ein Kloster zu errichten.

Der außergewöhnliche Ort und die das Leben des Hl. Benedikt darstellenden Fresken von Signorelli und Sodoma locken Touristenscharen an, insbesondere auch zahlreiche Mountainbikefahrer. Mir war der Kunstbesuch verwehrt, weil Kirche und Abtei zur Mittagszeit über drei Stunden geschlossen sind. Ich war sehr enttäuscht, genoss aber die gute Küche des Ristorante delle Torre und brach wieder auf.

Um die Straße nach S. Giovanni d'Asso zu umgehen, erkundigte ich mich in Chiusure nach einem Feldweg dorthin. Erst die vierte Person wusste um diesen Weg – wie schon so oft in Italien musste ich feststellen, wie wenig die Leute sogar ihre nächste Umgebung außerhalb der Straßen kennen. Jetzt begann der zweite Teil meiner heutigen Paradieswanderung. Es war ein herrlicher Gang, ekstatisch trugen mich meine Beine nach Süden. Die traumhafte Natur waberte in der Junisonne und vibrierte in gleißendem Grün und leuchtendem Ginstergelb. Meine Sinne, Herz und Seele erzitterten in der Wärme und im Licht und verschmolzen zu einer mächtigen Woge der Freude und der Glückseligkeit. Sogar einige Irrwege waren mir willkommen, um länger in diesen göttlichen Gefilden unterwegs zu sein. Ich studierte keine Karte, sondern wählte die Richtung an den zahlreichen Gabelungen nur nach meinem Gefühl. Irgendwo strich ein Fuchs lässig über meinen Weg, meine Gegenwart störte ihn nicht im Geringsten. Ein wuchtiges Schloss aus dem 13. Jh. dominiert das in einer Talmulde liegende S. Giovanni d'Asso. In der *Fattoria La Romita* in Montisi bezog ich ein traditionell eingerichtetes Zimmer mit tiefrot glasiertem Fliesenboden, wuchtigen Deckenbalken, stilvollem Schrank und einem eleganten, schmiedeeisernen Doppelbett. Das kleine Hotel bot einen schattigen Lustgarten mit vielen Blumen und Pflanzen, einem Froschteich und einem Schwimmbecken. Als eine Herberge „für pralle Geldsäckerl" bezeichnete ein Reiseführer dieses Haus, doch die Ausgabe lohnte sich, nicht nur durch die Qualität des Empfangs und der Unterkunft, sondern auch durch das originelle Ristorante mit liebevollem Service und kulinarischen Leckerbissen und Originalspeisen aus der altertümlichen etruskischen und römischen Küche.

Fröhliches Vogelgezwitscher und strahlender Sonnenschein weckten mich am nächsten Tag, nichts deutete darauf hin, dass es mein bisher schwärzester Tag werden sollte. Nach dem Frühstück zeigte mir der Hotelbesitzer seine Olivenpresse, erklärte ihre Funktionsweise und lud mich zur Ölprobe ein. Zuerst schmeckte das Öl normal und angenehm, dann aber scharf. Die Leute trinken das in dieser Gegend hergestellte Trinkolivenöl, um ihren Körper zu reinigen. Das Angebot des Gastgebers, einen Fünfliterkanister zu kaufen, lehnte ich freundlich, aber entschieden ab.

Frohgemut machte ich mich anschließend auf den Weg, doch plötzlich wurde alles ohne ersichtlichen Grund schwierig und kompliziert. Ich schlief in der Kirche von Castelmuzzio ein, bis eine Frau auf mich einredete. Als sie mein verständnisloses Gesicht sah lachte sie, sagte kopfschüttelnd: „Lei niente capiste."*, und ging summend zur Sakristei. Die eigentlich einfach zu findende Richtung nach Pienza war nur für mich unauffindbar. Erbarmungslos überfiel mich eine ungewohnte Müdigkeit, mein Körper war wie gelähmt und träge und der Geist dumpf. Ich schleppte mich trübselig durch eine Landschaft, deren Reiz plötzlich verflogen war. Unerklärliche Wut stieg in mir hoch und reizte mich dazu, den Pilgergang aufzugeben. Warum plackst du dich ab? Was du tust, ist völlig irrsinnig, die Zufußpilgerzeit ist längst vorbei, fahr nach Hause! Du glaubst doch nicht im Ernst daran, dass dir in Assisi oder gar in Rom ein Licht aufgehen wird. Der Hl. Franz ist tot, seit vielen hundert Jahren. Du bist ein Träumer einer vergangenen Zeit …, und ähnlicher Unsinn zerfetzte meinen üblichen Frohsinn, erschöpfte und zermürbte mich; ich durchlitt meine eigene, innere Hölle.

Deprimiert erreichte ich in Pienza das Hotel *Corsignano*, knallte den Rucksack auf den Boden, ließ mich in einen Sessel fallen und wartete verdrießlich, bis die hübsche Empfangsdame in blauer Uniform Zeit für mich hatte. Verärgert stellte ich jetzt auch noch den Verlust meines Passes fest, doch die junge Frau munterte mich freundlich auf.
„Ruhen Sie sich erst mal aus, das mit dem Pass erledigen wir später. Nehmen Sie sich Zeit", sagte sie verständnisvoll und zeigte mir ein angenehmes Zimmer. Nach einer Dusche, Ausruhen und dem Wäschewaschen ging es mir entschieden besser, doch mein Pass blieb unauffindbar. Mit meiner Identitätskarte und einer großen Plastiktüte voll nasser Wäsche meldete ich mich an der Rezeption.
„Darf ich Ihren Namen wissen?", fragte ich die Dame.
„Ich heiße Loretta", zeigte sie auf das Namensschild an ihrer Uniformweste, die über dem Stuhl hing.

---
* „Er versteht nichts."

„Loretta, ich habe zwei Probleme, und Sie sind der einzige Mensch, der mir helfen kann."
„Nein, nicht noch mehr Probleme, davon gab es heute schon genug. Sieht so aus als stünden die Sterne dem Zwilling heute nicht besonders gut."
„Sie sind Zwilling?"
Loretta nickte.
„Ich auch, dann müssen wir zusammenstehen", sagte ich. Wir lachten jetzt fröhlich wie ausgelassene Kinder und bekräftigten das Versprechen gegenseitiger Hilfe mit einem großen Handschlag.
„Problem Nummer eins: Mein Pass liegt wahrscheinlich im Hotel *La Romita* in Montisi", berichtete ich.
„Das sieht nicht gut aus", meinte Loretta, „Montisi ist weit weg, bei Siena oder so? Da braucht die Post zwei Tage."
Ich erklärte ihr, Montisi sei das übernächste Dorf, nur etwa 16 Kilometer entfernt. Sofort rief sie das Hotel an, wo nach einigem Hin und Her mein Pass im Büro auftauchte. Loretta verhandelte geschickt mit dem Chef, dass der Ausweis bis spätestens am nächsten Morgen um 8:00 Uhr abgeliefert wird; tatsächlich aber erhielt ich ihn bereits am Abend.
„Problem Nummer zwei: Wo kann ich meine Wäsche trocknen?"
Loretta bot an, das für mich zu erledigen. Entrüstet wehrte ich ab. Sie führte mich zum Garten, wo die Wäscheleinen bereits mit Hotelwäsche behängt waren, schob die Wäsche zusammen, machte Platz für die meinige und half tatkräftig beim Aufhängen, bis das Telefon sie an ihren Platz zurückrief.
Im Hotelnamen überlebt der ehemalige Ortsname Corsignano vor seiner Umbenennung in Pienza durch Papst Pius II. Der hier geborene Papst wollte seinen Geburtsort in eine ideale Stadt verwandeln und ließ 1459-62 vom Architekten Bernardo Rosselino den Dom und mehrere Paläste erbauen. Ich besichtigte den städtebaulich einzigartigen Ort und moch-

te, wie schon Papst Pius II., die großartige Aussicht auf das *Val d'Orcia*, auf das in der Ferne auf einer Bergspitze thronende Monticchiello und auf den dunstverhüllten *Monte Amiata* im Süden. Anschließend wollte ich im Garten meine trockene Wäsche einsammeln, doch die war verschwunden. Niemand konnte über ihren Verbleib Auskunft geben und Loretta war schon weg.

Am nächsten Morgen klärte sich alles auf: Loretta hatte die Wäsche zum Bügeln mit nach Hause genommen, jetzt überreichte die gute Fee mir freudestrahlend ein Bündel perfekt zusammengelegter Wäsche. Ich zeichnete sie zur besten Empfangsdame meines Pilgergangs aus und überreichte ihr zum Dank ein kleines Geschenk.

Heute waren Verirrungen ausgeschlossen, denn ich folgte durch eine herrliche Landschaft, die zusehends bewaldeter wurde, dem gut markierten Wanderweg Nr. 6 der Provinz Siena. Hechelnd stieg ich zum Dorf Monticchiello hinauf, dessen mittelalterliche Mauern gut erhalten sind. Kaum eine Haustür war verschlossen, an den meisten staken sogar die Schlüssel außen auf den Türschlössern.

„Hier kann man noch ohne Angst leben", klärte mich die Besitzerin des Lokals *La porta* auf, bevor sie auf die Behörden schimpfte wegen der unerhört langsamen Bearbeitung ihres Antrags zur Eröffnung eines Restaurants mit eigener Nudelproduktion.

Die Landschaft der *Colle senesi* war nun durchquert, jetzt führte mich der Weg durch Eichenwald ins stille Tal des *Torrente Tresa*. Auf einem Plateau mit Weiden und Schafsherden in Sichtweite von Montepulciano überholte ich eine Frau mit grüner Kappe, engen Shorts und niedrigen Söckchen und Schuhen. Auf ihrem Rücken trug sie einen leichten Rucksack, an ihrer Brust baumelte eine Durchsichttasche mit Wegbeschreibung und Kartenmaterial. Die kräftig gebaute Frau ging schleppend und hatte die Füße voller Blasen.

„Ich heiße Judy und komme aus Australien", stellte sie sich vor. Es war das einzige Mal, dass mich ein Fremder auf meinem Pilgergang begleitete. Judy verbrachte ihren zweiten dreiwöchigen Wanderurlaub in Italien, war aber der einzige Wanderer ihrer Reisegruppe. Ihre Fußtouren seien gut vorbereitet, erzählte sie. Gemeinsam strebten wir plaudernd Montepulciano zu und besuchten die etwas außerhalb liegende Wallfahrtskirche *Madonna di S. Biagio* (16. Jh.), ein eindrucksvoller Bau in Form eines griechischen Kreuzes mit Kuppel und majestätischem Inneren.

Judy behandelte ihre zahllosen Blasen mit einer speziellen Kräutercreme und meinte zum Thema „Wanderdepression": „Das ist unvermeidlich, man muss nur damit umgehen können. Ich hatte letzten Freitag meinen Depressivtag, am *Monte Amiata*; dort war es nur kalt, regnerisch und grau", lachte sie vergnügt. Am Ortseingang zu Montepulciano trennten sich Judys und mein Weg. Leider war es schon ziemlich spät, deshalb sah ich recht wenig von der schönen Renaissancestadt und ihren vornehmlich aus dem 16. Jh. datierenden Palästen.

Am nächsten Tag weckte mich um 4:00 Uhr ein zierlicher Glockenschlag, der neben meiner bescheidenen *Albergo* erklang: Ping, ping, ping, ping. Ich war sofort auf den Beinen, denn eine lange Wanderung stand mir bevor. Mit dem Hotelbesitzer hatte ich am Vorabend den Weg besprochen und auch schon bezahlt, so marschierte ich nun um halb sechs in die kühle Nacht hinaus. Trotz der Wegabsprache hatte ich einige Orientierungsprobleme und bemerkte den Nachteil des Wanderns zu so früher Stunde: Ich begegnete kaum jemandem, den ich um Auskunft fragen konnte. Ich vermied die verkehrsreiche Straße Nr. 146 nach Acquaviva und wanderte über eine Nebenstrecke nach Cervognano und andere Wege ostwärts in Richtung *Lago di Montepulciano*, überquerte die Autobahn A 1 von Florenz nach Rom und erreichte eine Be-

tonbrücke über zwei Bahngleise, wo mir eine dicke Frau keuchend und auf ihren Stock gestützt entgegenkam. Trotz ihrer Atemnot sprach sie mich an.
„*Madonna*, wo gehen Sie hin mit dem Gepäck?", fragte sie.
„Ich pilgere nach Assisi und Rom", antwortete ich.
„Dann nehmen Sie doch den Zug", gab sie zurück.
„Nein, ich gehe zu Fuß, ich bin Pilger", sagte ich.
„Ach so, *capito*", damit ging sie zufrieden weiter.
Nach der etwas komplizierten Umgehung des Sees durch das schilfreiche Vogelschutzgebiet verließ ich bei strahlendem Wetter die Toskana und betrat nun die etwas strengere, aber nicht weniger zauberhafte Landschaft Umbriens mit ihren zahllosen hochgelegenen geschichtsträchtigen Orten. In der Nähe von Casamaggiore verfehlte ich eine Abzweigung und damit den Ort und erreichte gegen Mittag Pozzuolo an jener lärmenden Nationalstraße, die ich hatte vermeiden wollen. Zum Trost spendierte ich mir eine Ein-Liter-Eisportion als Mittagessen. Die nun leicht abfallende Straße brachte mich schnurgerade nach Castiglione di Lago, das auf einem Felsvorsprung in den Trasimenischen See hineinragt.
Der Ort ist gefällig, mit schönen Alleen und Parkanlagen am See, mit Fresken im *Palazzo Comunale* und den Ruinen einer mittelalterlichen Burg. Insbesondere erfreuten mich die teilweise sehr gepflegten privaten Rosengärten – nirgendwo in Italien sah ich so zahlreiche und so kultivierte Rosenbeete wie hier. Der fischreiche See ist nur 6 Meter tief und verzeichnet viele Campingplätze. In der Nähe von Tuoro sul Trasimeno vernichtete 217 v. Chr. Hannibal in einer legendären Schlacht die römische Streitmacht.
Als nächstes Zwischenziel hatte ich Agello in Richtung Perugia ausgesucht, doch das dortige Hotel war nicht erreichbar. Deshalb disponierte ich um und pilgerte nur bis nach S. Arcangelo di Magione. Die Terrasse des Ristorante *l'Isola Miranda* bot mir sowohl feinstes Essen als auch eine herrliche

Sicht auf den See, der nun im gleißenden Licht der Abendsonne rotgolden schimmerte.

Um fünf Uhr war ich wieder in der Morgenfrische unterwegs. Zügig erreichte ich Agello auf seiner Koppe am *Parco Naturale Ade*, genoss den Sonnenaufgang über bewaldete Hügel und erquickte mich am Gesang einer Myriade von Vögeln. Ab Corciano marschierte ich querfeldein nach Solomeo, einem aufstrebenden Ort mit gepflegten Häusern. An der Nationalstraße nach Perugia erfrischte ich mich in der Kiss-Kiss-Bar mit einem kühlen Eis. Leider hielt die Servierdame keinen Kuss für mich bereit, stattdessen erhielt ich vom Besitzer einen schnöden Rüffel, weil ich meine schuhlosen Füße auf einem Stuhl hochgelegt hatte – die solle ich gefälligst herunternehmen.

Erschöpft stieg ich zu Perugias Oberstadt hoch, doch der Gedanke, nur noch eine Tagesetappe vom eigentlichen Ziel meines vierjährigen Unternehmens zu sein, löste Wogen von Glücksströmen aus. Sie rieselten meinen Rücken hinunter und ließen den ganzen Körper selig erschauern.

Im Hotel rannte ein Schweizer Ehepaar in mich, wir kamen ins Gespräch und verabredeten uns zum Abendessen. Die beiden Leute waren auf einer Kunstreise in Mittelitalien unterwegs und schwärmten von Florenz, Pisa und Siena. Wir tauschten Reiseeindrücke aus und besprachen unsere recht unterschiedlichen Erlebniswelten als Autotouristen oder als Fernwanderer, als Kunstliebhaber oder als Pilger. Als Nichtkatholiken hatten sie keinen Bezug zum Pilgern, deshalb interessierte sie ganz besonders meine Motivation. Meine meditative Einstellung weckte ihre Neugier, insbesondere Armin zeigte sich als ehemaliger Reserveoffizier überrascht über die von mir erwähnte Wechselwirkung zwischen Meditierenden und einer Bevölkerung.

„Als ehemaliger Offizier wissen Sie mehr als ich über die Grenzen militärischer Macht. Napoleon, Hitler, die Debakel der Sowjetunion in Afghanistan oder der USA in Vietnam zeigen sie auf. Der palästinensisch-israelische Konflikt und derjenige zwischen den Protestanten und Katholiken Nordirlands dauern seit Generationen. Historisch gesehen haben Tausende von Friedensverträgen versagt. Waffengewalt schafft keine dauerhaft friedliche Welt. Der Friede beginnt im Herzen des Menschen, also müssen wir dort mit der Friedensarbeit anfangen", sagte ich.

„Die ständige Bereitschaft, sich zu verteidigen, bewahrte die Schweiz vor äußeren Angriffen", bemerkte Armin, „aber man kann die Dinge so sehen. Sicher ist, dass die UNO die in sie gesetzten Hoffnungen nicht erfüllt hat."

„Martin Luther King stellte fest, dass Gewaltvergeltung Gewalt multipliziere; Finsternis vertreibe nicht Finsternis, nur Licht könne das tun. Alle Weisen der Menschheit sagen das", antwortete ich.

„Das ist sehr wahr", stimmte Armins Frau zu. „Gandhi befreite Indien von der englischen Besatzung durch friedfertige Mittel, militärisch hätte Indien sich nie freikämpfen können."

„Dass Meditation das Individuum befriedet, bestreitet kein vernünftiger Mensch. Moderne Meditationsforschung zeigt einen einfachen, aber wirksamen Weg zu einer friedlichen Welt. Gruppen von Menschen, die spezielle Meditationstechniken ausüben, erzeugen eine starke, positive Kraft der Friedfertigkeit, die sich im Kollektivbewusstsein einer Nation ausbreitet. Diese Kraft wirkt integrierend und einend. Sie löst Feindschaft auf und verhindert das Aufkeimen von Feindseligkeit."

„Das klingt fast zu gut, um wahr zu sein", meinte Armin überrascht.

„Es ist wie immer: Neue Ideen brauchen Zeit, um sich durchzusetzen. So ist es auch mit diesem Wissen. Was wäre z. B. einfacher, als in unseren Schulen Meditation einzuführen? So würden Kinder und Jugendliche ganz natürlich die ihnen innewohnende Friedfertigkeit entwickeln und leben. Schüler und Studenten wären erfolgreicher und hätten bessere

Noten. Und viele unserer gesellschaftlichen Probleme wie Drogenkonsum, Alkoholismus, Ausweglosigkeit und destruktive Verhaltensweisen, Gewalt in Schulen usw. würden minimiert", beendete ich das Thema.

Es blieb mir nur wenig Zeit, um mich in Perugia, der reichsten Stadt Umbriens, umzuschauen. Schon vor 2.600 Jahren war Perugia etruskische Bundesstadt. Sie entfaltete ab dem 11. Jh. eine hohe kulturelle Blüte. Die Universität geht auf das Jahr 1276 zurück, ihr wurde 1925 die vielbesuchte Ausländeruniversität angeschlossen. Die zentrale *Piazza IV. Novembre* gilt als einer der glorreichsten Plätze Italiens. Um ihn gruppiert sich der imposante *Palazzo dei Priori* mit der Pinakothek der Meister der umbrischen Malerei, daneben das *Collegio del Cambio* mit schönen Fresken des Perugino, und gegenüber der Dom aus dem 14.-15. Jahrhundert. Am Platz besticht die *Fontana Maggiore* (1278) mit ihren wertvollen Reliefs und Figuren. Lange Monate schmachtete Franz von Assisi in den feuchten, unterirdischen Festungsgewölben der Stadt, als er im Jugendwahn glaubte, als ruhmreicher Ritter in den Kampf gegen das feindliche Perugia ziehen zu müssen, Assisis Armee aber am 12. Dezember 1202 in der Schlacht von Collestrada vernichtet und der zukünftige Heilige gefangen wurde. Malerische Gassen in der Altstadt in steiler Hanglage, der *Arco d'Augusto*, das ehemalige Haupttor der Etrusker, sehenswerte Kirchen und Paläste sowie die großartige Rundsicht auf die umbrische Ebene reizten zum verlängerten Aufenthalt: Leider fehlte mir dazu die Zeit.

Assisi – die Enttäuschung

Von Perugia nach Assisi – eine kurze, ebene Distanz auf der schattigen Landstraße, aber ein großer Tag für den Pilger aus dem weit entfernten kleinen Luxemburg, der nun erwartungsvoll Ausschau nach dem Stadtbild Assisis hielt. Als es endlich vor mir auftauchte, begann mein Herz aufgeregt zu pochen. Die Stadt wirkte zuerst wie eine starre Trutzburg, die sich ihrem jahrhundertelangen Gegenspieler Perugia durch ihre riesige Mauerfront einschüchternd und feindselig darbietet. Im südwestlicheren Blickwinkel tritt das abweisend-strenge, die Basilika tragende Mauerwerk etwas in den Hintergrund und gibt den Blick frei auf ein außerordentlich harmonisches, intaktes mittelalterliches Stadtbild. Auf dem Hügelgipfel bewachen die Festungsüberreste der *Rocca Maggiore* majestätisch und weithin sichtbar den Ort und die fruchtbare umbrische Hochebene.

Wie angewurzelt ließ ich die rotbraune Woge aus Ziegeln und Dachschindeln auf mich wirken, die sich sanft ansteigend einen dem *Monte Subasio* (1290 m) vorgelagerten Hügel hinaufschwingt. Eindrücke vergangener Pilgertage schwappten in mir hoch: schlammige Wege in den Wäldern Lothringens und tanzende Atome auf einem Vogesengipfel, die überaus freundlichen Aufnahme bei den Klarissenschwestern und meine geistige Schwester Camille in den Schweizer Alpen, die erschöpfende Ersteigung des Großen Sankt Bernhard und die Tradition der Gastfreundschaft der Chorherren, die endlosen Reisfelder der Lombardei, die Freunde Luca in Vercelli und Claudio im Apennin, das toskanische Paradies und die Depression in Parma – ein langer, oberflächlich gesehen anstrengender Wanderweg, der in Wirklichkeit ein Freudenweg war. Jetzt schwemmte mich eine riesige Woge der Glückseligkeit in himmlische Gefilde und tilgte alle Mühsal. Tränen des Glücks stürzten aus meinen Augen, ich setzte mich im Baumschatten hin und ver-

weilte lange Zeit in der inneren Freudensphäre. Die Emotionen der vergangenen Pilgerwochen zerflossen in der ehrfürchtigen Schau jener Stadt, wo der größte Heilige der Christenheit, der Verfechter unbedingter Armut, und Klara, seine treueste Schülerin, gelebt und gewirkt hatten.
Behutsam näherte ich mich Assisi Schritt um Schritt, als riskierte ich, das delikate Glücksgefühl durch einen Fehltritt zu zerstören. Zuerst erfrischte ich mich in einem Hotel in der *Via Frate Elia* und beschritt dann andächtig die letzten Meter zur Doppelkirche *San Francesco*, deren Grundstein im Juli 1228, nach der Heiligsprechung des Francesco Bernardone, gelegt wurde. Unter- und Oberkirche wurden 1253 eingeweiht. Die helle Oberkirche mit ihren weltberühmten, großartigen Fresken von Giotto, die einen Zyklus aus 28 Bildern zum Leben des Hl. Franziskus darstellen, von Cimabue und anderen Meistern war wegen Reparaturarbeiten geschlossen. So begab ich mich zur gedrungenen, dunklen Unterkirche mit massigen, spätromanischen Gewölben und mehreren Kapellen, jener Art von Kirche, die mich eher bedrückt als beglückt.
Aus Ergriffenheit wagte ich es noch nicht, mich zum Heiligtum zu begeben, dem Grab des Hl. Franz, das sich eine Treppe tiefer unter der Unterkirche befindet. Ich wollte mich zuerst auf diesen heiligen Ort einstimmen, nahm an einem Gottesdienst teil und machte einen ersten Erkundungsspaziergang durch die Stadt.
Erwartungsvoll lief ich am nächsten Morgen zur nahe gelegenen Kirche und reihte mich fröhlich in die minütlich länger werdende Warteschlange ein, die sich auf die zum Grab führende Treppe in der Unterkirche hinschob. Endlich im Halbdunkel der heiligen Stätte angekommen, ergatterte ich einen Platz und dankte in stillem Gebet für die Inspiration, die Führung und den Schutz meines langen Pilgergangs. Derweil drängten immer mehr Menschen die rechtsseitige Trep-

pe hinunter, verweilten einen Moment und schoben sich dann die linksseitige Treppe hinauf dem Ausgang zu. An eine stille Sammlung war in dieser Unruhe kaum zu denken: Endlos schubste sich der schlurfende, tapsende, raschelnde, flüsternde Menschenwurm durch das Heiligtum, einige drängelten sich nach vorn, blitzlichteten ungeachtet des wohl sichtbaren Fotografierverbotes, es war ein rechtes Jahrmarktgewusel. Ich spürte, wie sich Unmut in meinem Herzen ausbreitete – wer so das Alleinsein gewohnt ist, braucht sicher Zeit, um sich wieder an die Menschenmassen zu gewöhnen, tröstete ich mich. So verließ ich schon bald etwas enttäuscht den heiligen Ort. Auf dem Vorplatz empfahl mir ein Chorherr einen Nachmittagsbesuch, da sei das Gewoge nicht so erdrückend.

Also pilgerte ich zur höher gelegenen Basilika der Heiligen Klara, wo weniger Gedränge herrschte. Der Bau begann im Jahr 1257, ein Jahr nach ihrer Heiligsprechung. Hier besichtigen die Besucher nicht nur die Krypta (1850-1872), wo die irdische Hülle der großen Heiligen in einem Glassarg ruht, sondern auch das berühmte hölzerne Kruzifix, das der Legende nach im Kloster von San Damiano den Hl. Franz ansprach und ihn beauftragte, die Kirche instand zu setzen.

Bei einem Spaziergang durch stille, vom Touristenstrom weitgehend verschonte Gassen bot sich mir ein unerwarteter Eindruck. Vor einer alten, fast schmucklosen Steinkirche tummelten sich Tauben, die eifrig Brotkrümel am Vorplatz aufpickten. Wenn sich jemand ihnen allzu sehr näherte, flatterten sie in elegantem Kreis herum, ließen sich wieder auf dem Pflaster nieder und pickten weiter. Aus der Kirche klangen silberne Geigentöne und lockten mich hinein. Die Kirche war leer, nur ein etwa 16-jähriges Mädchen mit braunen Locken übte auf ihrer Violine. Als die junge Frau mich bemerkte, setzte sie schüchtern ihren Bogen ab. Ich winkte ihr freundlich zu und bedeutete ihr, weiterzuspielen. Sie zögerte, und erst als ich mich in respektvoller Distanz hinsetzte, spielte sie weiter.

Eine geraume Weile erfreute ich mich an ihrem heiteren Notenreigen. Wenn die Künstlerin einen Fehler machte und die Passage wiederholte, schaute sie fragend zu mir herüber, ich nickte ihr ermunternd zu und sie übte weiter. Unsere zarte Vertrautheit wurde jäh unterbrochen, als ein Grüppchen Touristen geräuschvoll in die Kirche polterte. Abrupt unterbrach die Violinistin ihr Spiel, zuckte verzweifelt mit den Schultern und warf mir einen entschuldigenden Blick zu. Dann klappte sie resolut ihren Notenständer zusammen, packte Notenblätter und Geige ein und verließ sichtlich missgestimmt unter meinem dankbaren Applaus die Kirche.

Später pilgerte ich erneut zum Grab des Hl. Franz. Ich setzte mich auf einen Stuhl hinter der Grabstätte und sicherte mir so einen räumlichen Abstand zu den jetzt weniger zahlreichen Besuchern. Kaum hatte ich die Augen geschlossen, verblassten Zeit und Raum und weiteten sich zu einem Ozean der Stille und des Glücks. Nach einer langen, langen Zeit drang wie aus weiter Ferne eine Stimme zu mir:

„Signore, vi preghiamo …"*

Der Ausruf schien in meine Richtung gerichtet zu sein, doch ich schwebte in solchen Sphären, dass die Worte mich nicht berührten. Ein zweites Mal erklang die Stimme, dieses Mal näher zu mir, lauter und eindringlicher:

„Signore, vi preghiamo …"

Jetzt spürte ich: Jemand spricht zu dir und fordert dich gar auf, den Platz zu verlassen. Ich erinnerte mich an den Bruder, der nur wenige Schritte entfernt im Rund der Krypta von einem Gebetsstuhl aus den Besucherstrom überschaute, sozusagen der Hüter des Ortes: Die Stimme kam aus dieser Richtung. Ich sammelte mühsam meine Sinne und versuchte, die Augen zu öffnen, als die Stimme ein drittes Mal erklang, jetzt direkt vor mir, in unmissverständlichem Befehlston: *„Signore, vi preghiamo …"*

---

* „Herr, wir beten …"

Das kann doch nicht sein, die werfen mich hier raus ..., durchzuckte es mich. Ich öffnete die Augen und sah den Aufseher vor mir stehen. Gleichzeitig bemerkte ich, dass keine Besucher mehr da waren, wohl aber einige Franziskanerbrüder, die sich zum Gebet eingefunden hatten. Ich nickte dem Bruder mit einem schwachen Lächeln zu, rappelte mich auf, verneigte mich vor dem Hl. Franziskus und verließ benommen die heilige Stätte.

Weshalb muss ich gehen, fragte es in mir? Sie wollen beten, dafür habe ich doch größtes Verständnis, meine stille Anwesenheit hätte sie nicht im Geringsten gestört. Ich hätte mich wohlgefühlt in ihrer Gemeinschaft, ich fühlte mich ihnen zugehörig. Ich war monatelang gepilgert, um einige Stunden an diesem begnadeten Ort zu verbringen, und jetzt erhielt ich einen schnöden Platzverweis. Nicht etwa, weil man den Ort abschloss, sondern weil die Herren beten wollten. Ich versuchte, ihre Situation zu verstehen und diese unguten Gedanken zu verscheuchen, doch sie bohrten sich vorübergehend in mein Herz.

Ich ging zum Hotel, um meinen Rucksack zu packen, denn am nächsten Morgen wollte ich frühzeitig zur letzten Pilgerstrecke über sieben Tagesetappen nach Rom aufbrechen. Beim Packen und Notizenschreiben verflüchtigte sich schnell der Unmut und wich meiner üblichen Fröhlichkeit. Ich beschloss, am Ende des Pilgergangs für einige Tage nach Assisi zurückzukehren und so entspannter in die Seele der Stadt einzutauchen. Nach dem Abendessen vertiefte ich mich in Lektüre über den 1182 geborenen Heiligen Franz und ließ seinen einzigartigen Lebensweg auf mich wirken.

Franz von Assisi war der Sohn eines wohlhabenden Tuchhändlers und geriet während einer kriegerischen Auseinandersetzung Assisis mit seinem Erzfeind Perugia in die gegnerische Gefangenschaft. Er war kränklich und sensibel. Mit 23 Jahren entschied er sich für ein Leben in Armut und Askese. Der von ihm 1208 gegründete Franziskanerorden breitete sich rasch in ganz Europa aus. Bescheiden nannte er sich „der kleine Bruder Franz" oder „unnützer Knecht", doch sein Einfluss war enorm. Der Heilige Franz starb 1226 und wurde nur zwei Jahre später heiliggesprochen. Nach seinem Ableben spaltete sich der Franziskanerorden in zwei Richtungen: die asketischen, dem vollkommen Armutsideal nachstrebenden Spiritualen und die gemäßigteren Konventualen.

Gewaltig muss die Erfahrung der Erleuchtung den darauf völlig unvorbereiteten jungen Mann in einer schicksalhaften Nacht getroffen haben, als er möglicherweise nach einem Gelage mit seinen Kumpanen lärmend durch die Straßen Assisis zog und wie von einem Blitz aus heiterem Himmel von der Gnade berührt wurde. Dieses innere Geschehen, dieses Aufwachen in der bislang verborgenen inneren Dimension, ergriff die ganze Person und veränderte sie unwiderruflich. Ihm, der im jugendlichen Überschwang von Heldentum träumte und als Ritter weltlichen Ruhm erlangen wollte, eröffnete sich unvermittelt die geistige Schau. In der Tiefe seines Seins erkannte er jene Realität, die allem Geschaffenen der kosmischen und irdischen Vielfalt als Einheit allen Seins zu Grunde liegt, die er später in seinen Lobpreisungen zum Ausdruck brachte.

Der Hl. Franz lebte von nun an immer mehr aus jener inneren unvergänglichen Realität heraus. Sein Fühlen, Denken und Handeln veränderten sich radikal. Er wurde zum Gespött der Menschen. Seine Kumpel von gestern verlachten und verhöhnten ihn. Er war ja nun anders, er bewegte sich jetzt außerhalb der gesellschaftlichen Norm, er war zum Außenseiter geworden. Ihr Spott jedoch war nur der Ausdruck ihres Unwissens. In Wirklichkeit lebten sie außerhalb des wahren Lebens, waren sie die Außenseiter und der Hl. Franz der Insider, der das Leben auf einer Ebene der ewigen Glückseligkeit lebte.

Unsere Zivilisation hat das Wissen um diese tiefere Dimension der Wirklichkeit verloren. Deshalb wird sie von nur wenigen erstrebt oder als nicht real weggewischt. So hat sie wenige Chancen, sich zu manifestieren, denn wir beleben und verwirklichen nur das, worauf wir unsere Aufmerksamkeit lenken.

Alle Erwachten, Erleuchteten, von der Gnade Berührten, oder wie immer wir diesen Zustand bezeichnen wollen, bestätigen die Existenz jener kosmischen Dimension. Jedes Lebewesen ist aufs Intimste mit diesem inneren, unbegrenzten Aspekt des Lebens verbunden. Weil er uns erschafft und hervorbringt, kann er nicht irgendwo in der Ferne oder schwierig zu erfahren sein. Es ist nur so, als wäre in unserem Haus ein Raum, dessen Dasein wir vergessen hätten oder dessen Schlüssel wir verloren hätten; wir können die Tür nicht öffnen. Wenn wir die Tür öffneten, würden wir feststellen, dass dieser Raum unbegrenzt wäre und bis ans Ende des Universums reichte. Das Einzige, das es zu tun gibt, um diesen vergessenen Raum betreten und nutzen zu können, ist, uns den Schlüssel zu besorgen und die Tür zu öffnen.

Das Versprechen des Hl. Franz ist die Nähe jener inneren Dimension. Denn wir sind alle ausnahmslos Kreaturen dieser unendlich dynamischen Schöpferebene, die jedes Staubkorn des Universums hervorbringt. Nichts könnte je außerhalb ihres Wirkbereichs liegen, weil sie alle Wirkbereiche durchdringt. Und den Menschen ist das Privileg in die Wiege gelegt, in sich diese allmächtige, allgegenwärtige, allwissende Ebene der Schöpfung zu erkennen, aus ihr zu leben und sie zu nutzen. In dem Moment, in dem das geschieht, wird der Mensch zum Ebenbild Gottes, wird er zum Sohn Gottes, wird er zum verlorenen Sohn, der wieder nach Hause, zu seinem Vater gefunden hat, und es wird ein großes Fest gefeiert.*

---

* Lukas 15,11

In dem Moment, wo diese Wirklichkeit durchbricht, ist strahlendes Licht, dort, wo Finsternis war; ist Wissen oder Erkenntnis, dort, wo Unwissen war; ist Glückseligkeit, dort, wo Leiden war; ist die Weite der Unendlichkeit, dort, wo Enge war; ist ein Ozean der Liebe, dort, wo Kümmernis war; ist Kraft, dort, wo Schwäche war; ist Wärme, dort, wo Kälte war; ist Ewigkeit, dort, wo Tod war; ist Einheit aller Wesen, dort, wo Getrenntsein war.

Ein anderes Versprechen des Hl. Franz ist: Es gibt nichts zu tun, um diesen Entwicklungszustand zu erreichen. Der Hl. Franz tat nichts, um sich diese Verfassung, etwa durch harte Arbeit, anzueignen. Die innere Realität existiert ja schon seit der ersten Sekunde unseres Daseins, denn sie ist es, die uns erschafft. Das Geheimnis liegt im Nichtstun, im Loslassen des Tuns. Indem wir unsere Aufmerksamkeit vom Außen zum Innen lenken, geben wir uns die Chance, unsere innere Wesenheit wahrzunehmen. Wir erschaffen das, worauf wir unsere Aufmerksamkeit lenken. Wir betreiben z. B. Karriereplanung und studieren jahrelang Physik, Medizin, Jura usw., werden zum Physiker, Mediziner, Juristen. Wir verausgaben unsere enorme Lebenskraft im Denken, Planen, Handeln, im Genießen der Resultate unseres Tuns.

Doch zum Studium und zu unserem praktischen Leben drängt sich die Frage auf: Wie viel Zeit bewenden wir zum Studium unseres Selbst, jenem Studium, das weder Hörsaal noch Bücher noch irgendwelche Gerätschaften erfordert? Denn wir brauchen uns nur hinzusetzen und unsere Aufmerksamkeit in der Stille nach innen zu lenken, und unsere Gedanken zu überschreiten oder zu transzendieren, um in ruhevoller Wachheit die Halle inneren Gewahrseins zu betreten.

Indem seine innere Wirklichkeit aufleuchtete und sein ganzes Sein durchdrang, wurde der Hl. Franz zum strahlenden Vorbild zahlloser Menschen seiner Epoche und bis in die heutige Zeit. Ihm gehörte der Schatz des Lebens. So schöpfte er aus der Fülle seiner Erkenntnis und seines Herzens und überschüttete seine Mitmenschen mit Liebe, Mitgefühl und Weisheit. Nicht das Streben nach Ruhm oder weltlicher Anerkennung leiteten ihn, sondern das Wissen um den gemeinsamen Ursprung aller Wesen. So schätzte er Bettler und Arme nicht geringer als Könige und Reiche. Er wusste: Jeder trägt das gleiche Königreich des Himmels in sich.

Das delphische „Erkenne dich selbst" können wir nur an uns selbst vollziehen. Wenn wir unsere innere Dimension nicht kennen, wer sind wir dann? Etwa ein Name, ein Diplom oder eine gesellschaftliche Stellung? Deshalb sollten wir den Weg nach innen beschreiten. Den Prozess der *Selbst-ent-deckung*, d. h. das Selbst aus dem, was es verdeckt hat, wieder herauszulösen, muss jeder selbst durchlaufen; jeder muss seinen eigenen Pilgerweg, seinen eigenen Freudenweg gehen.

Und auch dies zeigt uns der Hl. Franz: Auf dem inneren Entwicklungsweg erwachsen uns große Glückseligkeit, Freude und tiefer Frieden für uns selbst und unsere Mitmenschen. Weil wir die Einheit aller Menschen erkennen, weil jeder Mensch aus dem gleichen Urgrund geboren ist, so wie alle Wellen des Meeres oder jeder Meerestropfen nur eine momentane Ausdrucksform des einen Ozeans sind. Diese erweiterte Einsicht löscht das Getrenntsein, die Unwissenheit und die Feindschaft zwischen Menschen aus, und verwandelt das Gegeneinander in ein Miteinander.

Für empfindsame Menschen aller Zeiten bezeugen sowohl das Leben und Lebenswerk, die Worte und Taten ebenso wie die übernatürlichen Fähigkeiten wie Hellsichtigkeit oder Levitation den hohen Bewusstseinszustand des Hl. Franz.

Von Assisi nach Rom

Schon vor Sonnenaufgang eilte ich die Straße durch Assisi hinauf in Richtung *Basilica di S. Chiara*. In Kirchennähe erschauerte mein Körper vor Glückseligkeit. Davon unberührt rauchte der Chef des Hotel *Roma* im Türrahmen seines Hauses eine Zigarette und grüßte mich freundlich. „Vielleicht sollte ich hier nach meiner Rückkehr aus Rom wohnen?", dachte ich, und erfragte das Faltblatt des Hotels.
Das südliche Stadttor *Porta Nuova* geleitete mich zu einem sanft abfallenden Weg am Hang des *Monte Subasio* in Richtung Spello. In einer Pferche raste von hinten ein Komondor gehässig bellend auf mich zu. Als ich mich umdrehte und ihn mit scharfem Blick fixierte, stoppte der Hund so abrupt in seinem Anlauf, dass er auf allen Vieren weiterschepperte und gegen den Wiesenzaun purzelte. Verdutzt giftete er nun aus sicherer Distanz durch den Zaun. Etwas später erblickte ich einen Mann, der mit einer Handspritze seinen Olivenhain mit einer Giftmischung besprühte. Er trug einen kurzen Bademantel, nur ein Taschentuch schützte seinen Mund, die Beine waren nackt und die Füße staken in Riemensandalen – ein komisches Bild in der Morgenfrische.
In der Ebene erstreckt sich eine Agrarlandschaft, die zwischen dem imposanten *Monte Subasio* und den bedeutend niedrigeren gegenüberliegenden *Monti Martani* eingebettet ist. Von ihr drang durch den bläulichen Morgendunst eine Kakophonie aus Hundegebell und Straßen- und Fabriklärm in mein Ohr. Ein Steinweg führte durch weite Olivenpflanzungen, in denen mich eine Sinfonie von Vogelgezwitscher ergötzte. Myriaden von Olivenblättern glänzten und glitzerten silbrig in der Morgensonne und gaben dem Tag ein besonderes Gepräge.
Meine erste Station war Spello, ein intakter mittelalterlicher, malerischer Ort, in dem ich mich sofort wohlfühlte. In wenigen Minuten sah ich hier mehr Leute die Gassen

aus Steinquadern und roten Ziegeln fegen und Blumen pflegen als je anderswo. Mehrere wuchtige Pforten aus augusteischer Zeit sind erhalten geblieben, einige Kirchen vom 12.-16. Jahrhundert und die Pinakothek mit Werken aus dem 13., 14. und 16. Jahrhundert laden zum Besuch ein. Die Höhenlage vermittelt ein weites Panorama von Perugia bis Spoleto. Berühmt ist die jährliche *Infiorata* im Frühling; die von vielfältigen religiösen Themen inspirierten, kunstvollen, duftenden Blumenteppiche schmücken kilometerlang die Hauptstraße.

Als ich den Dorfplatz überquerte, erklang hinter mir eine weibliche Stimme: „Lussemburgo – dann sprechen Sie ja Deutsch."

Ich drehte mich um. Eine Frau von etwa 60 Jahren und kleiner Statur schaute mich fragend an.

„Ich bin Luxemburger", sagte ich zu ihr.

„Ma da schwetzt Där jo letzeburgesch"*, prustete sie freudestrahlend heraus.

Na so was! Aufgeregt erzählte sie mir ihren Lebenslauf. Ihre Eltern waren Auswanderer nach Luxemburg und sind dort in Esch/Alzette begraben. Sie sprach noch jetzt den liebenswerten Akzent dieser Stadt, wo sie sieben Jahre aufwuchs. Nach einer Arbeitszeit in Belgien zog sie vor 34 Jahren mit ihrem Mann nach Spello. Als kinderlose Witwe lebte sie jetzt allein, sie war den Tränen nahe. Vor sechs Jahren war sie das letzte Mal in Luxemburg. Hier bebt täglich die Erde, erzählte sie weiter. Ich erwähnte die Schönheit von Spello. „Ja, das schon, aber ..." Es war klar, dass sie als Italo-Luxemburgerin Heimweh hatte, sie fühlte sich noch immer fremd hier. Ihr Name stamme aus der Gegend von Venedig, er sei in Italien ungewohnt und die Leute vergäßen ihn sofort wieder, weil er so eigen sei, klagte sie, bevor sie mir den kürzesten Weg nach Foligno zeigte und eine gute Wanderung wünschte.

---

* „Dann sprechen Sie ja Luxemburgisch!"

Foligno liegt nicht wie die meisten Städte Mittelitaliens auf einem Berg oder einem Hügel, sondern in der Ebene. Die platanenumsäumte *Via Firenze* spendet Schatten und verleiht der Industriestadt einen großstädtischen Charakter. Elegante Frauen bummelten auf dem *Corso Cavour* mit seinen Luxusläden. Seit über fünfzig Jahren lebt hier im September die Stimmung der Ritterkampfspiele des 17. Jahrhunderts wieder auf. Bei diesen *Giostra della Quintana* spießt der Reiter mit seiner Lanze vom galoppierenden Pferd aus Ringe mit immer kleiner werdendem Durchmesser auf; die Besucher tragen historische Kostüme aus der Zeit um 1580 bis 1620.

Auf den Foligno und Trevi gegenüberliegenden Anhöhen dehnt sich der Weinberg des *Sagrantino* von Montefalco aus; ein geschätzter trockener Rotwein aus der nur hier angebauten Sagrantino-Traube, die im Mittelalter von Franziskanerbrüdern aus dem Vorderen Orient hergebracht wurde.

Das Sprichwort „Was man nicht im Kopf hat, muss man in den Beinen haben" bildete auch für mich keine Ausnahme, wie ich jetzt zu meinem Leidwesen feststellen musste. Beim Weitergehen übersah ich, dass mein Hotel an Kilometer 147 der *Via Flaminia* lag, denn ich hatte nur ein Ziel im Kopf: Trevi, dort oben auf der Hügelspitze. Nach einem beschwerlichen Anstieg erreichte ich das Städtchen im silbrigen Dekor seiner weiten Olivenhaine, aber ohne Hotel *Delle Torre*. Das liege unten im Tal, bedeutete mir eine Frau, an der *Via Flaminia*, es seien nur 3 Kilometer. Ich schluckte meine Enttäuschung hinunter und stapfte sofort weiter, denn es war schon spät und das Wetter verschlechterte sich zusehends, doch erreichte ich mein Hotel trockenen Fußes.

Nach der Wanderung von Trevi nach Spoleto empfing mich am nächsten Nachmittag ein vornehmes Ambiente im Designerlook des etwas außerhalb von Spoleto gelegenen Hotel *Il Barbarossa*, einem ehemaligen Gutshof mit gepflegten Grünanlagen. Mein Pilgergang beeindruckte den sympathischen

Empfangsangestellten. Er wisse, es gebe Leute, die solche Touren machen, aber ich sei der Erste, der ihm begegne, sagte er. Ich erkundigte mich, wie die meinen Weg versperrende Gebirgskette des Apennins zu überqueren sei. Ich müsse die SS 3 durch das enge Tessino-Tal vermeiden, sie sei *pericoloso* und für Fußgänger nicht begehbar. Liebenswürdig trug er meinen Rucksack aufs Zimmer und versprach, sich nach anderen Wegen zu erkundigen und mir beim Abendessen Weiteres mitzuteilen. Wie ein riesiger Wachhund belauert auf einer Anhöhe die massige Festung Rocca (1352) das hangaufwärts strebende Spoleto. Ein reiches Kulturerbe aus römischer Zeit, aus dem Mittelalter und der Renaissance bezeugen eine großartige Vergangenheit: Spoleto war Hauptstadt des Langobarden-Reiches und zeitweise Hauptsitz des Bezirks Trasimenischer See. Als „Salzburg Italiens" lockt Spoleto seit 1958 jährlich mit dem *Festival dei due Mondi** von Ende Juni bis Mitte Juli Musik- und Theaterliebhaber aus aller Welt an. In Spoleto erlebte Francesco Bernardone jene Nacht, in der Gott ihn im Traum aufforderte, nach Assisi zurückzukehren, wo er weitere Anweisungen erhalten würde. Franziskus entsagte daraufhin seinem Vorhaben, sich einer Gruppe von Kreuzfahrern nach Jerusalem anzuschließen. Diese Nacht bedeutete die entscheidende Wende im Leben des zukünftigen Heiligen.

Beim exzellenten Abendessen erhielt ich den Bescheid, die Bergkette sei ab Vallerosso überquerbar, doch dieser Ort erschien nicht auf meinen Karten. Ich entschied mich für eine andere Route und stapfte frühmorgens mit einem reichhaltigen Picknickpaket des Hotels über die *Porta Garibaldi* und Collerisana in Richtung Acquasparta. Nach Crocemaroggia erstieg ich die recht anstrengende Steigung nach Balduini. Das wohl nur noch an Wochenenden bewohnte Dörfchen liegt bukolisch im Eichenwald oben am Berg, wo gelbe Schilder

---

* Festival der zwei Welten

mit der Aufschrift *Raccolta Tartufi Riservata* auf den Pilzreichtum der Gegend verwiesen.

Bei schönem Wetter war die Aussicht nach Osten auf den *Monte Acetella* (1018 m) und nach Westen zum *Monte Torre Maggiore* (1121 m) sicher großartig, doch jetzt war der Himmel grauverhangen, Regen kündigte sich an. Nach etwa 17 Kilometern fuhr mir auf dem Feldweg ein Auto entgegen, dessen Fahrer entgeistert auf den verwirrenden Schilderwald an der Kreuzung starrte, an der wir uns trafen. Hastig erfragte er den Weg nach Spoleto, er müsse zum Krankenhaus, stieß er aufgeregt hervor, und zeigte auf eine ältere Frau, die auf dem Nebensitz stöhnte. Sie war verletzt, der linke Arm war mit Schnüren an einem Stock hoch angebunden, Blut rann aus einem primitiven Verband auf den Sitz, am Boden weitete sich eine Blutlache. Ich war glücklich, die Richtung nach Spoleto anzeigen zu können. So sind wir manchmal ganz unerwartet genau zur richtigen Zeit am richtigen Ort, um nützlich zu sein.

Die Gebirgskette war nun überschritten und der Weg führte absteigend in grüner Berglandschaft in das *Val Serra*. Leider rauschte bald ein kalter Sturzregen aus den Himmelsschleusen und ich lief stundenlang durch einen prasselnden, trommelnden, spritzenden Wasservorhang. Im Handumdrehen füllten sich meine Schuhe mit Wasser, das bei jedem Schritt matschte und gurgelte und das Gehen erschwerte. Weit und breit gab es keine Gelegenheit zum Unterstellen. Bemüht, die positive Seite meiner Situation zu sehen, dachte ich, bei heißem Wetter wären meine Füße schon glühend heiß und müde, jetzt aber konnte ich problemlos mit meiner Fußwasserkühlung weiterlaufen.

Die *Roca S. Zenone* bewacht den südlichen Zugang zum *Val Serra*, eine Mauer verbindet am Hang zwei pittoreske, runde Türme, an deren Fuß sich einige kleine Häuser zwischen Straße, Fels und Festungswerk kauern. Im Industrievorort Borgo

Bovio meines heutigen Ziels Terni ruhte ich mich in einer Kirche aus und schlief sofort ein, bis eine männliche Stimme besorgt flüsterte: „Ha un bisogno?"* Ich schaute auf, vor mir stand ein Franziskanerbruder und schaute mich liebevoll an. „Nein, danke, mir fehlt nichts. Ich habe nur einen Wunsch: Ich bin Pilger und möchte Ihren Segen haben."
Blitzschnell bekreuzigte mich der Mönch. Ich war so verdutzt ob der Formlosigkeit seines Segens, dass ich mein Anliegen wiederholte.
„Ich habe Sie schon gesegnet", meinte er, bekreuzigte mich erneut und fügte hinzu: „Ich segne Sie."

Dann ging er weg, und ich trottete unter strömendem Regen weiter, bis ich erschöpft das Hotel am anderen Stadtende von Terni erreichte – mit über 39 Kilometern hatte ich heute meinen endgültigen persönlichen Distanzrekord aufgestellt. Die Waffenschmieden und Stahl- und Chemiewerke der 672 v. Chr. in einer fruchtbaren Ebene gegründeten Stadt Terni wurden ihr im Zweiten Weltkrieg zum Verhängnis. Der fast vollständigen Zerstörung folgte der Wiederaufbau als moderne Stadt, in der nur wenige historische Bauten erhalten sind. In der Nähe befinden sich die 165 Meter hohen Kaskaden von Marmore, ein von den Römern 290 v. Chr. angelegtes Werk zur Umleitung der Wasser des Velino ins reatinische Tal – eine bewundernswerte Leistung, die viele Besucher anlockt. Der Heilige Valentin ist nicht nur Schutzpatron der Verliebten in aller Welt, sondern auch von Terni, deren erster Bischof er im 3. Jahrhundert war. Er wurde am 14. Februar 273 an der *Via Flaminia* zu Tode gefoltert. Sein Name wurde mit Liebe verbunden, weil er einen Heiden mit einer Christin traute.
Am nächsten Morgen stapfte ich bei windig-kaltem Wetter nach Narni. Außerhalb des Stadtbereiches von Terni verringerte sich der Verkehr und die *Via Flaminia* nahm eher länd-

---

* „Fehlt Ihnen etwas?"

lichen Charakter an. Trotz meiner konzentrierten Aufmerksamkeit stolperte ich urplötzlich auf dem glatten Asphalt; wäre in dem Moment ein LKW vorbeigefahren, hätte er mich zermalmt. Erst bei näherem Hinschauen entdeckte ich einen dünnen, etwa 50 Zentimeter langen, im Belag verankerten Metalldraht als Verursacher. Es braucht wirklich nicht viel, um aus dem irdischen Leben auszuscheiden.
Die malerische Stadt Narni ist das geografische Zentrum Italiens. Mehr noch als manch andere mittelalterliche Stadt Italiens sah sie renovierungsbedürftig aus. Mich trieb ein Bärenhunger ins Ristorante *in loggia*, ein freundliches Lokal mit typisch umbrischer Küche und dazugehörigem Ambiente. Einer *Zuppa* aus Bohnen, Linsen, Kichererbsen, Gerste und Olivenöl folgte ein ausgezeichneter Fasan an Wacholderbeersoße mit Oliven und Crostinis.
Auch dieser Tag ging in deprimierender Regenstimmung unter. In Vigne versuchte ich dem erschöpfenden Asphalt über einen Feldweg zu entfliehen. Ein Bauer erklärte mir eine kürzere Strecke: „Hier runter, dann links, dann geradeaus ..." – das hörte sich einfach an, aber ich kam auf dem freien Feld nicht zurecht. Ich fragte erneut einen jungen Mann, der mir lächelnd wortreich empfahl, es sei wohl einfacher auf der *Via Flaminia* zu bleiben. Es wurde bereits dunkel und ich wollte nicht in der Finsternis auf der weiten Flur herumirren. Nass wie ein tropfendes Wäschestück erreichte ich das auf einem Felsvorsprung liegende Otricoli, wo mich in einer Herberge eine ältere Frau nett, aber wortkarg begrüßte: „Lussemburgo?" „Si", antwortete ich genauso knapp. Nach dieser lakonischen Vorstellung schrieb sie mich ins Gästebuch ein und zeigte mir ein korrektes Zimmer mit Bad. Zum Abendessen empfahl mir die Hotelbesitzerin die Pizzeria *Delizie,* wo ich eine jener unvergesslichen Pizzas verzehrte, wie es sie nur in Italien gibt. Auch hier wirkte ein sympathischer Chef, der spontan meine Rechnung nach unten abrundete. Im Hotel konn-

te ich die soziale Rolle der Bars studieren. In einem Saal drängten sich junge Männer um einen Billardtisch, die anderen Tische waren von lautstark Karten spielenden Männern besetzt. Dichte, stinkende Rauchwolken hüllten die Menschen ein, die Szene wirkte fast gespenstisch auf mich. Im breiten Flur drängten sich Jugendliche, Händchen haltend, rauchend, plaudernd, heftig diskutierend oder lachend. Kaum jemand trank oder verzehrte etwas. Auch draußen auf dem Vorplatz tummelten sich viele Menschen. Frauen waren kaum zu sehen, doch weilten einige zur Abendandacht in der Kirche.

Die Entfernung nach Civita Castellana betrug nur 17 Kilometer, die ich am Nachmittag des nächsten Tages erwanderte. So hatte ich Muße, bei strahlendblauem Himmel Otricoli zu besichtigen. Vergnügt durchlief ich die malerischen Gassen, ein Kleinod, das mir fast noch besser als Spello gefiel, mit freundlichen Menschen, die Zeit zum Plaudern hatten, und mir, dem Besucher, im kleinen *Negozio* ganz selbstverständlich den Vorrang an der Kasse anboten und gute Reise wünschten.

In den Gassen bemerkte ich in Höfen und auf Plätzen große Mengen von auf Tüchern zum Trocknen ausgebreiteten Blütenblättern. Auf einem kleinen Platz plauderten einige Einwohner, fegten die gepflasterten Straßen und erzählten mir fröhlich, morgen würde hier die Blumenschau, die *infiorata*, stattfinden. Ich fühlte mich so wohl, dass ich in Glückseligkeitsströmen badete. Auf einem platanenbestandenen Platz auf der Dorfsüdseite nahm ich mein Frühstück ein. Als ich eben meinen Rucksack schulterte, kam ein attraktiver Mann mittleren Alters in schwarzem Anzug auf mich zu. Sein volles schwarzes Haar war von einigen grauen Strähnen durchsetzt und er fragte mich, ob ich *tedesco,* Deutscher, sei. Als er Luxemburg hörte, sprach er in gutem Französisch weiter. Er sei in Holland gewesen, dort sei alles flach; das schien ihm noch jetzt, nach Jahren, unglaublich zu sein. Ich erzählte, wie sehr mich die Landschaft und der Ort mit den liebenswürdigen Men-

schen beeindruckten. Darüber war mein Gegenüber hocherfreut. Er schwärmte vom angenehmen Leben hier und von der Tradition der *Infiorata*. In Calvi dell' Umbria mit einer der ältesten Weihnachtskrippen der Welt sei sie noch schöner als in Otricoli. Ich bedauerte, dieses Schauspiel zu verpassen, müsse aber am nächsten Tag weitergehen. In Morlupo sei ebenfalls eine Blumenprozession, ich solle frühzeitig dort ankommen, empfahl mir der Mann. Er stellte sich nun als *paroco** von Otricoli vor und fragte, ob ich die Kirche schon besichtigt hätte. Die sei geschlossen, entgegnete ich.
„Wenn Sie wollen, kann ich sie Ihnen zeigen."
„Gern."
„Ich hole nur die Schlüssel und mein Auto, gehen Sie schon hin, ich bin gleich da."

Nach zwei Minuten öffnete der Pfarrer eine kleine Seitentür, und ich betrat ein Schmuckstück aus dem 7. Jahrhundert, das jetzt etappenweise restauriert wurde. In dieser Kirche predigte um 1440 mehrere Jahre der Hl. Bernhardin von Siena, einer der großen Prediger jener Zeit. Die Orgel von Corrado Werle datiert aus dem Jahre 1748 und funktionierte noch immer. Guterhaltene, renovierte Steinfragmente lagen auf dem Boden. „In dieser Qualität bekommt man selten solche Stücke zu Gesicht; Kunstkenner und -studenten kommen von nah und fern, um sie zu fotografieren und zu studieren", erklärte mir der Priester, bevor er sich verabschiedete, um zu seinem nächsten Termin zu eilen.
Gegen Mittag wanderte ich durch die zutiefst beglückende Landschaft weiter. Einen Steinwurf von Otricoli entfernt, befindet sich *Ocriculum,* ein Ruinenfeld aus römischer Zeit, wo eine große Tafel die Restaurierung und touristische Nutzung der weit verstreuten Mauerreste, Thermen und Amphiteater ankündigte.

---

* Pfarrer

Ich verließ nun Umbrien und betrat die Region Latium und die Sabina, jene zu Zeiten des Romulus von den Sabinern bewohnte Gegend. Die Sabiner und andere Nachbarvölker waren von Romulus zu einem Fest zu Ehren Neptuns eingeladen und gastfreundlich empfangen worden. Während der Spiele bemächtigten sich die Römer der jungen Mädchen und verschleppten sie. Erzürnt zogen daraufhin die Familien der Geraubten gegen Rom. Als sich die beiden Heere im erbitterten Kampf gegenüberstanden, stürzten sich die geraubten Mädchen mutig dazwischen. Ihr Flehen um Frieden fand bei beiden Seiten Gehör, ihre Brüder und Väter versöhnten sich mit ihren römischen Männern und schlossen ein Friedensbündnis.

Über Borghetto ballten sich bedrohliche Gewitterwolken zusammen, ich lief so schnell ich konnte, verlor aber den Wettlauf gegen die Zeit: Schon blitzte und krachte es Schlag auf Schlag so gewaltig direkt neben und über mir, dass mir fast das Blut in den Adern gerann; ich war mitten im Gewitterzentrum. Ein 30-minütiger Sturzregen mit Hagel vernagelte mich wie eine eiskalte, nasse Hammermaschine, in Sekunden wurde die Straße zum rauschenden Bach, meine Schuhe standen voll Wasser. Ich fand keine Unterstellmöglichkeit und erstieg stoisch die Anhöhe, auf der sich Civita Castellana befindet. Dort peitschten mir heftige Windböen entgegen, Hose und K-Way klebten an Beinen und Körper, doch als ich Civita Castellana, eine ehemalige Etruskersiedlung und eine von außen eher unwirtlich aussehende Herberge, erreichte, war der Spuk vorbei.

Obwohl ich meine Zimmerreservierung mit Fax bestätigt hatte, wusste der Mann an der Rezeption nichts davon. Es gab keine Frage nach meinem Wohlbefinden, wo ich herkäme, kein Angebot, meinen Rucksack zu tragen. Das war mir auch recht egal, Hauptsache, ich hatte ein großes Zimmer und viel Platz, um meine nassen Kleider zum Trocknen aufzuhängen oder auszubreiten, und eine Dusche mit heißem Wasser. Ich stopfte die Schuhe mit Zeitungspapier aus, aber diese Methode zeigte keine besonders guten Resultate – ich musste am nächsten Morgen mit feuchten Schuhen wandern.

Mir wurde erst jetzt bewusst, wie schnell die Tage buchstäblich „vergingen" – es lagen nur noch zwei Pilgertage vor mir. Ich hegte darüber keine besonderen Gefühle, weder war ich traurig, noch empfand ich Freude oder Erleichterung. Ich fühlte mich eher einsam und sehnte mich nach einem guten Gespräch oder einer netten Unterhaltung, denn seit dem Abend in Perugia mit dem Schweizer Ehepaar hatte ich nur das Notwendigste an Hotelrezeptionen gesprochen. Auch ein gedankliches Zwiegespräch mit meiner Familie bereitete keinen rechten Trost, ich sehnte mich danach, bald wieder nach Hause fahren zu können.

Um frühmorgens losgehen zu können, beglich ich bereits am Abend meine Rechnung, deren Betrag der Hotelbesitzer reduzierte. Es war eine kleine Geste, die mich sehr berührte, denn diese Leute wurden mit ihrer alten Herberge sicher nicht reich. So machte ich mich um vier Uhr morgens auf den Weg, früher als je zuvor, denn ich wollte gegen zehn Uhr in Morlupo das Blumenfest sehen. Kurvenreich führte mich die Straße durch eine hügelige Gegend, mit bei Tagesanbruch anschwellendem, fröhlichem Vogelgezwitscher. Irgendwo verfolgten mich in der Dunkelheit zwei grimmige Schäferhunde, doch verhinderten vorbeifahrende Autos sie an der Überquerung der Straße.

In freudiger Erwartung wendete ich mich in Morlupo dem *Centro storico** zu, aber auf dem Weg dorthin sagte mir mein Gefühl, ich solle umkehren und zur *Via Flaminia* zurückgehen. Als ich sie wieder erreichte, traute ich meinen Augen nicht: Dort fand eben die Prozession statt. Kommunionkinder gingen mit Körbchen in der Hand voran, aus denen sie rote und rosa Rosenblütenblätter streuten, dahinter andere Gruppen, die Priester und Messdiener, und zum Schluss das

---

*historisches Zentrum

betende Volk. Ich hatte nach einer prächtigen *Infiorata* Ausschau gehalten, deshalb enttäuschte mich jetzt der kümmerliche Umzug. Die Blütenblätter rieselten nur noch spärlich auf den Straßenbelag, die Prozession war kurz, und als sie hastig zur Klosterkirche abbog, übertönte das laute Gehupe eines Hochzeitsautozuges Gesang und Gebet.

Das Hotel lag etwas außerhalb von Morlupo, die Rezeption war unbesetzt, nur ein junger Mann lag im Nebenzimmer bequem auf einer Couch und schaute fern. Als er mich sah, rief er laut *Mama,* ohne sich vom lärmenden Fernsehgeschehen abzuwenden. Hinter einer Tür lugte eine ältliche, schwarzgekleidete Frau hervor und gab mir einen Schlüssel, ohne nach dem Ausweis zu fragen. Im Flur der ersten Etage funktionierte kein Licht, ich probierte im Dunkeln tastend mit meinem Schlüssel sämtliche Türschlösser, bis er passte und ich in einem sauberen Zimmerchen – mit kaltem Duschwasser und einem grifflosen Billigschrank ohne Kleiderbügel – stand. Erschöpft fiel ich aufs Bett. Mit der vagen Erinnerung, ich sei noch nie so viele Tage ohne Ruhepause gelaufen, überwältige mich ein dumpfer Schlaf.

Stunden später erklärte mir der Ober geduldig das Abendmenü, doch vor lauter Müdigkeit war ich verwirrt und verstand überhaupt nichts, mein bisschen Italienisch ließ mich völlig im Stich. Der Mann bemerkte meine Verlegenheit und berührte ermutigend mit der Hand meinen linken Arm, das tat mir gut. Lustlos wachte ich am nächsten Tag zu meiner letzten Pilgeretappe auf. Draußen war es grau und kühl, auf der Straße herrschte reger Verkehr. Nichts lud zum Gehen ein – es sei denn die Pflicht, das Werk zu vollenden. Auf Assisi hatte ich mich gefreut, doch Rom hingegen berührte mich kaum. Auf dem in Richtung Rom verlaufenden Hügelrücken bot die *Via Flaminia* Ausblicke auf vielfältige Kulturen und Haselnusspflanzungen im gewellten Hügelland der dünnbesiedelten

Campagna Romana. Kenner sagen von dieser Landschaft, sie sei geheimnisvoll, voll verborgener Schönheit und mit nichts vergleichbar, doch erschließe sie sich nur dem Wanderer.
Am *Cemetero Flaminio* vor den Mauern Roms trieb mich ein Sturzregen in den Schutz eines der zahlreichen Blumenzelte am Friedhofseingang. Nach dem Regen besichtigte ich die riesige, von der *Via Flaminia* und der *Via Tiberina* begrenzte Anlage mit ihren zahllosen oberirdisch angelegten Grabstätten. Hinter der Umfriedungsmauer winkte mir eine eher ungepflegte Dame mit gewaltiger Oberweite zu und zeigte verführerisch auf den im Friedhof an der Mauer geparkten, innen mit verblassten roten Samtvorhängen ausgestatteten alten Mercedes. Als ich achtlos an ihr vorbeiging, zischte sie mir eine obszöne Bemerkung mit entsprechender Geste zu.
Ich freute mich, an der *Prima Porta* das Nordtor zur Heiligen Stadt erreicht zu haben, doch nun verdunkelten hässliche schwarze Wolken den Tag. Kübel kalten Regens klatschten ununterbrochen auf mich herunter, es war wie eine finstere Verschwörung, die mir das Betreten Roms verwehren wollte. Ab Kilometer 12 der Via Flaminia lief ich im Schlagregen auf der vierspurigen Schnellstraße, wo ich wirklich nicht hingehörte. Autos und LKWs blendeten und bespritzten mich mit öligen Wasserfontänen oder hupten mir aggressiv zu. Ich sah aber keine Alternative zu diesem schmierigen, nassen und recht gefährlichen Gang und stapfte stoisch mit beschlagener Brille weiter. Ich bereute es nun, diesen letzten Streckenteil überhaupt nicht geplant zu haben – jetzt musste ich die Suppe auslöffeln.
Über die Milvische Brücke überquerte ich den Tiber und erreichte am *Palazetto dello Sport* und am *Stadio Flaminio* vorbei das Ende der berühmten *Via Flaminia*. Die 220 v. Chr. erbaute wichtige Straße verbindet Rom über 314 Kilometer mit der nördlichen Adriaküste, wo sie bei dem heutigen Fano endet. Sie beginnt am *Piazza del Popolo*, wo ich in einer Kneipe

erschöpft und glanzlos meinen Pilgergang beendete: Müdigkeit und höllisches Wetter siegten. Ich bestellte ein Taxi, fuhr zum Hotel und beendete tief enttäuscht den trostlosesten Pilgertag, seit ich Luxemburg verlassen hatte. Doch nachdem ich mich ausgeruht und erfrischt hatte, überwältigten mich Wellen von Freude und Glückseligkeit. Ich tanzte ausgelassen in meinem Hotelzimmer und jauchzte: „Yippie, ich habe es geschafft, ganz allein ..." Ich dankte Gott und dem Heiligen Franz für die Gnade, die Führung und den Schutz, die mir zugeflossen waren.

Der Freudenweg

Früh war ich am nächsten Morgen mit meiner Besucherkarte zur öffentlichen Papstaudienz am Petersplatz unterwegs. Bei herrlichem Sonnenschein beendete ich meinen Pilgergang mit dem päpstlichen Segen und teilte die Freude der zahllosen Pilger. Viele von ihnen schwenkten Banner oder Plakate mit dem Namen ihrer Gruppe oder ihrer Herkunftsstadt. Sie waren von fern angereist und jubelten dem Heiligen Vater zu, der im Papa-Mobile zwischen den in verschiedenen Parterres eingeteilten Menschenmengen hindurchfuhr. Bei der Ansage der einzelnen Gruppennamen klatschten oder jubelten die Menschen – es war ein fröhliches, farbenfrohes Beisammensein.
Anschließend besuchte ich die Ruinenfelder des antiken Roms, das Kolosseum und die üblichen Pilgerstätten, die großartige Sixtinische Kapelle, den Petersdom, Kirchen, Basiliken, Kathedralen, in denen sich die katholische Kirchenpracht entfaltet. Zwar beeindruckte mich die Kunst, aber all das schien mir nun eher ein Hindernis zu jener Wahrheit Gottes zu sein, die nur in der Tiefe des Herzens zu ergründen ist. Dieser Wahrheit dürstete es nach der Stille in meinem Herzen, in der sie sich mir mitteilen konnte – und diese Stille war in der Geschäftigkeit der schiebenden, trappelnden, blitzlichtenden, plappernden Menge kaum irgendwo erlebbar.
Nach zwei Tagen war ich des Großstadtrummels und der Prunkbauten überdrüssig. Ich bestellte im Hotel *Roma* in Assisi ein Zimmer und kaufte am Bahnhof eine Fahrkarte nach Assisi sowie die Retourkarte von dort zum römischen Flughafen Fiumicino für den Heimflug. Als ich am Bahnhofsgelände spazierte, packte plötzlich von hinten ein junger Mann meinen linken Arm und rief: „Welche eine Schande, Ihr Rucksack ist voll Farbe!"
Ich reagierte blitzschnell, denn ich kannte diesen Farbtrick vom Hörensagen. Fällt man darauf herein, benutzt der Gauner die Unaufmerksamkeit zum Entwenden der Brieftasche.

Einen ähnlichen Überfall hatte ich auf einer Geschäftsreise durch zwei Frauen in der Nähe des Mailänder Bahnhofs erlebt. Ich hatte ihn erfolgreich abgewehrt, war aber seither auf italienischen Bahnhöfen auf der Hut. Jetzt ließ ich mich nicht ablenken, sondern ging zügig in Richtung Bahnhofshalle weiter, wehrte die Hand des Gauners fest ab und schrie laut „Policia, Policia!" ... Der Mann war so schnell verschwunden, wie er aufgetaucht war. Erst als ich mich im Zugabteil setzte, bemerkte ich die Sudelei: Der Rucksack und mein Hosenhinterteil waren voll gelber Farbe. Den Rucksack konnte ich in Assisi abwaschen, doch die Hose war hinüber und ich musste mir eine neue besorgen.

Die Basilika *Santa Maria Degli Angeli* (16.-17. Jh.) in Assisi ist eine der größten christlichen Kirchen überhaupt und Pflichtbesuch für jeden Assisi-Pilger. Nicht nur wegen des monumentalen Prachtbaus, sondern vor allem wegen der Kapelle Porziuncola (10.-11. Jh.), dem Ausgangspunkt der franziskanischen Bewegung, über der sie errichtet wurde. Nachdem Franziskus einer göttlichen Eingebung zufolge zwei kleine Kirchen und die Kapelle von Porziuncola instand gesetzt hatte, beschloss er, an diesem Ort, damals mitten im Eichenwald, als Einsiedler zu leben. In einer Messe hörte er die Botschaft von der Aussendung der Apostel durch Jesus. Sie sollten ausziehen, um seine Lehre zu verkünden, ohne den Besitz von Geld noch Börse oder Bettelstab, von Brot oder Schuhen oder einem zweiten Gewand.*

Diese Worte waren für Franziskus ausschlaggebend, eine endgültige innere Verwandlung vollzog sich in ihm. Das wollte er: in völliger Armut die Nachricht des Friedens und der Freude durch das Evangelium verkünden. Sein Eifer und seine Begeisterung waren so ansteckend, dass bald Tausende ihm folgten, Reichtum und Ehre und materielle und soziale Sicherheit aufgaben und ihm, dem neuen Jünger Christi, nachfolgten. We-

---
* Matthäus, 10,7

nig später überreichte Franziskus in der Kapelle Porziuncola der Heiligen Klara ihr Ordenskleid. Die Stätte ist also auch der Ausgangspunkt des Klarissenordens, dessen höchstes Ideal das Leben in Armut nach dem Evangelium ist.

Jetzt drängte sich ein endloser Touristenstrom durch die zierliche Kapelle, so dass weder ein kurzes Verweilen noch eine Versenkung möglich waren. Ich fragte mich, ob dieser Massentourismus nicht eher eine Entweihung dieser bedeutenden Stätte sei. Ich fühlte mich unwohl in diesem Gedränge und begnügte mich mit einer Betrachtung aus einiger Entfernung. Erst in der Krypta war kein Andrang und ich wohnte einer Messe bei. Ein plärrendes Kleinkind lehrte mich, die gelassene italienische Art zu schätzen.

Auch in der Tränenkapelle schoben sich die Menschen ohne Ende: Kaum hatte eine Gruppe auf der im Raum rundum angebrachten Bank Platz genommen, erhoben die Menschen sich wieder und machten Platz für die nächste Gruppe. Ein Verweilen in dieser Unruhe war sinnlos, doch zwang ich mich, meine Enttäuschung mit Fassung zu ertragen. Ich bemühte mich, das Bedürfnis der Menschen, diese heiligen Stätten auf ihre Art zu besichtigen und zu ehren, zu respektieren. Doch wo konnte ich einen Ort der Stille finden?

Es blieb mir nur die Hoffnung auf jene Stätte, in der der Heilige Franz und seine Begleiter regelmäßig Zuflucht nahmen, um sich in tiefer Einsamkeit dem Zwiegespräch mit Gott hinzugeben: das *Eremo delle carceri*. So stieg ich am nächsten Morgen zur *Porta Capuccini* aus dem 13. Jh. empor, besuchte den Stadtpark mit seinem römischen Amphitheater (1. Jh. vor Chr.) und verließ die Stadt. Die Hangstraße den *Monte Subasio* hinauf eröffnete herrliche Aussichten auf Assisi, die *Rocca Maggiore* (12. Jh.) und auf die weite umbrische Berglandschaft, in der die gelb leuchtenden Farbtupfer blühender Ginsterbüsche unbeschwert zu ernsthaft standfesten Pinien und Eichen einen erfrischenden Kontrast bildeten. Erst auf dem Rückweg entdeckte ich den lauschigen, von mächtigen, uralten Eichen umsäumten ehemaligen Weg, der heute als *sterrata bianca* oder als *Via Fontemaggio* markiert ist. Heiter und beschwingt – es war auch mein Geburtstag – erreichte ich die Einsiedelei und stellte erleichtert fest, dass hier bedeutend weniger und rücksichtsvollere Besucher waren. Doch als ich mich in der kleinen Kapelle des Heiligen Bernardin von Siena hinsetzte, machten im Hof ein junger Mönch und eine junge Frau mit einer lauten, angeregten, endlosen Diskussion meine Hoffnung auf einen stillen Augenblick zunichte. Ich eilte weg und verzichtete auf den Besuch der Marienkapelle, wo sich gerade ein Grüppchen Besucher drängte – offiziell ist sie für Stille und längeres Gebet reserviert, doch Stille und Versenkung schienen hier ein Missverständnis zu sein.

Da sind doch jene Grotten, wo Franziskus und seine Gefährten Rufinus und Leon meditierten, vielleicht bieten sie ein wenig Schutz vor den lauten Touristeninvasoren. Es muss doch irgendwo einen Ort an diesen heiligen Stätten geben, wo das Wesentliche, die innere Sammlung, das Gebet, die Stille, die Versenkung der Meditation erlebbar ist, grübelte ich.

Meine Ernüchterung war absolut, als ich die Grotten entdeckte: Sie waren mit rostigen Gittern verschlossen, hinter denen sich Abfall sammelte. Ich musste mich der schmerzlichen Erkenntnis fügen: In Assisi gab es jede Menge Prunk und Pracht, perfekte Kunst und Geschichte zum Anfassen, Restaurants und Souvenirläden für jeden Geschmack und jede Geldbörse, Lärm, Hast, Neugier und Oberflächlichkeit, auch Gesang und Gebet – doch Stille und innere Sammlung? Das Bibelwort „Wenn du beten möchtest, geh in dein abgeschiedenstes Zimmer, verschließe deine Tür und richte dein Gebet an deinen Vater, der im Verborgenen sieht, Er wird es dir wiedergeben"* wird zertreten im Gedränge und Geplapper des Massentourismus.

Zutiefst enttäuscht zog ich mich in den Wald zurück, zu einem etwas überhöhten, aus Steinblöcken angelegten Oval, mit

---

* Matthäus 6,6

einigen Felsbrocken in der Mitte, und ließ mich dort zum Meditieren nieder. Sofort lief in meinem Bewusstsein, für mich ganz unerwartet, aber so, als wäre ich erwartet worden, klar und präzis folgender Dialog ab:
„Du sollst deine Aufgabe weiterführen und dieses Buch schreiben, in der Form, wie es dir vorschwebt."
„Aber wer bin ich, dass ich das wagen darf?"
„Und wer war ich, als ich anfing? Und sieh, was daraus geworden ist! Du hast ein Wissen, das wir zu unserer Zeit nicht hatten. Es ist ein Wissen für diese Zeit. Du hast es – du musst es weitergeben."
„Aber wie soll ich das – dafür habe ich nicht die Kompetenz."
„Und dein Pilgerweg bis jetzt – war er schwer? Verlief nicht alles wunderbar, ohne Schwierigkeit, ohne dass du am Anfang eine Ahnung hattest? So wird es auch in Zukunft sein. Voraussetzung ist nur, dass du jene Vorsätze, die du diese Nacht gefasst hast, auch umsetzt. Dann wird alles leicht sein. Ich setzte mich ein für meine Erkenntnis. Du musst dasselbe tun für deine Erkenntnis. Du trägst den Namen des Erzengels Michael, eines großen Streiters für Wahrheit. Sei dir dessen bewusst."

Damit verstummte der blitzartige, aber kristallklare Gedankendialog, der außerhalb meines üblichen Denkens ablief. Als ich nachher dieses Geschehnis aufschrieb, musste ich unwillkürlich an die dem Heiligen Franz nachgesagte Art der kurzen Predigten denken. Freude und Dankbarkeit erfüllten mein Herz. Mein Zögern und Zaudern zu diesem Thema waren nun endgültig vorbei – eine Seite meines Lebens war umgeschlagen, ein neues Lebenskapitel begann.

* * *

Einige Zeit nach Beendigung meines Pilgergangs begegnete ich einem alten Freund und erzählte ihm davon. Er war über den Jakobsweg belesen und meinte: „Ich spüre bei einigen Erzählern eine gewisse Enttäuschung in der Aussage, der Weg sei das Ziel. Irgendwie schienen sie am Ziel etwas Besonderes erwartet zu haben, eine Art Spitzenerlebnis vielleicht, das nicht eintrat. Was bleibt, ist die Aussage, der Weg sei das Ziel. Wie urteilst du hierüber? Wie bewertest du im Rückblick deinen Pilgergang? Welche Erkenntnis hat er dir gebracht?"

Ich antwortete: „Diese Fragen habe ich mir selbst gestellt, doch die endgültige Beantwortung offengelassen, bis mich eine Glückwunschkarte erreichte. Unter dem Bild, das einen ginsterumsäumten Toskanaweg zeigen könnte, steht ein orientalischer Spruch: ‚Geh langsam. Du kommst doch immer wieder nur zu dir selbst.' Dieser Spruch enthält den Schlüssel zu deiner Frage. Nicht irgendein geografischer Ort oder ein religiöses Zentrum ist das eigentliche Ziel eines Pilgergangs, auch nicht der Weg dorthin, sondern unser Selbst, unsere intimste, innere Wirklichkeit. Und der Weg zu unserem Selbst ist ein wegloser Weg. Um ihn zu begehen, müssen wir uns nur jeden geistigen Ballastes entledigen."

„Das könnte bedeuten, dass ein Pilgergang mit all den körperlichen Mühen und Entbehrungen nicht wirklich notwendig ist, denn dein Selbst ist überall bei dir. Um ihm zu begegnen, brauchst du deinen Körper nicht bergauf und bergab zu schleppen, gar mit einem schweren Rucksack befrachtet", bohrte mein Freund in einem Anflug leichter Ironie, und fuhr dann ernst fort: „Aber was bedeutet es eigentlich, zum Selbst zu kommen – wie geht das?"

Ich schloss die Augen und ließ die Fragen auf mich wirken. Bedeuteten sie, dass mein Unternehmen nutzlos gewesen war, eine Zeit- und Geldverschwendung, etwa von nur touristischem Wert? War ich einer Illusion aufgesessen?

„Nein", antwortete ich entschieden, „beide Wege, der Pilgergang des Körpers und der Pilgergang nach innen, zum

Selbst – jeder hat seinen besonderen Wert. Beide Werte ergänzen sich. Für viele Pilger ermöglicht das Pilgern den Abstand zum Alltag, seinen Sorgen und Anspannungen. Die geografische Distanz fördert eine neue Sichtweise auf das Leben. Situationen, Probleme, Beziehungen usw. werden neu bewertet und tiefere Einsichten gewonnen. Eine innere Reifung, eine innere Transformation finden statt. Für viele ist das ein wichtiger Schritt zur Selbstverwirklichung, oder vielleicht zu einem Neubeginn. So gesehen ist auch der Weg das Ziel. Es hebt Selbstwertgefühl und Selbstvertrauen, wenn du dich physischen und psychischen Herausforderungen stellst und deine eigenen Leistungsgrenzen überwindest. Im Moment der Anstrengung magst du ein wenig leiden oder ein Zipperlein spüren. Nachher bist du glücklich, denn ohne diesen Antrieb wärest du dir vielleicht deiner eigenen Leistungsfähigkeit gar nicht bewusst geworden."

Hier erzählte ich meinem Freund, wie die Natur mich im Apennin über einen Irrweg und mehrere geschlossene Herbergen zu immer größerer Leistung angespornt hatte und ich so bei meiner Ankunft in Sarzana einen persönlichen Distanzrekord aufgestellt hatte, den ich mir zuvor nie zugetraut hätte. Ein solches Erfolgserlebnis hat nur, wer sich in die Situation hineinbegibt und sie bewusst durchlebt.

„Besonders wertvoll sind die menschlichen Begegnungen", fuhr ich fort. „Einfache Menschen bitten dich, für sie zu beten – das ist sehr berührend. Viel Sympathie erlebte ich in Herbergen, wo die Gastgeber z. B. spontan meine Rechnung kürzten, oder ich denke an Claudio im Apennin, der seine eigenen Einschränkungen überwand, um mir zu helfen. Die Erlebnisse in Klöstern, die Gastfreundschaft der Chorherren bei der Alpenüberquerung oder von Lucas Familie in Vercelli, die wertvollen Gespräche mit religiösen oder einfach nur offenen Menschen – das alles ist fließende Liebe, Respekt und Hilfsbereitschaft. Der Wert dieser Begegnungen ist unermesslich."

Während ich nun schwieg, stiegen in mir berückende Bilder und Düfte von farbenprächtigen Blumenwiesen in den Alpen und im Apennin und die Frische des rauschenden Regens in den Wäldern Lothringens auf. Ich sah die leuchtende Herrlichkeit der Schöpfung auf einem Vogesengipfel und versank in der Stille des blau-grünen Reiches der Doubsschlucht an der französisch-schweizerischen Grenze.

Nach einer Weile wendete ich mich zu meinem Freund: „Die Landschaften, die Farben und Düfte, der ungewohnte direkte Kontakt mit der Natur mit all meinen Sinnen, manchmal unter tagelang strömendem Regen, erweckten in mir einen verlorengegangenen Zugang zur Schöpfung. Ich lernte wieder, sie wertzuschätzen, mich als Teil eines größeren Ganzen zu empfinden, Einheit zu spüren, nicht als intellektuelles Konstrukt, sondern als gelebte, gespürte, gefühlte, gerochene, gehörte Wirklichkeit. Diese Wertschätzung der Natur führt zur Wertschätzung des Schöpfers, zu mehr Dankbarkeit ihm gegenüber. Es entstand für mich eine neue Naturverbundenheit, eine neue Nähe zum Schöpfer. Diese Erfahrungen erschließen sich dem Pilger, der zu Fuß unterwegs ist und im Moment lebt."

„Ich habe bislang nur über den Jakobsweg gelesen", bemerkte mein Freund. „Fast regt sich nun in mir die Lust, ebenfalls zu pilgern. Bis jetzt sah ich eher die Anstrengung und malte mir alle möglichen Gefahren aus, doch du gibst mir eine andere Perspektive …"

„Das Wichtigste ist die Freude", fügte ich hinzu. „Du glaubst gar nicht, wie viel unbändige Freude ich immer wieder empfunden habe. Fast kein Tag verging, wo ich nicht vor Glückseligkeit überströmte und lauthals sang, ja, eigentlich waren die Anstrengungen nur Vorwand für mehr Freude, mehr Glück. Man kann diese Gefühle nur erleben, vermitteln kann man sie nicht. Ein Weiser sagt, Ausdehnung von Glück sei der Sinn des Lebens. Das ist sehr wahr."

„Du sprachst vom Selbst, vom Pilgergang nach innen als zweitem Wert, von einem weglosen Weg, und ich fragte dich, wie das geht. Welche Erfahrung liegt dieser Aussage zugrunde?", fragte mein Freund weiter.

„Es ist viel einfacher, als die meisten Menschen sich das vorstellen", antwortete ich.

„Der Heilige Franz entfernte sich regelmäßig vom weltlichen Getriebe und pflegte in der Stille die innere Beschauung. Es war die Betrachtung des gemeinsamen Ursprungs aller Dinge und aller Geschöpfe, die ihn mit überfließender Herzlichkeit erfüllte, schreibt sein Schüler und Chronist Bonaventura. Das war kein Abwenden vom Leben oder von seinen Mitmenschen, sondern das Gegenteil davon. Im Vorgang des Nach-innen-Gehens eröffnete sich ihm das Wesen der Schöpfung, der innere Wesenskern von allem, was existiert, die Ganzheit des Lebens. Aus dieser unerschöpflichen Quelle des Lebens gewann er Erkenntnis, Wissen und Weisheit, Kraft und überschäumende Lebensfreude. Diese Qualitäten trug er in die menschliche Gesellschaft hinein. Es war diese Erleuchtung des Geistes, die innere Erfahrung der Einheit alles Geschaffenen, die sich in seinem berühmten Sonnengesang oder in so einfachen Aussagen wie *Bruder Schnecke* oder *Schwester Mond* ausdrücken."

Ich unterbrach meine Rede und schaute zu meinem Freund hinüber. Er strich sich nachdenklich durch sein dünnes braunes Haar und meinte zögerlich: „Ich ahne, was du meinst. Wenn ich mich recht erinnere, spricht Goethe von dem, was die Welt im Innersten zusammenhält. Das alles klingt sehr schön, aber Franz lebte vor achthundert Jahren. Was können wir heutigen Menschen mit Stille und innerer Betrachtung anfangen? Wir stehen doch alle ununterbrochen unter hohem Leistungsdruck ..."

„Von Stress kann ich ein Lied singen. Ich weiß, was die moderne Arbeitswelt von den Menschen abverlangt", antwortete

ich. „Unser Leben kann viel wertvoller und erfüllender werden, wenn wir aus diesem nie versiegenden inneren Lebensquell schöpfen. Die Frage ist: Wie können wir ganz praktisch und konkret diesen Lebensstrom sozusagen anzapfen, ihn für unser tägliches Leben nutzbar machen?"
„Das ist genau die Frage, die ich vorhin stellte: Wie soll man den Pilgergang nach innen gehen", unterbrach mich mein Freund und blickte mich erwartungsvoll an.
„Es ist sehr einfach", wiederholte ich. „Anstatt unsere Aufmerksamkeit nach außen zu richten, brauchen wir sie nur nach innen zu richten, mit einer geeigneten Methode, wie der von mir ausgeübten Meditationstechnik. Dadurch wird unsere gedankliche Aktivität immer ruhiger und feiner, bis wir den Quell aller Gedanken erreichen. Wir beleben immer das, worauf wir unsere Aufmerksamkeit richten. Üben wir Klavierspielen, entfalten wir unser musikalisches Talent, studieren wir eine Sprache, erschließen wir unser sprachliches Vermögen. Üben wir den weglosen Weg nach innen, beleben und entfalten wir unsere inneren Werte und Potenziale. Dieser Prozess wirkt entspannend. Er löst Stress und tief verwurzelte Verspannungen auf. Leichtigkeit und Lebensfreude blühen auf. Die tägliche Übung ist von großem praktischem Wert, gerade in der heutigen orientierungslosen, stress- und sorgenvollen Zeit. Auf dem Weg nach innen erfahren wir wachsende Freude. Es ist ein Freudenweg, auf dem man gern weiterschreitet. Er nährt jede Faser unserer Persönlichkeit und bereichert jeden Lebensaspekt", sagte ich und machte eine Pause, um meinem Freund Zeit zu geben, das Gehörte aufzunehmen.
„So wie du es darstellst, befindet sich in uns ein Bereich der Glückseligkeit, der darauf wartet, erschlossen zu werden, der auf Abruf in unseren Alltag hineinsprudeln möchte, dem wir nur Einlass gewähren müssen. Und das ist sehr leicht", fasste mein Freund meine Aussagen zusammen.

„Wenn wir einen dunklen Raum erhellen wollen, schalten wir das Licht ein", fuhr ich fort. „Wir beschäftigen uns nicht mit der Dunkelheit, wir betätigen nur den Schalter. Allein der Mensch ist als höchstentwickeltes Wesen der Schöpfung befähigt, jene innere Realität wahrzunehmen und zu leben. Diese Wirklichkeit zu erkennen, als eine in unserem tiefsten Wesen erlebte und erkannte Seinsrealität, ist der Sinn unseres Lebensweges, unseres individuellen Pilgergangs, unseres persönlichen Freudenwegs. Gehen können wir ihn nur allein, doch sollten wir die Hilfen, die unsere Religionen, Weisheitslehrer und spirituellen Meister bieten, zu unserem Vorteil nutzen.

Irgendwo in unserem Herzen bleibt immer der Hauch eines Gefühls, es müsse etwas anderes geben, es fehle mir etwas, ich müsse etwas suchen, ohne genau zu wissen, was es ist. Um es zu finden, ist es nicht notwendig, den Freudenweg des körperlichen Pilgergangs zu gehen. Er hat seine besonderen Vorzüge, er kann den inneren Freudenweg ergänzen, aber nicht ersetzen. Den kannst du bequem in häuslicher Geborgenheit oder auch unterwegs im Flugzeug oder wo immer begehen."

Ich schwieg. Mein Pilgergang nach Assisi und Rom war nun endgültig beendet. Er war ein Vorwand gewesen zu mehr Glückseligkeit, zu mehr Freude und zu neuen Erkenntnissen, die bis an mein Lebensende mein Sein durchströmen und bereichern werden. Den inneren Freudenweg hingegen begehe ich weiterhin jeden Tag.

Auch mein Freund schwieg. Sein Blick verlor sich in der Weite des Himmels. Nach einer stillen Weile sagte er mit weicher Stimme: „Ich danke dir für deine Erzählung. Ich danke dir für deine Erkenntnis." Ein Lächeln huschte über seine Lippen, bevor er fortfuhr: „Ich brauche keine weiteren Worte hinzuzufügen. Du kennst diese Melodie und diese Verse …" Damit begann er, jene großartige Vertonung der zeitlosen Verse Friedrich Schillers von Ludwig van Beethoven zu summen:

Freude, schöner Götterfunken,
Tochter aus Elysium
Wir betreten feuertrunken
Himmlische, dein Heiligtum
Deine Zauber binden wieder
Was die Mode streng geteilt
Alle Menschen werden Brüder
Wo dein sanfter Flügel weilt ...

Kartenverzeichnis

1) Vallée de la Moselle, Carte des Vosges, 1:50 000, Editée par le Club Vosgien, 16, rue Ste-Hélène – 67000 Strasbourg; Institut Géographique National, 136 bis, rue de Grenelle – 75007 Paris

2) Catalogue 1995 des Topo-Guides de randonnée, Fédération Française de la Randonnée Pédestre, 64 rue de Gergovie – 75014 Paris

3) GR 5 – Réf. 514, Du Luxembourg aux Vosges – Côtes de Moselle – Pays de Nancy – Fédération Française de la Randonnée pédestre – Topo-guide des sentiers, ISBN 2-85-699-558-6

4) NANCY – Bassin de Vie, No 3615 Institut Géographique National (IGN) et Agence d'Urbanisme de l'Agglomération Nancéienne, 1:22 500

5) Atlas Routier France, Michelin, 1:200.000, ISBN 2.06.700.098-5

6) 3417 ouest – MIRECOURT – Série bleue 1:25.000, Institut Géographique National

7) 3518 OT – TOP 25 – EPINAL, 1:25.000, Institut Géographique National

8) 3519 OT – TOP 25 – REMIREMONT – Plombières-les-Bains, 1:25.000, Institut Géographique National

9) GR 7 – Réf. 701, Ballons et Plateaux Des Vosges – Parc naturel régional des Ballons Des Vosges, Fédération Française de la Randonnée pédestre – Topo-guide des sentiers, ISBN 2-85-699-586-1

10) 3520 ET – TOP 25 – BALLON d'ALSACE – Parc Naturel Régional des Ballons des Vosges – Club Vosgien – 1:25.000 – Institut Géographique National

11) 3615 IGN – LE DOUBS – Massif du Jura, 2 – Zone Est, 1:50.000, Institut Géographique National

12) 3615 IGN – LE DOUBS – Massif du Jura, 3 – Zone Sud, 1:50.000, Institut Géographique National

13) GR 5 – Réf. 511, Lacs et plateaux du Jura – Gorges du Doubs Fesches – Nyon – Fédération Française de la Randonnée pédestre, Topo-guide des sentiers, ISBN 2-85-699-536-5

14) Carte du Canton de Vaud, Carte Routière, Banque Cantonale Vaudoise

15) Montreux, Carte nationale de la Suisse 1264 – 1:25.000, Office fédéral de topographie, 3084 Wabern

16) St-Maurice, Carte nationale de la Suisse 272 – 1:50.000, Office fédéral de topographie, 3084 Wabern

17) Martigny, Carte nationale de la Suisse 282 – 1:50.000, Office fédéral de topographie, 3084 Wabern

18) Grd St Bernard, Carte nationale de la Suisse 1365 – 1:25.000, Office fédéral de topographie, 3084 Wabern

19) Forêts du Jorat – La Venoge, Carte nationale de la Suisse 2507 – 1:25.000, Carte Pédestre, Editions MPA, Rédaction des itinéraires, Y. Monthonnex

20) A pied, à la découverte du Canton de Vaud, Office du Tourisme du Canton de Vaud, Avenue d'Ouchy 60 – Case postale 242 – CH-1000 Lausanne 6 – Suisse

21) Valpelline, Carte nationale de la Suisse, No 293, 1:50.000, Office fédéral de Topographie

22) Guide d'Italia de Agostini, Valle d'Aosta, Carta stradale, 1:115.000, Istituto Geografico de Agostini

23) Vercelli, Carta della Provincia, 1:150.000, Litografia Artistica Cartografica, Firenze

24) Pavia, Carta della Provincia, 1:150.000, Litografia Artistica Cartografica, Firenze

25) Emilia Romagna, Carte stradale, 1:250.000, Carte Regionali, Litografia Artistica Cartografica, Firenze

26) TOSCANA, Pisa, Firenze, Siena, Carta stradale, foglio 7, 1:200.000, Kümmerly + Frey, CH-3001, Bern

27) Apennino Toscoemiliano, Carta dei Sentieri e Rifugi, 1:25.000, Edizioni Multigraphic, Firenze

28) Siena – Chianti – Colline Senesi, 1:50.000, Kompass Carta turistica No 661, ISBN 3-87051-420-5

29) PARMA, Carta della Provincia, 1:50.000, Litografia Artistica Cartografica, Firenze

30) Arezzo Perugia Ovest, Carte Stradali Provinciali No 227, 1/10000, Edizioni Multigraphic, Firenze

Literaturverzeichnis

1) Illustrierte deutsche Geschichte, Hanns Joachim Friedrichs, Reichenbach Verlag, München, ISBN 3-625-10428-8

2) Giromagny – Circuit Historique – Syndicat d'Initiative de Giromagny

3) Mines du Rosemont – Circuit Minier et Forestier de Giromagny – Syndicat D'Initiative de Giromagny

4) Pèlerins du Moyen Age, Raymond Oursel, Librairie Arthème Fayard, Paris 1978, ISBN 2-213-0065-4

5) Leben wie Franziskus – Ein Begleiter in seine Geistigkeit und zu seinen Stätten, Anselm Kraus, Friede und Heil – Würzburg, Edizioni messaggero, Padova, ISBN 88-7026-528-5

6) Franz von Assisi, Legenden und Laude, Otto Karrer, Manesse Bibliothek der Weltliteratur, ISBN 3-7175-1484-6

7) Bruder Franz, Julien Green, Herder, Freiburg – Basel – Wien, ISBN 3-451-20189-5

8) Camino de Santiago – Ein Pilgergang von Bivels nach Santiago de Compostela, Adrien Ries, Sankt-Paulus-Druckerei, Luxemburg, ISBN 2-87963-078-9

9) Guide pratique du randonneur, Fédération française de la randonnée pédestre, Paris, ISBN 2-85-699-534-9

10) Vision into Infinity, Barbara A. Briggs, Sterling Publishers Pvt Ltd, New Delhi, ISBN 81-207-2005-9

11) Entre Doubs et Dessoubre en 1900, Tome III, par Bernard Vuillet, Conservateur aux Archives Nationales

12) Guide des monastères, France, Belgique, Luxembourg, Suisse – Maurice Colinon, Pierre Horay Editeur, 22 bis, Passage Dauphine, Paris 6e, ISBN 2-7058-0232-0

13) Rencontres au Monastère, Patrice Favre, Jean-Claude Gadmer, Editions Prier Témoigner, Case postale 561, CH-1701 Fribourg, ISBN 2-940118-00-0

14) Ref. Kirche Romainmôtier, VD, Florens Deuchler, Schweizerische Kunstführer, Gesellschaft für Schweizerische Kunstgeschichte, Pavillonweg 2, CH-3001 Bern, ISBN 3-85782-266

15) Regionalführer 1995/6: Les 3 Vallons – Vallorbe, Orbe, Romainmôtier, La Sarraz

16) 2000 Jahre Chronik der Weltgeschichte, Alinea Editions und Medienservice GmbH, München

17) Traumstraßen Italiens, Herbert Hartmann, Süddeutscher Verlag GmbH, München, 1984, Buch-Nr. 03264-9

18) Spuren hinterlassen, Marc Thill, Editions Saint-Paul, Luxembourg, ISBN 2-87963-301-X

19) Der Frankenweg – Via Francigena – Der mittelalterliche Pilgerweg von Canterbury nach Rom, Reinhard Zweidler, Konrad Theiss Verlag GmbH, Stuttgart 2003, ISBN 3-8062-1755-6

20) LA VIA FRANCIGENA, les grandes routes du pèlerinage, Edition réalisée par la Direction Editoriale du Touring Club Italiano en collaboration avec la Région Emilie-Romagne, Touring Club Italiano 1995, Code Q7V, Milano

21) TOSCANA, Das Hügelland und die historischen Stadtzentren, Klaus Zimmermanns, Dumont Kunst-Reiseführer, DuMont Buchverlag, Köln 1996, ISBN 3-7701-3556-3

22) „Richtig wandern", Toscana und Latium, Christoph Hennig, DuMont Buchverlag, Köln 1992, ISBN 3-7701-1872-3

23) Mittel-Italien per Rad (Toskana – Umbrien), Ein Cyklos-Fahrrad-Reiseführer, Jürgen Rieck/Uwe Schäfer, Verlag Wolfgang Kettler 1991, ISBN 3-921939-41-0

24) ITALIE, Guide de Tourisme Michelin, Pneu Michelin Paris 1995, ISBN 2-06-700532-4

25) Emilia Romagna, Heidemarie Stücher Manzalini, DuMont Reise-Taschenbücher, DuMont Buchverlag, Köln 1994, ISBN 3-7701-2855-9

26) THE VIA FRANCIGENA in the territory of Parma, Maria Cristina Basteri, PPS Proposte Editrice 1996, Via XXII Luglio n. 12 – Parma, Italia

27) Voyage en Italie, Office National Italien du Tourisme 1967, Via Marghera 2, Rome

28) L'ITALIE par les petites routes, Peter Greene/Richard Dixon, Editions Arthaud, Paris 1993, ISBN 2-7003-1001-2

29) Pilgerleben im Mittelalter, Norbert Ohler, Verlag Herder Freiburg im Breisgau 1994, ISBN 3-451-23335-5

30) Die schönsten Alpenblumen, Verein zum Schutze der Alpenpflanzen und -tiere E.V., München 2, Linprunstraße 50/IV, r., Pinguin Verlag Innsbruck, Tirol – Umschau-Verlag Frankfurt am Main 1969

31) „El Camino" – ein spirituelles Abenteuer, Lee Hoinacki, Verlag Herder Freiburg im Breisgau 1997, ISBN 3-451-04620-2

32) Die Schriften des heiligen Franziskus von Assisi, Lothar Hardick OFM und Engelbert Grau OFM, Franziskanische Quellenschriften, Band 1, Dietrich-Coelde-Verlag, 4760. l/Westfalen 1991, ISBN 3 87163 1361

33) Franziskus, Der solidarische Bruder, Raoul Manselli, Herder Freiburg im Breisgau 1989, ISBN 3-451-23646-X

34) Franz von Assisi, Ein Anfang und was davon bleibt, A. Rotzetter, W.C. Van Dijk, T. Matura, Benziger Verlag Zürich 1988, ISBN 3-545-20070-1

35) Die Wurzeln des Yoga, Patanjali, Scherz Verlag Bern München Wien für O. W. Barth Verlag 1977

36) ASSISI, Die Deckenfresken der Oberkirche von San Francesco, Giorgio Bonsanti/Ghigo Roli, Hirmer Verlag München 1997, ISBN 3-7774-7820-2

37) Carnet de Pèlerinage, Swâmi Râmdas, Spiritualités vivantes, Editions Albin Michel, Paris 1973

Übersicht der Tagesetappen

1. Luxembourg – Bettembourg – Peppange – Dudelange: N. 3: 20 km

2. Dudelange – (D 58) Volmerange-les-Mines – Molvange – Escherange – (GR 5) Bellevue Auberge – Nilvange – Hayange: 22 km

3. Hayange – Cité Bellevue – St-Nicolas-en-Forêt – Ranguevaux (Feldweg/GR 5) Rosselange – Guisbonnes – Rombas (GR 5 – D 54) La Petite Haulieu/Montois-la-Montagne – (D 11) La Mine Ida – Ste-Marie-aux-Chênes: 21 km

4. Ste-Marie-aux-Chênes – (N. 43) St-Privat-la-Montagne – (D 7) Marengo – Groupe Fortifié Lorraine – Saulny – (GR 5) Lorry-les-Metz – Plappeville – (Straße) Metz/Bahnhof: 21 km

5. Vaux – (GR5) Ars-sur-Moselle – Croix-St-Clément – Gorze – Arnaville – (D 952) Pagny-sur-Moselle: 21 km

6. Pagny-sur-Moselle – (GR 5) Prény – Ferme de Sainte-Marie-aux-Bois – Vilcey-sur-Trey – Monument de la Croix des Carmes – le Pétant – Montauville – (Straße) Pont-à-Mousson: 22 km

7. Pont-à-Mousson – (Straße) Maidières – (GR 5) Mamey – St-Jacques – Gouffre Grimo-Santé – St-Jean – Martincourt: 17 km

8. Martincourt – (GR 5) Rogéville – Rosières-en-Haye – Liverdun: 18 km

9. Liverdun – Le Grand-Bois – Forêt Domaniale de Haye – „Les Quatre Maronniers" – Route de Frouard – Parc de Haye – Maison Forestière Marie Chanois – Bois de Chaligny – Bois de Neuves-Maisons – Bois du Four – Chaligny – (D 974) Pont-St-Vincent – Bainville-sur-Madon – Maizières: 24 km

10. Maizières – Xeuilly – (D 50) Houdelmont – Houdreville – Vézelise – (D 9) Tantonville – Haroué – (D 6) Affracourt: 22 km

11. Affracourt – (D 6) Xirocourt – Feldweg nach Bralleville – (D 33a) Hergugney – Avrainville – les Baraques – (D 55) 1 km – (D 55 d) Ferme de Xugney – Rugney – (Feld- und Waldweg) – Bois du Haut – Ubexy: 19 km

12. Ubexy – (D 36) Varmonzey – Evaux-et-Ménil – Bettigney – St Vallier – Beuxières-aux-Bois – Mazeley – Gigney – Fomerey – Domèvre-sur-Avière – Überquerung D 166 – Überquerung Canal de l'Est – Epinal: 28 km

13. Epinal – (D 157) Dinozé – Rainjuménil – (D 441) Guménil – Raon Basse – Raon-aux-Bois – Etang de la Plaine – (GR 7) Le Haut des Feignes – La Prairie – Criolé – Ste-Anne – Remiremont: 24 km

14. Remiremont – (GR 7) La Magdelaine – La Ferme de l'Oiseau – Le Grand Riez – La Croisette d'Hérival – Chalet de la Beuille – Straße nach Lépange – Lépange – Maxonchamp – Rupt-sur-Moselle: 17 km

15. Rupt-sur-Moselle – Longchamp – Le Chêne – Saulx – Libauxaine – Xoarupt – le Thillot – Fresse-sur-Moselle – St-Maurice-sur-Moselle: 12 km

16. St-Maurice-sur-Moselle – (GR 533) Etang de Presles – Col du Luthier – Col du Stalon – Ballon d'Alsace – (GR 5) Plain de la Gentiane – Le Wissgrut – Col du Chantoiseau – Château Ritter – Giromagny: 20 km

17. Giromagny – (GR 5) Lachapelle-sous-Chaux – Base Nautique et de Loisirs de Malsaucy – Bas Evette – Belfort: 16 km

18. Belfort – Rue du Faubourg de Lyon > Bavilliers – Canal de la Haute Saône – (D 10) Frodeval – Wald von Botans – Botans – Dorans – (Feldweg) Bermont – Bois d'Oye – Châtenois-les-Forges: 14 km

19. Châtenois-les-Forges – (N. 437) Nommay – (GR 5) Canal de la Haute Saône – Canal du Rhône au Rhin – Fesches-le-Châtel – (GR 5) Dasles – Vandoncourt: 16 km

20. Vandoncourt – (GR 5) Le Pont Sarrazin – Abbévillers – Rombois – Glay – Blamont – Circuit Lomont/Grotte de la Tante Airie – (GR 5) Le Creux Serré – Le Tremblais – Chamesol – Rosières – St-Hippolyte: 26 km

21. St-Hippolyte – Soulce-Cernay – (GR 5) Courtefontaine – Montassier Dessous – Fessevillers – Sur le Mont – Goumois: 27 km

22. Goumois – (GR 5) Les Echelles de la Mort – Centrale électrique du Refrain – Le Refrain – La Rasse: 21 km

23. La Rasse – (GR 5) Gorges du Doubs – Barrage du Châtelot – Lac de Moron – Saut du Doubs – Lac de Chaillexon – La Corvée – Villers-le-Lac: 24 km

24. Villers-le-Lac – (GR 5) Côte Grillon – Le Prélot – Le Chauffaud – Sur la Roche – Französisch-schweizerische Grenze – Le Gardot – Les Feuves – Les Cernoniers – Vieux Châteleu: 16 km

25. Vieux Châteleu – (D 447/GR 5) – (D 404) Les Gras – (D 47) la Fresse – Les Alliés – Les Etraches – Pontarlier: 23 km

26. Pontarlier – (N 57) La Cluse – Château de Joux – Source de Fontaine Ronde – Le Touillon – Les Hôpitaux-Vieux – Les Hôpitaux-Neufs: 19 km

27. Les Hôpitaux-Neufs – (Wanderweg „Jougne par Ravières") – Jougne – Kapelle Saint-Maurice de la Ferrière – La Ferrière-s-Jougne – Les Echampés – Grenzübergang zur Schweiz – Kreuzung Lausanne/Pontarlier – Fahrradpiste – Vallorbe: 15 km

28. Vallorbe – Les Grands Bois – Premier – Romainmôtier: 10 km

29. Romainmôtier – (Waldweg) Ferreyres – Tine de Confleurs – La Sarraz – Les Pâquis – (N 9) Cossonay-Ville – Cossonay-Gare: 16 km

30. Cossonay-Gare – Penthaz – Mex – Crissier – Renens – Prilly – Lausanne – Ouchy: 16 km

31. Ouchy – (Seepromenade) Pully – Lutry – Châtelard – Grandvaux – Cully – Epesses – Rivaz – St-Saphorin – Corseaux – Jongny: 22 km

32. Jongny – Coriser – Vevey – La Tour-de-Peilz – Clarens – Montreux – Château de Chillon – Villeneuve: 17 km

33. Villeneuve – Naturreservat „Les Grangettes" – Perrausa – Noville – (Fahrradweg Noville – St-Maurice entlang des Grand Canal) – Chessel – Feldweg am Canal Stockalper – Collombey: 20 km

34. Collombey – Monthey – Massongex – Grotte aux Fées – St-Maurice: 12 km

35. St-Maurice – Wanderweg an der Rhône – Wanderweg an der Dranse – Martigny: 18 km

36. Martigny – Les Valettes – Bovernier – Sembrancher: 10 km

37. Sembrancher – La Douay – Orsières – Rive Haute – Liddes – Palasui – Bourg-St-Pierre: 28 km

38. Bourg-St-Pierre – (Wanderweg) Lac des Toules – L'Hospitalet – Combe des Morts – Col du Grand-St-Bernard: 6 km

39. Col du Grand-St-Bernard – Cantina di Fonteinte – St-Rhémy-en-Bosses – St-Oyen: 18 km

40. St-Oyen – Arpuilles – Aosta: 24 km

41. Aosta – Villefranche – Nus – Fénis – Barche – Septumian – Chambave – Breil – Châtillon: 24 km

42. Châtillon – Monjovet – Verrès – Issogne – Echallod – Hône – Bard – Donnas – Pont-St-Martin: 27 km

43. Pont-St-Martin – Settimo Vittore – Borgofranco d'Ivrea – Ivrea: 17 km

44. Ivrea – Bollengho – Palazzo – Piverone – Viverone – Cavaglià: 23 km

45. Cavaglià – Santhia – S. Germano – Cascine di Stra - Vercelli: 25 km

46. Vercelli (SS 11) – (SS 596) Torrione – Palestro – Robbio: 17 km

47. Robbio – S. Angelo di Lomellina – Ceretto – Mortara: 17 km

48. Mortara – Tromello – Garlasco – Carbonara – S. Martino – Pavia: 20 km

49. Pavia (SS 234) – (SS 617) Ponte della Becca – Tornello – Albaredo – (SS 10) Stradella – Bornasco – Castel S. Giovanni: 20 km

50. Castel S. Giovanni – Rottofreno – S. Nicolo – Piacenza: 20 km

51. Piacenza – Le Mose – Chiavenna Landi – Cortemaggiore – Fiorenzuola d'Arda: 29 km

52. Fiorenzuola d'Arda – Bagnolo – Chiaravalle della Colomba – Alseno – (SS 9) Fidenza: 21 km

53. Fidenza – Coduro – S. Margherita – Borghetto – Vigna – Noceto – Medesano – Felegara – S. Andrea Bagni: 20 km

54. S. Andrea Bagni – Felegara – Fornovo di Taro: 9 km

55. Fornovo di Taro – Respiccio – Sivizzano – Bardone – Terenzo – Casola – Cassio: 23 km

56. Cassio – Castellonchio – Berceto: 13 km

57. Berceto – Tugo – Passo della Cisa – Montelungo – Polina – Succisa – Mignegno – Pontremoli: 31 km

58. Pontremoli – Filatteria – Villafranca in Lunigiana: 16 km

59. Villafranca in Lunigiana – Aulla – Bibola – Vecchietto – Ponzano Sup. – S. Stefano di Magra – (SS 62) Ponzano Magra – Sarzana: 32 km

60. Sarzana – Luni – Marina di Carrara – Marina di Massa: 21 km

61. Marina di Massa (Via G. Verdi) – Cinquale – Anfang Comune Forte dei Marmi – Querceta (Via Aurelia Nord) – Pietrasanta – Ponte Bagnetti – Capezzano – La Stretta – Camaiore: 21 km

62. Camaiore – Malborghetto – Pieve – Nocchi – Montemagno – Valpromaro – Gavine/Pizziano – S. Macario in Piano – Nave – Lucca: 27 km

63. Lucca – Antraccoli – Capannori – Porcari – Turchetto – Altopascio: 17 km

64. Altopascio – Galleno – Ponte a Cappiano – Fucecchio: 17 km

65. Fucecchio – S. Pierino – S. Miniato Basso – Scala – Ponte a Elsa – Campiano – Coiano – Tinti di Mori – Montaione: 36 km

66. Montaione – Bosco Tondo – Il Castagno – Camporbiano – Pieve di Cellole – S. Gimignano: 20 km

67. San Gimignano – Molino d'Aiano – Campiglio dei Foci – (SS 68) Colle di Val d'Elsa – S. Marziale – Scarna – Strove – Monteriggioni: 26 km

68. Monteriggioni – La Posta – S. Girolamo – Badesse di sotto – Badesse – Corpo Santo – Uopini – Fontebecci – Siena: 16 km

69. Siena – Taverne d'Arbia – Arbia – (SS 438 – La Lauretana) Vescona – Fontanelle – Ponte del Garbo – Asciano: 28 km

70. Asciano – Pozzuolo – Montefresco – Abbazia di Monte Oliveto Maggiore – Chiusure – S. Giovanni d'Asso – Ampella – Montisi: 32 km

71. Montisi – Castelmuzio – Pienza: 15 km

72. Pienza – Monticchiello – Montepulciano: 13 km

73. Montepulciano – Cervognano – Pod. Salcheto – Lago di Montepulciano – Binami – Il Gioiello – Pozzuolo – Castiglione del Lago: 30 km

74. Castiglione del Lago - Cascina – S. Arcangelo: 15 km

75. S. Arcangelo – Monte Buono – Agello – Solomeo – Casaccia – Fontivegge – Perugia: 28 km

76. Perugia – Collestrada – Ospedalicchio – Bastiola – Assisi: 22 km

77. Assisi – S. Vitale – Chiesa Tonda – Spello – Foligno – S. Eraclio – Martigge – S. Maria in Valle – Trevi – Via Flaminia: 37 km

78. Trevi – Pissignano – S. Giacomo – Spoleto: 18 km

79. Spoleto – Collerisana – Baiano – Crocemaroggia – Sterpeto – Giuncano Scalo – Rocca S. Zenone – Borgo Bovio – Terni: 39 km

80. Terni – (SS 3) Narni – Testaccio – Vigne – Otricoli: 28 km

81. Otricoli – Ocriculum – (SS 3) Cast. d. Formiche – Borghetto – Civita Castellana: 17 km

82. Civita Castellana – (Via Flaminia/SS 3) Rignano – Morlupo: 30 km

83. Morlupo – (Via Flaminia/SS 3) Cemetero Flaminio – Prima Porta – Milvische Brücke – Stadio Flaminio – Piazza del Popolo: 30 km

 **Michel Hubert**, Jahrgang 1942, ist Luxemburger, verheiratet und Vater von zwei Töchtern. Er ist Bankdirektor im Ruhestand und Meditationslehrer. Besondere Freude bereiten ihm seine Enkelkinder und seine Vortragstätigkeit, u. a. zum „Freudenweg" und zum Thema Meditation und Gesellschaft.

WAS MICH BESONDERS BEWEGT ...

Die Qualität seines Bildungssystems ist entscheidend für die Zukunft eines Landes. Schulen und Universitäten sollten Kindern und Jugendlichen optimale Voraussetzungen zum Lernen und zum Entfalten ihrer Fähigkeiten und ihrer Persönlichkeit bieten.
Angst, Druck und Stress vermindern die Leistungs- und Lernfähigkeit. Sie sind die Wegbereiter für vielfältige negative Auswirkungen auf unsere Schüler und Studenten, und auf unsere Gesellschaft.
Es ist wünschenswert, unseren Schülern und Studenten, ihren Lehrern und allen Verantwortlichen ein stressfreies Erziehungssystem zu ermöglichen.
Das einfache System der Schule ohne Stress als ganzheitliche, bewusstseinsbezogene Erziehung, wird in einer wachsenden Zahl von Schulen und Universitäten weltweit mit großem Erfolg zur Lösung der anstehenden Probleme im Erziehungswesen eingesetzt. Deshalb werde ich den Erlös aus diesem Buch in eine Stiftung einbringen, die stressfreie Schulen durch bewusstseinsbezogene Erziehung fördert und unterstützt.

Auf Ihren Besuch meiner Webseite freue ich mich:
www.michel-hubert.de